Online zu Gott?!

Kirche in Zeiten der Veränderung

Herausgegeben von Stefan Kopp

Band 5

Online zu Gott?!

Liturgische Ausdrucksformen und Erfahrungen im Medienzeitalter

Herausgegeben von
Stefan Kopp und Benjamin Krysmann

FREIBURG · BASEL · WIEN

www.herder.de
Umschlaggestaltung: Verlag Herder
unter Verwendung des Zukunftsbild-Kreuzes des Erzbistums Paderborn
Satz: Barbara Herrmann, Freiburg
Herstellung: Herstellung: CPI Druckdienstleistungen GmbH,
Ferdinand-Jühlke-Straße 7, 99095 Erfurt
ISBN 978-3-451-38825-5

Inhalt

Geleitwort

Niemand hätte im Herbst 2019 geahnt, dass unser Tagungsthema „Online zu Gott?! Liturgische Erfahrungen und Ausdrucksformen im Netz“ wenige Monate später auf ungeahnte Weise zu einem der bestimmenden kirchlichen Themen werden sollte. Was bei der Tagung nicht einmal im Bereich des Denkbaren schien, wurde im Frühjahr 2020 mit einem Mal Realität: Liturgische Erfahrung war für einige Wochen fast ausschließlich über das Netz möglich, zumindest was die gemeinschaftliche Feier von Gottesdiensten anging. In der Corona-Krise standen Diözesen und Gemeinden von einem Tag auf den anderen vor der Herausforderung, das liturgische Angebot in das digitale Zeitalter zu transferieren, um zumindest auf diese Weise gemeinschaftlichen Gottesdienst zu ermöglichen. Dieser Schritt wurde an vielen Orten beherzt und mutig gewagt. Ohne Zeit für konkrete theologische Vorüberlegungen, ja ohne irgendeine vorausgehende Reflexion wurde das Gemeindeleben – so gut es ging – digitalisiert. Allein in der Diözese Rottenburg-Stuttgart haben in der Zeit der größten Einschränkungen im März und April 2020 über 200 Gemeinden Eucharistiefeiern, aber auch zahlreiche andere Gottesdienstformate gestreamt oder als Video verfügbar gemacht. Dies geschah in einer überraschenden Selbstverständlichkeit, oft mit einer erstaunlichen technischen Qualität und mit großer Akzeptanz. Zehntausende Menschen haben das noch vor einem Jahr Unvorstellbare gemacht: Die Osternacht der eigenen Gemeinde am Tablet, im Smart-TV oder auf dem Laptop mitgefeiert. Digitalisierung von Liturgie, auf unserer Tagung noch durchaus als vor allem theoretische Größe diskutiert, war mit einem Mal alltägliche Wirklichkeit – mit der wichtigen Randbemerkung, dass dieser Alltag eben kein gewöhnlicher Alltag war.

Die Corona-Krise brachte damit in dramatischer Weise den Praxistest für die Ergebnisse unserer Tagung. Unsere Vermutung im Vorfeld hat sich unerwartet schnell und radikal als richtig erwiesen: Die rasante Digitalisierung beinahe aller Lebensvollzüge des Menschen kann ganz selbstverständlich auch das liturgische Leben umfassen. Die Frage, ob es eine digitale Dimension liturgischer Erfahrung geben kann, ist damit längst beantwortet. Es gibt sie, und zwar bei einer viel größeren Gruppe von Menschen mit einer viel größeren Akzeptanz, als zunächst zu vermuten wäre. Gleichzeitig blieb aber auf eindrückliche Weise der reale Bezug stets eine bestimmende Größe: Originär war in aller Regel nicht eine ausschließlich im Netz inszenierte Feier des Glaubens. Vielmehr suchte die analoge liturgische Erfahrung situationsbezogen ein Pendant im Virtuellen. In der Corona-Krise spielten rein virtuelle Liturgien praktisch keine Rolle. Die Sehnsucht vieler Menschen war es, digital mit *ihrer* Kirche, *ihrer* Gemeinde, *ihrem* Pfarrer, *ihren* Kirchenmusiker(inne)n und *ihren* Lektor(inn)en Gottesdienst feiern zu können. Manche Kleinstadtgemeinde hatte trotz begrenzter technischer Möglichkeiten regelmäßig mehr digital Mitfeiernde als große Kathedralen. Die Bereitschaft zur digitalen liturgischen Erfahrung scheint in aller Regel aus der analogen Vorerfahrung heraus entstanden zu sein und ohne diese kaum möglich. Es zeigten sich komplexe Wechselwirkungen zwischen analoger und virtueller liturgischer Erfahrung und entsprechenden Erwartungen.

Damit sind wir mitten in zentralen Themen dieses Buches. Die Erarbeitung aller Beiträge begann vor der Zeit der Corona-Pandemie. Der jetzige Erscheinungstermin des Bandes macht es aber möglich, bereits erste Beobachtungen zu Erfahrungen aus dieser Zeit zu berücksichtigen. Die Entwicklungen der letzten Monate zeigen in ihrer beschleunigten Dynamik digitaler liturgischer Erfahrungen, dass die Fragestellungen unserer Tagung richtig gewählt waren. So bieten die Beiträge einen Stand der Diskussion, die hochaktuelle Forschungszusammenhänge im Schnittfeld von Liturgie und Internet erschließt. Der vorliegende Band kann damit eine Hilfe sein, die disruptiven Ereignisse des Jahres 2020 zu erfassen und zu deuten. Gleichzeitig bietet er Orientierungen für künftige Handlungsoptionen.

Ich bin sehr dankbar für die gelungene und fruchtbare Tagung und den vorliegenden Band. Beides wäre nicht möglich gewesen ohne das reibungslose Zusammenspiel der beteiligten Partner, dem Fachbereich Liturgie und der Akademie der Diözese Rottenburg-Stuttgart sowie dem Lehrstuhl für Liturgiewissenschaft an der Theologischen Fakultät Paderborn. Mein besonderer Dank gilt Herrn Professor Dr. Stefan Kopp und Herrn Benjamin Krysmann für die stets gute Zusammenarbeit sowie die sorgsame Herausgabe dieses Ertragsbandes.

Rottenburg, 11. August 2020 *Weihbischof Dr. Gerhard Schneider*

Liturgie und Medien

Zu Entwicklung und Stand eines Forschungsfeldes

An den Kar- und Ostertagen 2020 gingen in den Medien für viele Menschen denkwürdige Bilder aus Rom um die Welt: Dort, wo sich sonst im Petersdom und auf dem Petersplatz zehntausende Gläubige versammeln, um gemeinsam mit dem Papst den Höhepunkt des Kirchenjahres zu feiern, war es diesmal ebenso still wie einsam geworden. Papst Franziskus (seit 2013) feierte die Gottesdienste dennoch – Ostern fand auch im Jahr 2020 ganz bewusst zur festgesetzten Zeit statt –, aber aufgrund der Corona-Pandemie eben unter völlig neuen Voraussetzungen, d. h. unter Einhaltung von notwendigen Hygiene- und Schutzmaßnahmen sowie in „Minimalbesetzung".[1] Vermutlich so viele Gläubige wie noch nie nahmen an den Osterfeierlichkeiten in Rom und an vielen anderen Orten via Rundfunk und Internet teil. Praktisch flächendeckend war in den Tagen zunehmender Einschränkungen infolge eines in dieser Form historischen *Lockdown* ab März 2020 ein Digitalisierungsschub zu verzeichnen, der vielfach auch die Erweiterung des gottesdienstlichen Angebots im digitalen Bereich bedeutete. Besonders beliebt waren dabei Gottesdienstübertragungen in Bild und Ton via Livestream, deren Bewerkstelligung mittlerweile schon deshalb als „demokratisiert" bezeichnet werden kann, weil die technischen Schwellen für Liveübertragungen niedriger und die Möglichkeiten der Verbreitung solcher Contents über die sozialen Medien diverser geworden sind.

So vielfältig wie die (technische und inhaltliche) Qualität der Übertragungen ist auch die kontroverse, z. T. polemische Debatte darüber. Dabei spielen amts- und liturgietheologische, kirchenrechtliche, pastorale und rezeptionsästhetische Überlegungen eine Rolle. Durch die Ereignisse der letzten Wochen rückt das Themenfeld

---

[1] Vgl. Traurige Premiere: Ostern im Vatikan ohne Gläubige, in: https://www.vaticannews.va/de/vatikan/news/2020-03/ostern-karwoche-liturgie-vatikan-papst-urbi-orbi-corona-virus-fr.html (Download: 30.6.2020); Corona-Krise: Papst begeht Kar- und Ostertage ohne Volk im Petersdom, in: https://www.vaticannews.va/de/papst/news/2020-03/corona-papst-kartage-ostern-ohne-volk-petersdom-liturgien.html (Download: 30.6.2020).

Liturgie und Medien plötzlich vom Rand in die Mitte des theologischen Diskurses und erzeugt neuen Reflexionsbedarf. Welche Chancen und Grenzen sind damit verbunden, zumindest eine „intentionale Teilnahme“[2] an der Liturgie der Kirche zu ermöglichen? Wie muss eine Trägergemeinde beschaffen sein, die vor Ort sicherstellt, dass der Auftrag Jesu „Tut dies zu meinem Gedächtnis!“ (Lk 22,19; 1 Kor 11,24) erfüllt wird,[3] und kann es auch legitim sein bzw. als Wert anerkannt werden, wenn Priester in dieser Zeit stellvertretend für die Gemeinde alleine, also ohne die Teilnahme anderer Gläubiger, die Messe feiern?[4] Welche rezeptionsästhetische Wirkung entsteht bei der Übertragung solcher Gottesdienste? Welche Kriterien sind nach heutigem Stand allgemein für die Übertragung liturgischer Feiern maßgeblich? Gehen Kirche und gottesdienstliches Leben überhaupt digital und, wenn ja, wie?

All diese Fragen erfordern differenzierte Antworten und weitere Vertiefungen, denen diese Publikation – bereichert durch neueste Entwicklungen und Erfahrungen – Raum gibt. Weil durch die Corona-Krise erkennbare Beschleunigungen und Überwindungen von Hürden auf dem Weg „online zu Gott“ auf der einen Seite sowie grundsätzliche Vorbehalte auf der anderen Seite zu beobachten sind, ist es gerade jetzt eine wichtige liturgiewissenschaftliche Aufgabe, die

---

[2] B. Gilles, Durch das Auge der Kamera. Eine liturgisch-theologische Untersuchung zur Übertragung von Gottesdiensten im Fernsehen (Ästhetik – Theologie – Liturgik 16), Münster – Hamburg – London 2000, 14. – Vgl. dazu Gottesdienst-Übertragungen in Hörfunk und Fernsehen. Leitlinien und Empfehlungen, hg. vom Sekretariat der Deutschen Bischofskonferenz in Zusammenarbeit mit den Liturgischen Instituten Deutschlands, Österreichs und der Schweiz (ADBK 169), Bonn ^{2}2007, 16f. [Kapitel „Mittelbare Teilnahme und intentionale Mitfeier“].

[3] Vgl. dazu u. a. „Der Auftrag Jesu muss weiterhin erfüllt werden“. Interview mit Liturgiewissenschaftler Stefan Kopp über Gottesdienste in Zeiten von Corona, in: Der Dom. Katholisches Magazin im Erzbistum Paderborn, Nr. 14 vom 5. April 2020, 18f. – Kritisch fragte zuletzt Egbert Ballhorn (* 1967) dazu: „Müssen wir nicht viel intensiver nachfragen, worin der Auftrag Christi *heute* an uns, an die Gläubigen und an die Kirche, besteht? Haben wir uns vielleicht zu sehr daran gewöhnt, alles was wir (liturgisch) tun, mit dem Willen Christi gleichzusetzen?“ (E. Ballhorn, Wozu feiern wir Liturgie? Erfahrungen eines Katholiken in der Krise [29. Juni 2020], in: https://www.feinschwarz.net/wozu-feiern-wir-liturgie-erfahrungen-eines-katholiken-in-der-krise [Download: 30.6.2020; Hervorhebung im Original])

[4] Vgl. dazu den Beitrag von W. Haunerland in diesem Band.

Situation in ihren unterschiedlichen Facetten so gut wie möglich zu erfassen und brauchbare Kriterien zur Beurteilung der weiteren Entwicklung zu formulieren. Weder unreflektierte Euphorie noch pauschale Skepsis gegenüber neuen Versuchen im Bereich gottesdienstlicher bzw. gottesdienstähnlicher Feierformen dienen dabei dem inhaltlichen Anliegen, sondern nur ein möglichst unvoreingenommener Blick auf die Phänomene sowie ihre faktenbasierte Einordnung, die im Streitgespräch auf gegenseitige Vorwürfe und die Unterstellung unlauterer Absichten verzichtet. Angesichts der Rasanz der digitalen Entwicklungen geht es um die „Neuvermessung eines theologischen Feldes"[5] und nicht um ein abschließendes Urteil über alle Aufbrüche seit Beginn der Corona-Pandemie.[6] Die Selbstverständlichkeit, mit der den Gläubigen in dieser Situation auf vielen Kanälen Gottesdienstübertragungen zur Mitfeier angeboten wurden,[7] lässt beinahe vergessen, dass die Fragen nach Grenzen und Kriterien der Übertragbarkeit gottesdienstlicher Handlungen und nach sinnvollen Formen der dabei möglichen Teilnahme bereits seit den 1950er-Jahren gestellt werden und bis heute – unter sich rasch wandelnden Bedingungen – nicht abschließend beantwortet sind.

In dieser thematischen Hinführung zum vorliegenden Sammelband sollen deshalb einige historische Notizen zum Verhältnis von Liturgie und Medien sowie aktuelle Diskussionen zu gottesdienstlichen Formen und ihren rezeptionsästhetischen Wirkungen in der Corona-Krise die Basis für die inhaltlichen Vertiefungen in den Einzelbeiträgen bilden.

---

[5] Untertitel des Beitrags von S. Böntert in diesem Band.

[6] Schon jetzt zeichnet sich jedoch das Forschungsdesiderat ab, die Erfahrungen dieser Zeit auch systematisch zu erheben und mit größerem Abstand zu untersuchen.

[7] Seit Beginn der vielfältigen Angebote, Gottesdienste via Livestream verfolgen und mitfeiern zu können, werden regelmäßig entsprechende bundesweite Programmseiten aktualisiert. – Vgl. Die Gottesdienste auf katholisch.de. Livestreams im Überblick, in: https://www.katholisch.de/artikel/5031-live-auf-katholischde (Download: 30.6.2020); Gottesdienste im Livestream, in: https://fernsehen.katholisch.de/fernsehgottesdienste/streaming (Download: 30.6.2020).

1 Historische Notizen zum Verhältnis von Liturgie und Medien

Der erste Papst, der den Wert von Gottesdienstübertragungen für Gläubige würdigte, die sonst keine Möglichkeit zur Teilnahme hätten, war Pius XII. (1939–1958). In seiner diesbezüglich richtungsweisenden Enzyklika *Miranda prorsus* schrieb er 1957:

> „Wir wissen, welch starkes Interesse eine sehr zahlreiche Menge von Zuschauern den im Fernsehen gebotenen katholischen Sendungen entgegenbringt. Es ist aber selbstverständlich, dass die Teilnahme am eucharistischen Opfer im Fernsehen – wie wir vor einigen Jahren erklärten – nicht dasselbe ist, wie die für die Festtage gebotene persönliche Teilnahme an der Heiligen Messe. Die überreichen Früchte aber, die zur Stärkung ihres Glaubens und zu ihrer Heiligung die im Fernsehen übertragenen liturgischen Feiern jenen bringen, die ihnen sonst nicht beiwohnen können, veranlassen uns, derartige Darbietungen immer mehr zu empfehlen."[8]

Zeitgleich mit dieser Empfehlung gab es eine von vielen Bedenken geprägte theologische Diskussion über die prinzipielle Übertragbarkeit von Gottesdiensten. So sprach Romano Guardini (1885–1968) etwa von einer „unbeteiligten Objektivität"[9], bei der die personale Beziehung zwischen Gott und Mensch bedroht sei. Karl Rahner (1904–1984) verwendete in diesem Zusammenhang den Begriff der Arkandisziplin und meinte damit, dass man den Zugang zum Kultmysterium und diesen personalen Akt des Gottesdienstes nicht ungeschützt außerhalb des Kirchenraumes ansetzen könne.[10]

---

[8] Papst Pius XII., Enzyklika *Miranda prorsus* über Film, Funk und Fernsehen vom 8. September 1957, in: http://w2.vatican.va/content/pius-xii/de/encyclicals/documents/hf_p-xii_enc_08091957_miranda-prorsus.html (Download: 30.6.2020).

[9] R. Guardini, Photographie und Glaubenszweifel, in: ders., H. Kahlefeld (Hg.), Christliche Besinnung, Bd. 8: Apparatur und Glaube. Überlegungen zur Fernübertragung der heiligen Messe, Würzburg 1955, 7–22, hier: 9.

[10] Für eine Zusammenfassung zu den Anfängen der Gottesdienstübertragungen in Radio und Fernsehen sowie zu deren weiterer Entwicklung, insbesondere zu den kontroversen Diskussionen in den 1950er- und 1980er-Jahren über die grundsätzliche Möglichkeit von Gottesdienstübertragungen im Rundfunk vgl. Gilles, Durch das Auge der Kamera (s. Anm. 2), 57–69.90–118; M. Gertler, Unterwegs zu einer Fernsehgemeinde. Erfahrung von Kirche durch Gottesdienstübertragungen, Köln 1998, 16–25. Einen „zusammenfassenden Einblick in den

Die Fragestellungen veränderten sich teilweise mit der weiteren Entwicklung hin zu formatierten Fernsehgottesdiensten, die seit den 1980er-Jahren im öffentlich-rechtlichen Fernsehen Deutschlands, Österreichs und der Schweiz regelmäßig sonn- und feiertags als Liveübertragungen aus verschiedenen Kirchengemeinden ausgestrahlt werden, sich so als eigenes Genre etablieren konnten sowie gezielt eine (intentionale) Teilnahme der medial Mitfeiernden fördern und vertiefen wollten. Verstärkt rückten nun Partizipation, Bindung und Identifikation der Rezipienten ins Zentrum des Interesses.[11] Von besonderer Bedeutung war dabei der gemeinschaftsfördernde Charakter der Fernsehgottesdienste. Es zeigte sich, dass viele Mitfeiernde ihre Teilnahme über das Fernsehen meist gezielt vorbereiteten und sie durch bewusstes Sehen und Hören, aber auch durch Mitsingen und -beten in vermittelter Gemeinschaft möglichst aktiv gestalten wollten, da ihnen eine leibliche Präsenz in der Kirche nicht (mehr) möglich war. Vor den Fernsehgeräten fühlten sie sich

---

wissenschaftlichen Diskurs zum Verhältnis von Gottesdienst (speziell der Eucharistiefeier) und Rundfunk (speziell dem Fernsehen) im deutschsprachigen Bereich" gewährt: F. Kluger, Wenn im Fernsehen die Glocken läuten … Wissenschaftlicher Diskurs und Positionen zum Verhältnis von Gottesdienst und Rundfunk – Einblick und Überblick, in: LJ 57 (2007) 187–204, hier: 187 – auf Seite 193 mit Verweis auf: K. Rahner, Die Messe und das Fernsehen, in: Guardini, Kahlefeld (Hg.), Christliche Besinnung (s. Anm. 9), 33–47, hier: 34. Dazu gab auch Johann Baptist Metz (1928–2019) zu bedenken: „‚Zum Wort hat auch der Ungläubige Zutritt, zum Sakrament nicht.' Dieser Satz stammt von Dietrich Bonhoeffer (1937). Mit ihm möchte ich abschließend eine Grenze der massenmedialen kirchlichen Kommunikation benennen, eine Grenze, die inzwischen freilich längst überschritten wurde, einen Kommunikationsvorbehalt, der längst preisgegeben scheint. Ich bin, schlicht gesagt, der Meinung, dass das sakramentale Zentrum der Liturgie, dass die Feier der Eucharistie nicht ins Fernsehen gehört." (J. B. Metz, Kirchliche Kommunikationskultur. Überlegungen zur Kirche in der Welt der Massenmedien, in: ComSoc 24 [1991] 247–258, hier: 255). – Vgl. dazu auch die historischen Notizen in: B. Irlenborn, S. Kopp, Der *Media Turn* als Herausforderung für die Liturgie, in: ThGl 108 (2018) 356–373, hier: 364f.

[11] Stimmen, die Gottesdienstübertragungen im Fernsehen grundsätzlich infrage stellten, gab es jetzt kaum mehr. Sie fanden immer größere Anerkennung. Zuvor wurde noch in Anlehnung an die frühen Diskussionen befürchtet, dass Fernsehgottesdienste zu „Medienspektakeln" verkommen und ihre Zunahme zur medialen oder sogar kommerziellen Verwertung von Gottesdienst und Eucharistie führen könnte. – Vgl. dazu H. Rolfes, Die Messe im Fernsehen als Medienspektakel und Geschäft, in: StZ 211 (1993) 331–342, hier: 342.

der feiernden Gemeinde vor Ort (weiterhin) zugehörig und betrachteten ihre Teilnahme am Fernsehgottesdienst als Möglichkeit zur geistigen Kommunion im wörtlichen Sinn als Teil der *communio*, d. h. der Gemeinschaft der Kirche(n).[12]

Auf diese Weise entstand der Gedanke von eigens organisierten „Fernsehgemeinden", die auf die Belange der medial Mitfeiernden eingehen, durch ergänzende Angebote Dialog und Partizipation fördern und die räumlich getrennten „Gemeindemitglieder" pastoral begleiten sollten.[13] Daneben festigte sich die Einsicht, dass mit dem Aufeinandertreffen von Liturgie und Fernsehen zwei eigenständige Bereiche zusammenwirken – ähnlich wie das bei Liturgie und Kunst der Fall ist. Auch wurde jetzt den Zielgruppen entsprechend deutlicher zwischen den Ausrichtungen der mindestens drei verschiedenen Übertragungskonzepte bzw. Sendetypen differenziert: der partizipatorischen Ausrichtung, die auf die intentionale Mitfeier abzielt, der missionarischen Ausrichtung, die im Dienst der Evangelisierung steht, sowie der dokumentarischen Ausrichtung, die neutral die gottesdienstliche Feier abbildet.[14]

In den letzten 20 Jahren eröffnete die rasante Verbreitung des Internets, das auch für das Angebot von Gottesdienstübertragungen neue mediale und kommunikative Möglichkeiten bereithielt und zu einer erheblichen Erweiterung des Forschungsfeldes an der Schnittstelle von Liturgie und Medien führte, wiederum völlig neue Horizonte.[15] Einen überschaubaren Teil davon bildete das Online-Über-

---

[12] Vgl. Kluger, Wenn im Fernsehen die Glocken läuten … (s. Anm. 10), 199.

[13] Die wissenschaftliche Reflexion der Idee eigener Fernsehgemeinden erfolgte in Deutschland durch Martin Gertler (* 1954), der dabei auf Erfahrungen in den Niederlanden zurückgreifen konnte. – Vgl. B. Jeggle-Merz, Gottesdienst und mediale Übertragung, in: M. Klöckener, A. Häußling, R. Meßner (Hg.), Theologie des Gottesdienstes (GDK 2,2), Regensburg 2008, 455–487, hier: 464.

[14] Vgl. Gilles, Durch das Auge der Kamera (s. Anm. 2), 77. Eine weitere inhaltliche Unterscheidung der dokumentarischen Ausrichtung ergibt sich aus der Frage, ob ein Gottesdienst live übertragen oder als Aufzeichnung gesendet wird.

[15] Zur theologischen Erschließung des Internets als Raum für Kirche vgl. S. Böntert, Gottesdienst im Internet. Perspektiven eines Dialogs zwischen Internet und Liturgie, Stuttgart 2005. Stefan Böntert konnte auf die Erfahrungen und den bisherigen Diskussionsstand rund um gottesdienstliche Feiern im Rundfunk aufbauen und im Bereich des Internets aus ekklesiologisch-liturgietheologischer Hinsicht neue Phänomene in den Blick nehmen. Er stellte heraus, dass Gemeinschaft – auch zur gottesdienstlichen Feier – im Raum des Internets entstehen

tragungsverfahren via Livestream. Abgesehen von begleitenden Chatfunktionen, dem Einsatz der sozialen Medien oder dem Second-Screen-Verfahren hatte sich hier inhaltlich im Wesentlichen keine Veränderung zu den bisherigen Liveübertragungen von Gottesdiensten im Fernsehen ergeben. Zu weitreichenden und kaum überschaubaren Neuerungen kam es allerdings im Bereich von Onlineangeboten wie beispielsweise Gebetsforen, virtuellen Andachtsräumen, Impulsen und vielen weiteren gottesdienstähnlichen Phänomenen. Bis heute entstand eine enorme Vielfalt von Live- und voraufgezeichneten On-Demand-Formaten.

Dass Angebote teils genauso schnell wieder verschwanden wie sie aufkamen, erschwerte es, die vielen einzelnen Phänomene in einer Gesamtschau einzuordnen und zu vertiefen. Gelegentlich wurde darauf hingewiesen, wie hilfreich Differenzierungen sein könnten, dass Untersuchungen – insbesondere unter Berücksichtigung neuer Interaktions- und aktiver Teilnahmemöglichkeiten im Netz – allerdings ausstünden.[16] Die aktuelle Diskussion um digitale Formate, die nach Ausbruch der Corona-Pandemie entstanden oder neu in das Blickfeld gekommen sind, bietet nun eine gute Gelegenheit, an den bisherigen Stand der Auseinandersetzung mit Gottesdienstübertragungen und ihrer medialen Mitfeier anzuschließen, das Forschungsfeld abzugehen und Perspektiven herauszuarbeiten, die auch nach Überwindung der Corona-Krise weiterverfolgt werden müssen.

kann, wenn sich Personen online als virtuelle Gemeinde gleichzeitig an einem gemeinsamen Ort im Netz versammeln und aktiv in Interaktion treten. – Zum Bereich der Kirche im Cyberspace insgesamt vgl. T. Berger, @ Worship. Exploring Liturgical Practices in Cyberspace, in: QuLi 94 (2013) 266–286; dies., *Participatio Actuosa* in Cyberspace? Vatican II's Liturgical Vision in a Digital World, in: Worship 87 (2013) 533–547; dies., @ Worship. Liturgical Practices in Digital Worlds (Liturgy, Worship and Society), London – New York 2018; dies., Liturgie digital. Zu gottesdienstlichen Vollzügen in Bits & Bytes, in: LJ 69 (2019) 253–268.

16 Vgl. Irlenborn, Kopp, Der *Media Turn* als Herausforderung für die Liturgie (s. Anm. 10), 359.

2 Aktuelle Diskussionen über gottesdienstliche Formen, ihre mediale Vermittlung und ihre rezeptionsästhetischen Wirkungen

Anfängliche Hürden wie fehlende technische Ausstattungen, offene Lizenz- und Rechtsfragen[17] oder mangelnde Erfahrungen in der medialen Übertragung von Gottesdiensten konnten zu Beginn der Corona-Pandemie im März 2020 im deutschen Sprachgebiet, das in dieser Hinsicht etwa dem englischsprachigen Raum weit hinterherhinkt, aus der Not heraus rasch überwunden werden. Orientierungspunkt beim Experimentieren mit und vor der Kamera im Kirchenraum waren die bekannten, in der Qualität aber wohl kaum zu erreichenden Beispiele der klassischen Fernsehgottesdienste. Auch wenn es den meisten Akteur(inn)en vermutlich gar nicht bewusst war, konnten sie sich in dieser Situation auf das verlassen, was in den Leitlinien und Empfehlungen der Deutschen Bischofskonferenz (DBK) zu Gottesdienstübertragungen in Hörfunk und Fernsehen steht und Ergebnis eines langjährigen und lebendigen Diskurses ist.[18]

Auffallend war dabei die deutliche Konzentration auf die Messfeier (und auf den zelebrierenden Priester), die schon in der ersten Phase der Pandemie eine kontroverse Diskussion aufkommen ließ. Wie in anderen Bereichen zeigte sich auch im gottesdienstlichen

---

[17] Vgl. Pragmatisches Vorgehen bei Live-Streamings. Medienanstalten ermöglichen vereinfachtes Anzeigeverfahren zur Aufrechterhaltung gesellschaftlicher Teilhabe während der Zeit der Corona-Krise, Pressemitteilung 07/2020 der Direktorenkonferenz der Landesmedienanstalten vom 20. März 2020, in: https://www.die-medienanstalten.de/service/pressemitteilungen/meldung/news/pragmatisches-vorgehen-bei-live-streamings (Download: 30.6.2020); Information der Medienanstalten zum Live-Streaming von kulturellen oder religiösen Veranstaltungen sowie Bildungsangeboten während der Zeit des Corona-Epidemieschutzes (20. März 2020), in: https://www.die-medienanstalten.de/fileadmin/user_upload/Pressemitteilungen/die_medienanstalten/Medienanstalten_Infoblatt_Live-Streaming_Corona-Epidemieschutz.pdf (Download: 30.6.2020); DBK, Einigung mit GEMA und VG Musikedition für die Übertragung von Gottesdiensten oder anderen liturgischen Feiern über das Internet, Aktuelle Meldung Nr. 004 vom 19. März 2020, in: https://dbk.de/nc/presse/aktuelles/meldung/einigung-mit-gema-und-vg-musikedition-fuer-die-uebertragung-von-gottesdiensten-oder-anderen-liturgisch/detail (Download: 30.6.2020).

[18] Vgl. Gottesdienst-Übertragungen in Hörfunk und Fernsehen (s. Anm. 2), 9. – Weil sich sowohl die technischen Voraussetzungen permanent weiterentwickelt haben als auch das Nutzungsverhalten der Rezipient(inn)en Veränderungen unterworfen ist, wäre eine erneute inhaltliche Überarbeitung der Leitlinien und Empfehlungen für die Praxis wünschenswert.

Kontext: Was vor der Krise schon da war, wurde jetzt – vor allem medial vermittelt – noch deutlicher sichtbar und konnte von manchen als beschleunigt bzw. verstärkt wahrgenommen werden. Abgesehen vom Mangel an liturgischer Vielfalt war die entscheidende Hauptfrage in einer ersten Auseinandersetzung: Was darf und kann verantwortet getan werden, um den Auftrag Jesu „Tut dies zu meinem Gedächtnis!" (Lk 22,19; 1 Kor 11,24) weiterhin sicherzustellen, also wie kann die Eucharistie auch in dieser Ausnahmesituation gefeiert und – trotz der notwendigen restriktiven Regelungen, die Versammlungen prinzipiell untersagen – weiterhin in ihrer ekklesialen Dimension wahr- und ernst genommen werden? Ist stellvertretendes Handeln diesbezüglich nur als (kleine) Gemeinde oder auch als einzelner Priester möglich und sinnvoll? Liegt in dieser Situation, in der öffentliche Gottesdienste verboten sind, ein „gerechte[r] und vernünftige[r] Grund" (c. 906 CIC/1983) vor, die Messe ohne wenigstens einen Ministranten zu feiern? Oder muss – aus Solidarität mit denen, die nicht an der Messfeier teilnehmen können – allen Gliedern der Kirche in dieser Zeit ein „eucharistisches Fasten" auferlegt werden und stattdessen nach neuen spirituellen Formen der Hauskirche – ggf. unterstützt durch mediale Möglichkeiten – gesucht werden?[19]

Plakative Überschriften überdeckten dabei allerdings teilweise wichtige Grundgedanken oder bedenkenswerte Sinnspitzen von Diskussionsbeiträgen. Bei diesen Fragen ging es nicht nur um die grundsätzliche Berechtigung von „Geistermessen", wie ein (ab)wertender Begriff in der Diskussion lautete, deren Infragestellung mit Winfried Haunerland (* 1956) als Kritik am kirchlichen Gesetzgeber

---

[19] Zur Diskussion vgl. A. Gerhards, B. Kranemann, S. Winter, Privatmessen passen nicht zum heutigen Verständnis von Eucharistie, in: https://www.katholisch.de/artikel/24874-privatmessen-passen-nicht-zum-heutigen-verstaendnis-von-eucharistie (Download: 30.6.2020); kritisch dazu u. a. W. Haunerland, Pro: Auftrag des Herrn erfüllen – auch in schwierigen Zeiten, in: https://www.domradio.de/themen/corona/2020-03-18/pro-auftrag-des-herrn-erfuellen-auch-schwierigen-zeiten-liturgiewissenschaftler-zur-debatte-um (Download: 30.6.2020); H. Hoping, Die Messe ohne Volk ist legitim – nicht nur in der Corona-Krise, in: https://www.katholisch.de/artikel/24892-die-heilige-messe-ist-auch-waehrend-der-corona-pandemie-nowendig (Download: 30.6.2020); die spätere Stellungnahme von A. Gerhards, B. Kranemann, S. Winter, Gemeinsam Gottesdienst feiern – auch im Modus der Krise, in: https://www.katholisch.de/artikel/24940-gemeinsam-gottesdienst-feiern-auch-im-modus-der-krise (Download: 30.6.2020). – Vgl. dazu auch den Beitrag von W. Haunerland in diesem Band.

verstanden werden kann, sondern auch und vor allem um die medial massiv verstärkte rezeptionsästhetische Wirkung solcher Formen, also um ihre mediale Präsentation. Albert Gerhards (* 1951), Benedikt Kranemann (* 1959) und Stephan Winter (* 1970) geben etwa zu bedenken:

> „Werden solche Messen in den sozialen Medien übertragen, kommt es zu einer peinlichen und möglicherweise verhängnisvollen Wiederauferstehung von zu Recht Überlebtem: Was im Verborgenen im Sinne der geistlichen Verbundenheit noch angehen mag, wird durch die mediale Präsentation leicht zu einer Erfahrung doppelter Exklusion: drinnen der exklusiv zelebrierende und kommunizierende Priester, draußen die auf virtuelle Präsenz und ‚geistliche Kommunion' reduzierten Laien."[20]

Medial vermittelte Gottesdienste können als „Einbahn-Kommunikation" diesbezüglich Gräben vertiefen und amts- und liturgietheologische Verständnisse sowie Kirchenbilder transportieren, die erwünschte oder nicht erwünschte Vorstellungen wecken. Dies gilt aber nicht nur für gottesdienstliche Feiern im engeren Sinn, sondern auch für Frömmigkeitsformen, die sich amts- und liturgie- bzw. sakramententheologisch auf dünnem Eis bewegen. Dabei war die Bandbreite an kreativen Vorschlägen mit den unterschiedlichen kirchlichen Prägungen und Zugängen groß und reichte von skurril wirkenden Formen, die eigene Eucharistiefrömmigkeit öffentlichkeitswirksam an ungewöhnlichen Orten zu zeigen, bis hin zu der Frage, ob nicht auch „Fernkonsekration" von Brot und Wein in Echtzeit vor einem Endgerät möglich sei.[21]

Nicht zuletzt unter dem Eindruck der letzten Monate wurde noch einmal neu deutlich, dass es Grenzen gibt, Realität in leiblicher Präsenz durch Virtualität in medialer Präsenz zu ersetzen. Pointiert formulierte der Wiener Dogmatiker Jan-Heiner Tück (* 1967) dazu: „Wir feiern Realpräsenz, nicht Virtual-Präsenz"[22]. Zwar sei die inten-

---

[20] Gerhards, Kranemann, Winter, Privatmessen passen nicht zum heutigen Verständnis von Eucharistie (s. Anm. 19).

[21] Vgl. dazu u. a. J. Pock, Karwochenliturgie im Zeichen von Covid-19 – eine vertane Chance, in: https://theocare.wordpress.com/2020/03/27/karwochenliturgie-im-zeichen-von-covid-19-eine-vertane-chance (Download: 30.6.2020).

[22] Theologe Tück: Vorsichtige Vorbehalte gegen „virtuelle Gottesdienste", in:

tionale Mitfeier von Gottesdienstübertragungen auch via Livestream grundsätzlich möglich. Werden sie jedoch zum Normalfall, müsse die damit verbundene „Vernachlässigung der anthropologischen Dimension der Sakramente“[23] gesehen werden. Aus seiner Sicht ist

> „[d]ie Teilnahme an einer Live-Stream-Messe [...] nicht die persönliche Teilnahme an einer realen, die Beichte am Telefon keine reale, sie wäre auch nicht gültig. Sakramente sind an körperliche Präsenz gebunden, keine Taufe ohne Wasser, keine Firmung ohne Chrisam, keine Eucharistie ohne Brot und Wein. Das lässt sich nicht überspringen.“[24]

Woran hier speziell für die Feier der Sakramente erinnert wird, das kann auch auf die Kirche insgesamt angewendet werden. Anlässlich der außergewöhnlichen Osterfeierlichkeiten und ihrer digitalen „Bewältigung“ warnte Papst Franziskus vor einer rein medialen Kirche und erinnerte daran, dass kirchliche Gemeinschaft zunächst immer von einer unmittelbar persönlichen Wirklichkeit lebe. Eine ausschließlich medial vermittelte Gemeinschaft sei „nicht das Ideal der Kirche“[25].

---

https://www.katholisch.at/aktuelles/129202/theologe-tueck-vorsichtige-vorbehalte-gegen-virtuelle-gottesdienste (Download: 30.6.2020).

[23] Ebd.

[24] J.-H. Tück, Warum Do-it-yourself-Messen keine Antwort auf die Krise sein können, in: https://www.katholisch.de/artikel/25027-warum-do-it-yourself-messen-keine-antwort-auf-die-krise-sein-koennen (Download: 30.6.2020). Mit seinem Beitrag wendet er sich auch gegen die kurz zuvor veröffentlichten Wortmeldungen der Theologen Johann Pock (* 1965), Daniel Bogner (* 1972) und Thomas Ruster (* 1955). – Vgl. Pock, Karwochenliturgie im Zeichen von Covid-19 (s. Anm. 21); D. Bogner, Diese Krise wird auch die Kirche verändern, in: https://www.katholisch.de/artikel/24963-diese-krise-wird-auch-die-kirche-veraendern (Download: 30.6.2020); F. Neumann, Theologe Ruster: Beichte ist in Corona-Krise per Telefon möglich, in: https://www.katholisch.de/artikel/24967-sakramente-in-der-quarantaene-die-beichte-per-telefon-ist-moeglich (Download: 30.6.2020). Als Reaktion wiederum auf die Äußerungen von Jan-Heiner Tück vgl. J. Pock, Die Kirchentradition sollte in der Krise helfen statt zu verbieten, in: https://www.katholisch.de/artikel/25052-die-kirchentradition-sollte-in-der-krise-helfen-statt-zu-verbieten (Download: 30.6.2020).

[25] Vgl. M. Galgano, Frühmesse: Nicht nur „virtuell“ glauben, in: https://www.vaticannews.va/de/papst-franziskus/santa-marta-messe/2020-04/santa-marta-corona-ideal-kirche-sakrament-schwanger-vertrautheit.html (Download: 30.6.2020).

Dennoch sind damit die Themen Digitalität, Medialität und auch Virtualität für Liturgie und Kirche der Gegenwart und Zukunft nicht bedeutungslos – im Gegenteil. Gerade unter dem Eindruck der letzten Monate und mit dem damit verbundenen Digitalisierungsschub sind diese Themen in Theorie und Praxis wichtiger und damit auch noch weiter vertiefungswürdig geworden, und zwar nicht als Ersatz, sondern als Ergänzung zu leiblicher Präsenz, die für die Kirche sowie ihre Liturgie und Pastoral essenziell ist. Ein Erfolgsrezept der Kirche war zu allen Zeiten, dass sie die Medien zu nutzen wusste, die sich jeweils anboten. Warum sollte das nun bei digitalen Medien anders sein? Das heißt jedoch nicht, dass die Kirche sich die Fülle von digitalen Möglichkeiten ohne Schaden der Sache einfach unreflektiert aneignen darf.

3 Zum inhaltlichen Spektrum dieses Sammelbandes

Vor dem Hintergrund solcher Überlegungen schlägt dieser Sammelband bewusst die Brücke von theologischer Reflexion zu kirchlicher und medialer Praxis. Auf Basis einer Standortbestimmung von Kirche und Theologie im Medienzeitalter werden darin Reflexionen zu Liturgie und Digitalität vorgenommen. Dabei reicht das inhaltliche Spektrum von spezifisch liturgiewissenschaftlichen über systematisch-theologische bis hin zu pastoraltheologischen und erstmals in diesem Kontext auch kirchenrechtlichen Vertiefungen. Mit Teresa Berger (* 1956) und Stefan Böntert (* 1969) kommen zwei in diesem Bereich besonders erfahrene und profilierte Forscherpersönlichkeiten zu Wort, die als eine der wenigen in der Liturgiewissenschaft dieses theologische Feld schon seit vielen Jahren beackern und in dieser Publikation aufbauend auf ihren bisherigen Studien ein Forschungsupdate vornehmen. Den Abschluss bilden exemplarische Einblicke in Praxisfelder – ein Abschnitt, der auf dem Fundament dieses Sammelbandes in den nächsten Jahren auch wissenschaftlich-reflexiv hoffentlich noch deutlich erweitert werden kann – und eine Reflexion zu aktuellen Diskussionen als Ausblick.

Dass bei manchen Beiträgen der mündliche Charakter erhalten geblieben ist, erinnert an den Ausgangspunkt dieser Publikation. Am 8. und 9. Oktober 2019 fand zum Thema dieses Sammelbandes im Tagungszentrum Hohenheim der Akademie der Diözese Rottenburg-Stuttgart eine interdisziplinäre Fachtagung statt, an der auch Bischof Dr. Gebhard Fürst als Ortsbischof und Vorsitzender der Publizistischen Kommission der DBK sowie Weihbischof Dr. Gerhard Schneider als Leiter der Hauptabteilung Liturgie (mit Kunst und Kirchenmusik) und Berufungspastoral der Diözese Rottenburg-Stuttgart teilnahmen und die sie durch ihre Beiträge bereicherten. Zu diesem Zeitpunkt konnte noch niemand ahnen, welch brisante Aktualität die Thematik einige Monate später aufgrund des Ausbruchs der Corona-Pandemie gewinnen würde, die jetzt im Tagungsband – mit ersten Beobachtungen, neuen Fragestellungen und zurückblickenden sowie weiterführenden Überlegungen – schon berücksichtigt werden kann.

Unser Dank im Zusammenhang mit der Entstehung dieses Bandes gilt neben den Autor(inn)en der Beiträge, die sie zuletzt noch einmal um neueste Entwicklungen ergänzt haben, dem Paderborner Lehrstuhlteam, besonders Frau Barbara Brunnert und Frau Cecille Müller, für die kompetente und motivierte Mitwirkung an den redaktionellen Arbeiten sowie Herrn Tobias Albers, seit 2018 Promovend im Graduiertenkolleg „Kirche-Sein in Zeiten der Veränderung" an der Theologischen Fakultät Paderborn, für die Mitorganisation der Tagung sowie die Koordination der Korrespondenzen zwischen den Kooperationspartnern in Paderborn, Rottenburg und Stuttgart. Frau Dr. Verena Wodtke-Werner und ihrem Team in der Akademie der Diözese Rottenburg-Stuttgart sei für die Durchführung der Tagung in ihrem Haus gedankt. Für die großzügige Förderung von Tagung und Publikation sind wir der Diözese Rottenburg-Stuttgart, besonders Herrn Weihbischof Dr. Gerhard Schneider mit seinem Verantwortungsbereich im Bischöflichen Ordinariat, dankbar. Dem Verlag Herder, Freiburg im Breisgau, und Herrn Dr. Stephan Weber danken wir für die gewohnt zuverlässige Begleitung der Drucklegung.

Paderborn, 11. August 2020 *Die Herausgeber*

1. Standpunkte zu Kirche und Medien

Mediale Kommunikation als Auftrag der Kirche

Gebhard Fürst

Vor 20 Jahren wurde ich in einem Interview gefragt: „Wie kann es der Kirche gelingen, offen zu bleiben für zeitgenössische Kultur?“[1] Meine Antwort damals lautete: „Die Kirche selbst braucht Kulturstationen“. Stellte man mir heute die Frage nach dem Auftrag der Kirche unter den veränderten Zeichen der Zeit – angesichts von Digitalisierung und Social Media – neu, würde ich meine Antwort von damals bekräftigen: Kirche braucht Kulturstationen!

1 Kirche und Kommunikation

Was bedeutet Kommunikation heute unter ekklesiologischer Perspektive und angesichts der veränderten Kommunikationsbedingungen neuer Kanäle und Plattformen? – Wenn wir von der kommunikativen Mission der Kirche an sich sprechen, sprechen wir über den fundamentalen Grund, warum die Kirche existiert. Sinn und Zweck von Kirche ist, die Frohe Botschaft Jesu Christi zu verkünden. Als österliches Sendungsgebot hat der Auferstandene seinen Nachfolger(inne)n eindringlich ans Herz gelegt: „Geht hinaus in die ganze Welt und verkündet das Evangelium der ganzen Schöpfung!“ (Mk 16,15) Als Christ(inn)en gehört es folglich zu unserem Grundauftrag, die Frohe Botschaft bis „ans Ende der Welt“ zu tragen, damit das Evangelium – die heilbringende, friedvolle und lebenspendende Botschaft – die Herzen der Menschen überall, in allen Teilen der Welt, in allen ihren Lebensräumen erreicht und berührt.

Der Mensch existiert durch Kommunikation und lebt von Kommunikation. Und vielfach ist er selbst ein Produkt von Kommunikation, ohne dies an dieser Stelle bereits werten zu wollen. Auch im kirchlichen „Alltag“ steht Kommunikation im Mittelpunkt, insofern

[1] Wörtliche Zitate aus: A. Foitzik, „Die Kirche braucht Kulturstationen“. Ein Gespräch mit Akademiedirektor Gebhard Fürst, in HerKorr 53 (1999) 182–184, hier: 183.

die Kirche eine Gemeinschaft, eine Zusammenkunft jener ist, die sich im Namen Christi versammeln. Wenn wir nicht sämtliche Formen der Kommunikation, die zu einem Gefühl der Verbundenheit und der Teilnahme führen, fördern, ist unsere Kirche kein Ort der *communio*, kein Ort der Zugehörigkeit.

Dabei kommuniziert die Kirche nicht nur über die Mittel, mit denen wir vertraut sind: in unseren liturgischen Feiern, über die Predigt, mittels Radio- und Fernsehbeiträgen im öffentlich-rechtlichen und privaten Rundfunk, über Pressemitteilungen und über das Internet. Zumindest hier in Deutschland sind wir mit diesen Plattformen gut ausgestattet.

Wir kommunizieren in jedem Aspekt unseres Lebens, indem wir sprechen und handeln – auch und auf besondere Weise in unserem Glauben. Die überzeugendste Verkündigung ist unser Leben und die Art, wie wir anderen begegnen. Oder wie es Papst Franziskus (seit 2013) in seiner Botschaft zum Welttag der sozialen Kommunikationsmittel einmal formuliert hat: „Gute Kommunikation hilft uns, einander näher zu sein und uns untereinander besser kennenzulernen, in größerer Einheit miteinander zu leben.“[2]

2 Kommunikation in den digitalen Plattformen

Digitalität gilt als Grundstruktur und entscheidende Signatur der Gegenwart. Vom Vokabular des Zweiten Vatikanischen Konzils (1962–1965) herkommend kann sie als „Zeichen der Zeit“ gewertet werden. An dieser Stelle möchte ich noch einmal Franziskus zitieren. In seiner Botschaft zum Mediensonntag 2019 bezeichnete er das Internet sehr wertschätzend als „eine Ressource unserer Zeit“[3]. Men-

---

[2] Papst Franziskus, Botschaft zum 48. Welttag der sozialen Kommunikationsmittel. Kommunikation im Dienst einer authentischen Kultur der Begegnung (24. Januar 2014), in: http://www.vatican.va/content/francesco/de/messages/communications/documents/papa-francesco_20140124_messaggio-comunicazioni-sociali.html (Download: 6.7.2020).

[3] Papst Franziskus, Botschaft zum 53. Welttag der sozialen Kommunikationsmittel. „Denn wir sind als Glieder miteinander verbunden“ (Eph 4,25). Von den *Social Network Communities* zur menschlichen Gemeinschaft (24. Januar 2019), in: http://www.vatican.va/content/francesco/de/messages/communications/documents/papa-francesco_20190124_messaggio-comunicazioni-sociali.html (Download: 6.7.2020).

schen leben heute selbstverständlich in vielschichtigen digitalen, analogen und kommunikativen Welten, ohne dass Netz und Welt, das digitale und das körperliche Ich, deckungsgleich geworden wären.

Die digitalen Kommunikationskanäle sind heute so allgegenwärtig, sind so in den Alltag der Menschen integriert, dass sie sich kaum mehr von der analogen Alltagswelt trennen lassen. Sie sind eine Quelle von Wissen und Beziehungen, die noch vor 15 Jahren unvorstellbar waren. Die zahlreichen digitalen Plattformen verändern nicht nur die Art und Weise, wie wir kommunizieren, sondern auch die Kommunikation selbst. Diese Veränderungen im Kommunikationsverhalten vollziehen sich nicht nur außerhalb der Kirche, sondern auch in den Gemeinden und im Alltag der Gläubigen. Internet und Social Media sind keine Parallelwelt – sie sind Alltag der Menschen!

Bereits die Liturgiekonstitution *Sacrosanctum Concilium* (SC) des Zweiten Vatikanischen Konzil betont, dass es bei der Evangelisierung erstens um die Wahrnehmung der gesunden Überlieferung gehe, dass es zweitens aber auch einen „berechtigten Fortschritt“ (SC 23) brauche. Und Papst Franziskus mahnt in seinem Apostolischen Schreiben *Evangelii gaudium* (EG) vom 24. November 2013 über die Verkündigung des Evangeliums in der Welt von heute, es sei dringlicher, sich um geeignete Wege der Inkulturation des Evangeliums zu bemühen, als sich in der „ostentative[n] Pflege der Liturgie, der Lehre und des Ansehens der Kirche“ zu verlieren, ohne „die wirkliche Einsenkung des Evangeliums in das Gottesvolk und die konkreten Erfordernisse der Geschichte“ zu berücksichtigen. Das führe letztlich dazu, dass „sich das Leben der Kirche in ein Museumsstück oder in ein Eigentum einiger weniger“ verwandle (vgl. EG 95). Gerade im Blick auf manche neotraditionalistischen Tendenzen in Liturgie und Verkündigung sollte deshalb kritisch überprüft werden, was überflüssig oder gar hinderlich ist oder was vom Wesentlichen ablenkt.

Insbesondere junge Menschen, diejenigen, die mit digitaler Kommunikation von klein auf aufgewachsen sind, unterscheiden in der Regel nicht mehr zwischen „Online-Leben“ und „Offline-Leben“. Aber auch in der Zielgruppe der Menschen über 60 Jahren nutzen 85 Prozent mittlerweile Social-Media-Kanäle, um sich zu informieren und um mit anderen User(inne)n in Kontakt zu treten. Monatlich nutzen 32 Millionen Menschen in Deutschland Facebook; das entspricht 46 Prozent der Bevölkerung. Diese Zahlen zeigen die Relevanz allein dieses Kanales für die Kommunikation. Über Facebook und andere Social-Media-Plattformen bilden wir zudem eine Brücke zu einer Zielgruppe, die wir via Tageszeitung oder Kommunikation über unser Web-1.0-Angebot (Internetportale) nicht erreichen. Gerade in Anbetracht dessen, dass die sozialen Netzwerke nicht nur im Alltag der Menschen präsent sind, sondern auch darüber hinaus sämtliche bisherigen Plattformen und Formate integrieren und aufsaugen, ist es unerlässlich, dass sich die Kirche um eine Präsenz in den Social Media bemüht und dass ihre Einrichtungen, die Gemeinden und Seelsorgebereiche mit einem breiten pastoralen Angebot dort vertreten sind.

Wenn wir als Kirche nicht auf den digitalen Plattformen präsent sind, laufen wir Gefahr, viele Menschen nicht mehr zu erreichen, weil Kirche mit ihrer heilsamen und befreienden Botschaft nicht mehr vorkommt. Wir würden unseren Grundauftrag verspielen, das Evangelium in alle Welt zu tragen. So bliebe die Botschaft der Liebe Gottes für sehr viele Menschen verschlossen. Unsere tatsächliche Herausforderung lautet, eine Präsenz zu schaffen, die die Spezifika der Kultur der digitalen Medien anerkennt, auf diese eingeht und sich diese so aneignet, dass sie das Evangelium weitergeben, vermitteln und zur Wirkung bringen kann.

Im Übrigen unterscheidet sich diese Herangehensweise nicht von der der Jünger. Auch sie mussten die Kulturen, Sprachen und Gebräuche der Völker verstehen, mit denen sie über die Botschaft Jesu Christi ins Gespräch kommen wollten. So ist es auch heute: Wir müssen auf unsere Präsenz achten, die Sprache, die wir benutzen, unsere institutionellen Strategien, aber vor allem unsere Authentizität.

3 Präsenz im Netz

„[S]eit es das Internet gibt, hat sich die Kirche immer dafür eingesetzt, es in den Dienst der zwischenmenschlichen Begegnung und allumfassender Solidarität zu stellen.“[4] Wenn wir in der digitalen Welt präsent sein wollen, sollten wir uns nicht primär die Frage stel-

[4] Ebd.

len, wie wir die Technologien einsetzen, sondern vielmehr, was es bedarf, um in dieser Welt, die durch die digitalen Technologien geschaffen wurde, eine evangelisierende Präsenz zu erreichen. Viele Gläubige sind in der digitalen Welt aktiv, tun dort ihre Meinungen kund und teilen dort anderen ihre tiefsten Überzeugungen mit. Kommunikation geschieht nicht linear und schon gar nicht Top-down. Ich sehe dies als wichtiges ekklesiologisches Lernfeld: Die Dezentralität des Netzes mit seinen zahlreichen Plattformen, Kanälen und seinen Partizipationsmöglichkeiten erfordert ein Umdenken von allen Organisationen und Einrichtungen, auch von der Kirche. Kirchliche Kommunikationsstrategie war über viele Jahre hinweg linear angelegt – das beste Beispiel ist die monologische Predigt.

Was Partizipation im Netz bedeutet, sehen wir an den Social Media: Grundsätzlich kann jede(r), die bzw. der über einen Computer mit Internetzugang, ein Tablet oder ein Smartphone verfügt, teilhaben, ohne größere technische Vorkenntnisse und ohne hohe Zugangshürden. Doch in den Social Media wird Zugehörigkeit auch formal und inhaltlich hoch individualisiert bestimmt. Christliche Milieus und Gruppen formieren sich dort nicht kirchlich-territorial. Sie unterliegen den Kriterien und Spielregeln, wie sich im Netz allgemein Gruppen bilden.

Allerdings ist es nahezu systemimmanent, dass sich schnell Echokammern und Filterblasen bilden können, in die Nutzer, die sich wenig mit den Kommunikationsstilen im Netz auseinandersetzen, oftmals unbemerkt hineingeraten. Hierin liegt eine Gefährdung der digitalen Netze, die wir noch eigens reflektieren müssen. Dennoch liegen gerade in den Social-Media-Kanälen vielfältige Chancen für theologisches und ekklesiales Lernen: Im Netz wird Kirche global erfahrbar, da die Gemeinschaft, wie ich eben bereits angemerkt habe, nicht ortsgebunden ist.[5] Das ist ein in einem gewissen Sinn sehr „katholischer" Aspekt von Kirche. Die Symbolik, die Ästhetik und deren Inszenierung sind in ihr angelegt. Folglich sind wir gut gerüstet!

Unsere Präsenz kann aber nur dann effizient und effektiv sein, wenn wir in authentischer Weise Zeugnis ablegen für unseren Glauben. Wir müssen unsere echte Sorge für jene manifestieren, denen

---

[5] Vgl. V. Pirker, Das Geheimnis im Digitalen. Anthropologie und Ekklesiologie im Zeitalter von Big Data und Künstlicher Intelligenz, in: StZ 144 (2019) 133–141, hier: 137.

wir begegnen, indem wir ihnen zuhören, uns mit ihnen austauschen und sie ermutigen. Wir müssen ihre Fragen ernst nehmen und ihnen ermöglichen – um es mit den Eingangsworten der Pastoralkonstitution *Gaudium et spes* (GS) des Zweiten Vatikanischen Konzils zu sagen –, ihre „Freude und Hoffnung, Trauer und Angst" (GS 1) zu formulieren. Denn Ziel einer digitalen Ekklesiologie ist nicht primär die Verfestigung und Archivierung bestimmter Überzeugungen, wenngleich wir grundlegende Inhalte des christlichen Glaubens nicht verlieren dürfen, sondern immer die lebendige und dynamische Kraft der christlichen Erinnerungskultur pflegen müssen, die sich fortsetzen und immer weiterentwickeln kann.

Dies ist insbesondere in einer Umgebung wichtig, in der in erster Linie kommerzielle und ökonomische Interessen vorherrschen, in der Gewinnmaximierung und Datengewinnung im Vordergrund stehen. Kirche kann ein Player sein, der die digitale Kommunikation nicht zuvorderst marktförmig denkt. Sie kann Türen öffnen und Räume zur Verfügung stellen und sich in vorhandene Räume einbringen.[6]

Wir sollten deshalb alle ermutigen, Zeugnis abzulegen von der Hoffnung, die uns trägt (vgl. 1 Petr 3,15), und so dazu beizutragen, dem Internet eine „Seele" zu geben. In diesem Zusammenhang ist es wichtig, daran zu erinnern, dass wir nicht selbst die Seele der digitalen Arena sind, sondern unsere Bereitschaft, zuzuhören, und unsere Offenheit für die Fragen der anderen werden diesen ermöglichen, authentisch ihre persönlichen Gefühle und spirituellen Sehnsüchte auszudrücken. Auf diese Weise stellen wir sicher, dass das „digitale Netz [...] ein an Menschlichkeit reicher Ort sein [kann], nicht ein Netzwerk aus Leitungen, sondern aus Menschen"[7].

4 Kommunikationsstil

Dem Internet eine Seele zu geben, hängt vor allem von unserem Kommunikationsstil ab, den wir pflegen. Jede Onlineplattform und jedes Social-Media-Angebot hat eigene Kommunikationsregeln. Wer diese Ausdrucksformen, Codewörter oder Hashtags kennt, definiert

---

[6] Vgl. ebd., 139.

[7] Papst Franziskus, Botschaft zum 48. Welttag der sozialen Kommunikationsmittel (s. Anm. 2).

sich damit als Mitglied der entsprechenden Plattform. Auf der einen Seite ermöglicht dieser Kommunikationsstil einen „positiven Austausch und die beeindruckend schnelle Information“[8] z. B. über politische oder gesellschaftliche Ereignisse, die zu mehr Medienvielfalt führen. Andererseits ermöglicht er aber auch auf irritierende Weise Falschmeldungen (*Fake News*) und die Verbreitung von Hassrede (*Hate Speech*) im Netz.

Umgangsformen gelten auch in Netz. Wie bei der Face-to-Face-Kommunikation müssen diese festgelegt, vermittelt und eingeübt werden. Die Publizistische Kommission der Deutschen Bischofskonferenz (DBK) hat in ihrer Schrift „Medienbildung und Teilhabegerechtigkeit“ auf dieses Problem hingewiesen und dazu als Selbstverpflichtung formuliert: Die Kirche werde ihren Teil dazu beitragen, indem sie in ihren Einrichtungen und in ihrem Bildungs- und Medienmanagement, aber auch öffentlich auf die Einhaltung der ethisch-moralischen und kulturellen Kommunikationsstandards hinwirken wird.[9]

Diese Festschreibung impliziert zugleich einen weiteren Punkt: Durch die Social Media ist dialogische Kommunikation überhaupt erst in diesem Umfang möglich. Der Dialog, Kommentare, Likes usw. machen diese Plattformen so beliebt und lebendig. Im sog. Web 1.0 war dies noch anders. In der Vergangenheit tendierten die Technologien zu einer eingleisigen Kommunikation. Eine Person oder Institution verbreitete eine Botschaft und die Öffentlichkeit hat diese – wenn überhaupt – passiv konsumiert. Digitale Kommunikation hingegen ist interaktiv. Dieses Umdenken müssen auch die kirchlichen Institutionen oftmals erst noch lernen. Lange Zeit waren wir gewohnt, zu verlautbaren und nicht zu kommunizieren.

Glaubwürdig Zeugnis für das Evangelium zu geben, ist ein dialogisches Geschehen. Wenn wir die anderen nicht ernst nehmen und in einen Dialog mit ihnen treten, können wir nicht erwarten, dass sie uns beachten werden.

Noch ein dritter Punkt kommt hinzu: Wir müssen erkennen, dass unsere traditionelle Ausdrucksweise sehr wort- und textorientiert

---

[8] Sekretariat der DBK (Hg.), Medienbildung und Teilhabegerechtigkeit. Impulse der Publizistischen Kommission der Deutschen Bischofskonferenz zu den Herausforderungen der Digitalisierung (ABDK 22), Bonn 2016, 22.

[9] Vgl. ebd.

war. Textliche Kommunikation wird im Netz zunehmend durch bildliche Kommunikation abgelöst. Inzwischen werden Nachrichten, sachbezogene Inhalte und vor allem Verkündigungsbeiträge vermehrt durch Fotos, kurze Bewegtbilder, Audios und Videos transportiert. Dies ermöglicht einen globalen, nicht sprachgebundenen Austausch und lässt zudem auch bildungs- und textfernere Milieus und Gruppen an der Kommunikation im Netz teilhaben.[10]

Im Hinblick auf unser Engagement in den sozialen Medien sind wir als katholische Kirche in Deutschland in der glücklichen Lage, dass wir einen großen Reichtum an Menschen haben, die nicht nur über einen großen Erfahrungsschatz, sondern auch über hohe fachliche Kompetenz verfügen. Die Vorerfahrungen der letzten Jahre und Jahrzehnte in der Publizistik, in Zeitungs- und Zeitschriftenformaten, in Radio, Fernsehen und im Bereich der Internetportale sind mehr als hilfreich für die Arbeit auf den Social-Media-Plattformen. Ich bin überzeugt: Moderne Kirche muss dort präsent sein, wo die Menschen in ihrer Lebenswirklichkeit sind – analog und digital.

---

[10] Vgl. Pirker, Das Geheimnis im Digitalen (s. Anm. 5), 135.

Der digitale Christ: notwendig, ersehnt und vollkommen überflüssig

Christian Olding

1 Der notwendig digitale Christ

> „Die digitale Revolution ist keine Frage, die man bejaht oder verneint, sie findet statt. Und sie ist noch wirkmächtiger als die industrielle Revolution des 19. Jahrhunderts – vor allem ist sie sehr viel schneller. Ihre Geschwindigkeit ist atemberaubend.“[1]

Diese Worte sprach Bundespräsident Frank-Walter Steinmeier (seit 2017) in einem Interview mit dem Nachrichtenmagazin Focus und machte damit deutlich, dass sich niemand der Dynamik dieser grundlegenden Veränderung entziehen kann. Auch wenn gemeinhin lieber von digitaler Transformation gesprochen wird, was einen längerfristigen Prozess andeutet und harmloser daherkommt, so machen Steinmeiers Worte den Druck deutlich, der auf Institutionen und ihren Mitgliedern infolge der Umwälzung lastet. Digitalisierung ist Fakt und lässt sich nicht aus der Welt schaffen, auch nicht ihre Anforderungen und Folgen. Manche mögen sich vielleicht wünschen, Kirche solle sich wie in anderen Bereichen auch diesem Wandel widersetzen und eine digitalfreie Gegenwelt bilden. Sich verweigern zu wollen, hieße, einen individuellen und aussichtslosen Kulturkampf zu führen. Außerdem würde es die Kirchen noch stärker ins Abseits drängen. Keine Frage, die digitale Revolution bringt gewohnte Muster in der Glaubensverkündigung genauso fundamental durcheinander, wie es einst der Buchdruck tat. Das hat vor allen Dingen eines zur Folge: Alle müssen lernen.

---

[1] F.-W. Steinmeier im Interview mit D. Goffart, J. H. Rohleder, R. Schneider unter dem Titel „63 Fragen an den Mann, der auf Deutschland aufpasst“ vom 28. Januar 2018, in: https://www.focus.de/politik/deutschland/vor-spd-entscheidung-zur-grossen-koalition-bundespraesident-steinmeier-mahnt-groko-partner_id_8293048.html (Download: 2.4.2020).

Die Digitalisierung ist nicht plötzlich gekommen. Sie ist seit den letzten vier Jahrzehnten auf dem Vormarsch und nistet sich immer mehr in unserem Alltag ein. Am 29. Oktober 1969 gelang es zum ersten Mal, einzelne Computer über die Telefonleitung miteinander zu verbinden. Der US-Professor Leonard Kleinrock (* 1934) wollte darüber Forschungsergebnisse mit Kollegen austauschen. So entstand Ende der 1960er-Jahre das *Advanced Research Projects Agency Network* (ARPANET). Es verband Forschungseinrichtungen miteinander und war vom US-Verteidigungsministerium zu militärischen Zwecken in Auftrag gegeben worden. Die erste deutsche E-Mail wurde im August 1984 an der Universität Karlsruhe empfangen und enthielt eine Grußadresse aus Massachusetts. 1993 gab die Europäische Organisation für Kernforschung CERN – benannt nach dem Rat, der mit der Gründung des Forschungszentrums beauftragt war: *Conseil Européen pour la Recherche Nucléaire* – in Genf das World Wide Web zur allgemeinen Nutzung frei, nachdem es Tim Berners-Lee (* 1955) zuvor gelungen war, den weltweiten Austausch digitaler Dokumente zu ermöglichen.[2]

Inzwischen wächst die Möglichkeit, Daten zu verarbeiten, zu verbreiten und zu speichern, exponentiell, d. h. unfassbar rasant. Um 50 Millionen Nutzer(innen) zu erreichen, brauchte das Radio einst 38 Jahre, das Fernsehen immerhin noch 13 Jahre. Das Internet hingegen schaffte es in nur noch vier, und der Social-Media-Gigant Facebook unterbot abermals mit 3,5 Jahren.[3]

Dass ein passives Abwarten keine Option darstellt, zeigen die Entwicklungen der Nutzung digitaler Medien in kommenden Generationen. Zu einer umfassenden kommunikativen Verbindung trägt aktuell vor allem die zunehmende Portabilität der digitalen Geräte bei. Soziale Teilhabe und Autonomiegewinn definieren sich stark über den Besitz eines Smartphones.[4] Dies spiegelt sich auch in den Zahlen wider. So besaßen 2016 bzw. 2018 bereits ein Drittel der 6- bis 13-Jäh-

---

[2] Vgl. Demokratiezentrum Wien, Die Geschichte des Internets, in: http://demokratiezentrum.org/themen/mediengesellschaft/e-democracy/die-geschichte-des-internets.html (Download: 2.4.2020).

[3] Vgl. Statista Research Department (Hg.), Anzahl der Jahre, bis folgende Technologien eine Reichweite von 50 Millionen Nutzern erlangt hatten, in: https://de.statista.com/statistik/daten/studie/298515/umfrage/entwicklung-ausgewaehlter-informationstechnologien-bis-50-millionen-nutzer (Download: 2.4.2020).

[4] Vgl. C. J. Tully, D. Baier, Mobiler Alltag. Mobilität zwischen Option und Zwang –

rigen[5] und 97 Prozent der 12- bis 19-Jährigen[6] ein Mobiltelefon. Gehörte die Smartphone-Nutzung im Jahr 2016 bereits für 59 Prozent der Kinder zur „regelmäßigen Freizeitaktivität",[7] nahm das Smartphone bei der Mehrzahl der Jugendlichen (94 Prozent) 2018 den größten Stellenwert in der täglichen Mediennutzung ein.[8] 84 Prozent der Jugendlichen gingen mit dem Smartphone jeden oder fast jeden Tag online.[9] Zu den beliebtesten Anwendungen auf dem Smartphone gehören altersübergreifend Instant-Messaging-Dienste, z. B. Whatsapp, was von Kindern vor allem zur Kommunikation mit Eltern, bei Jugendlichen zur Kommunikation mit Peers genutzt wurde.[10] Bei Jugendlichen hat außerdem Instagram an Bedeutung gewonnen, gefolgt von Snapchat. Als Hauptmotiv der Nutzung geben Jugendliche die Teilhabe per Foto und Video am Alltag von Personen aus dem alltäglichen Umfeld an.[11] Die formale Schulbildung nimmt dabei offenbar wenig Einfluss auf die Nutzungszahlen.[12]

In diesen Medienwelten lassen sich vier typische Sinnorientierungen unterscheiden:

- 35 Prozent Kommunikation (soziale Netzwerke – z. B. Whatsapp, Instagram, Snapchat);[13]

Vom Zusammenspiel biographischer Motive und sozialer Vorgaben, Wiesbaden 2006.

[5] Vgl. Medienpädagogischer Forschungsverbund Südwest (Hg.), KIM-Studie 2016. Kindheit, Internet, Medien. Basisstudie zum Medienumgang 6- bis 13-Jähriger in Deutschland, Stuttgart 2017, in: https://www.mpfs.de/fileadmin/files/Studien/KIM/2016/KIM_2016_Web-PDF.pdf (Download: 2.4.2020), 9.

[6] Vgl. Medienpädagogischer Forschungsverbund Südwest (Hg.), JIM-Studie 2018. Jugend, Information, Media. Basisuntersuchung zum Medienumgang 12- bis 19-Jähriger, Stuttgart 2018, in: https://www.mpfs.de/fileadmin/files/Studien/JIM/2018/Studie/JIM2018_Gesamt.pdf (Download: 2.4.2020), 8.

[7] Vgl. Medienpädagogischer Forschungsverbund Südwest (Hg.), KIM-Studie 2016 (s. Anm. 5), 11.

[8] Vgl. Medienpädagogischer Forschungsverbund Südwest (Hg.), JIM-Studie 2018 (s. Anm. 6), 13.

[9] Vgl. ebd., 28.

[10] Vgl. Medienpädagogischer Forschungsverbund Südwest (Hg.), KIM-Studie 2016 (s. Anm. 5), 15; ders. (Hg.), JIM-Studie 2018 (s. Anm. 6), 34.

[11] Vgl. Medienpädagogischer Forschungsverbund Südwest (Hg.), JIM-Studie 2018 (s. Anm. 6), 40.

[12] Vgl. ebd., 31.

[13] Vgl. ebd., 38.

- 31 Prozent Unterhaltung (Musik, Videos, Bilder – z. B. Netflix, Amazon Prime Video, Spotify);[14]
- 24 Prozent Spiele (Online- und Offline-Spiele mit Smartphone, Konsolen oder Computer);[15]
- 10 Prozent Information (Suchmaschinen – z. B. Youtube, Wikipedia, Nachrichten, Facebook, Twitter).[16]

Im Rahmen der diversen Online-Communitys und der Nutzung von Social Media lernen und erproben Heranwachsende z. B. Möglichkeiten zur Kontaktherstellung und Partizipation, zur Bildung sozialer Gemeinschaften und Entwicklung neuer Kommunikationsformen entsprechend den Regeln und Grenzen, die von Hard- und Software bestimmt werden. Die Spielräume der digitalen Medien sind lebens- und entwicklungsnotwendig, damit Jugendliche und junge Erwachsene mit ihren kleineren oder größeren alltäglichen Problemen, Sorgen, Nöten oder Konflikten fertigwerden. Vielmehr noch helfen sie bei der Bewältigung ihrer Entwicklungsaufgaben, z. B. den Aufbau einer eigenen Wertordnung oder die Erprobung der eigenen Identität, um beides korrigieren und festigen zu können.[17] Gerade diese Entwicklungsaufgaben steuern den persönlichen Umgang mit digitalen Medien.

Die genannten Zahlen geben einen ersten Überblick über die Relevanz digitaler und v. a. mobiler Medien im Alltag von jungen Menschen. Wenn alltagsrelevante Kommunikation auf diesem Wege stattfindet und zudem einen erheblichen Einfluss auf die Persönlichkeitsentwicklung ausübt, so muss die christliche Botschaft, sofern sie denn eine Rolle spielen soll, hier ihren Platz und Stellenwert finden.

In den 1990ern und frühen 2000ern fragte man noch „Bin ich schon drin?“ und meinte damit das bewusste Online-Gehen, um E-Mails abzurufen, Internetseiten aufzurufen oder Dateien downzuloaden. Dieses Online-Gehen war zudem noch etwas Exklusives, weil es beträchtlich Geld kostete und bei Weitem keine Selbstver-

---

[14] Vgl. ebd., 58.

[15] Vgl. ebd., 56.

[16] Vgl. ebd., 52.

[17] Vgl. D. Spanhel, Der Prozess der Identitätsbildung in mediatisierten Alltagswelten, in: C Wijnen, S. Trültzsch, C. Ortner (Hg.), Medienwelten im Wandel. Kommunikationswissenschaftliche Positionen, Perspektiven und Konsequenzen [FS Ingrid Paus-Hasebrink], Wiesbaden 2013, 79–94, hier: 89–91.

ständlichkeit war, über diese Möglichkeit zu verfügen. Vor allen Dingen aber gab es einen klaren Punkt, an dem man wieder offline ging. Online und offline waren klar definierte und differenzierte Zustände. Kaffeetrinken war offline, DVD schauen ebenso. Eine Nachricht über ICQ absetzen, sich ein Profil auf studiVZ anlegen, war online. Diese Unterscheidung wird heute nicht nur schwieriger, sondern auch für heranwachsende Generationen irrelevanter. Online-Sein ist ein Dauerzustand, der uns wie ein Grundrauschen begleitet. Es ist Normalität. Offline bin ich nur noch, wenn etwas schiefläuft, der Akku leer ist, das Datenvolumen aufgebraucht wurde oder der Router seinen Dienst quittiert hat. Erst in diesen Momenten wird uns User(inne)n bewusst, welch großartige Möglichkeiten uns digitale Kommunikation offeriert und wie fest sie in unser Alltagsleben bereits in aller Selbstverständlichkeit integriert sind. Online und offline gehen in unserer Alltagswelt permanent zusammen. Wir kommentieren Fotos und Beiträge auf Instagram, während wir in einer Schlange im Einkaufsladen warten.

Problematisch ist, dass die Kirchen diesen Vorgang als unleugbaren Trend sehr spät wahrgenommen haben und sich erst durch die Corona-Pandemie geradezu genötigt fühlten, mehr schlecht als recht und häufig vollkommen unerfahren endlich diese Kommunikationswege zu nutzen. Dabei gibt es biblisch gesehen geradezu eine Notwendigkeit, die die Christen in die digitalen Medien drängt. Es heißt ja in der Heiligen Schrift: „Auf der ganzen Erde hört man diese Botschaft, sie erreicht noch die fernsten Länder.“ (Röm 10,18)[18] Wenn Jesu Missionsauftrag (vgl. Mt 28,19) geradezu in die weltweite Öffentlichkeit hinausdrängt und ein fundamentales und verbindliches Element christlichen Lebens ist, dann muss der Weg zwangsläufig auch in die digitale Öffentlichkeit führen. Es wäre fatal und unverantwortlich, die gigantische Zahl von Menschen zu ignorieren, die ihre Informationen primär online beziehen, und ihnen die Botschaft Jesu damit vorzuenthalten:

> „Aber ihr werdet den Heiligen Geist empfangen und durch seine Kraft meine Zeugen sein in Jerusalem und ganz Judäa, in Samarien und überall auf der Erde.“ (Apg 1,8)

---

[18] Bibelzitate aus: Hoffnung für alle. Die Bibel, Basel 2015.

Jesus forderte seine Jünger auf, die Komfortzone zu verlassen. Der jüdische Kulturraum war bekannt, doch nun traten dieselben Kommunikationsprobleme auf, um die wir beim Übergang in die digitale Welt ringen: Verstehen die uns überhaupt? Das Ergebnis dieser Herausforderung kann sich sehen lassen. Das Christentum breitete sich vom östlichen Mittelmeerraum über die ganze Welt aus, in entlegene Winkel und exotische Gegenden. Heute gilt es, virtuelle Länder zu betreten, um die dort versammelten Menschen aus aller Herren „Offline-Länder" zu erreichen.

Dann könnten wir die frohe Botschaft des Evangeliums übersetzen, wie sie schon oft übersetzt wurde. Paulus, die Kirchenväter, Dietrich Bonhoeffer (1906–1945), Papst Johannes XXIII. (1958–1963) – immer wieder wurde die Botschaft in die aktuelle Zeit hineingesprochen. Sondern sich Christen in ihre eigene kleine Welt ab, besteht leicht die Gefahr, als Sonderlinge nicht ernst genommen werden zu müssen. Die christliche Botschaft wird mit einem müden Lächeln nonchalant beiseitegeschoben. Tritt zudem die Institution Kirche versteinert und blutleer auf und gebaren sich ihre offiziellen Vertreter als besitzstandswahrende Funktionäre, verliert die Botschaft alle Anschlussfähigkeit.

2 Der ersehnt digitale Christ

Die Digitalisierung stellt vieles an gängiger Kirchenpraxis infrage. Das ist gut so! Sie tut es hart und ungeschönt. Nicht, dass die Problemfelder unbekannt wären. Sie treten immer dramatischer zutage. Die Zeit einschläfernder Frontalpredigten ohne Reaktionsmöglichkeit ist zu Ende. Eine pastorale Fixierung auf Gebäudefrage oder pfarrgemeindlich-territoriale Strukturen ist unerhörte Nabelschau ebenso wie klerikale Überheblichkeit kirchlicher Mitarbeiter trotz leerer Kirchenbänke und unhinterfragte hierarchische Strukturen. Lang(weilig)e Texte ohne mediale Aufbereitung gehen unbeachtet in den Müll. Große Verwaltungsapparate, die sich selbst betreuen und genügen, schaffen nicht nur in den Pfarreien Frust.

Zwar wollen die großen Kirchen durchaus bemüht Änderungen herbeiführen. Doch das ist zäh, dauert meist viel zu lange und produziert unterm Strich fragliche Kompromisse. Neues Kirche-, verändertes Christsein gelingt meist ausschließlich in kleineren Einheiten, in experimentellen Zusammenhängen. Digitalität schafft

Möglichkeiten, unabhängig von kirchlichen Erlaubnisstrukturen und Beauftragungen aktiv zu werden.

Auch das ist ein Zeichen dafür, dass wir durch die digitale Transformation eine beispiellose Demokratisierung erleben, in der jeder seine Meinung frei sagen oder tippen kann, ob als Podcast, Video, Livestream oder in ästhetischen Bildern. Gleichzeitig steigt der Anspruch an das Produzierte, sowohl in seiner inhaltlichen Qualität wie auch der äußeren Darstellung. Digital lassen sich zig perfekt inszenierte Online-Gottesdienste abrufen. Daneben haben es mittelmäßig gute Prediger unglaublich schwer. Das führt auf lange Sicht dazu, dass sich die Menschen, die einen Gottesdienst vor Ort planen, besonders viel Mühe geben, um ihn authentisch und hochwertig zu gestalten.

Statt immer gleicher Massenware erlaubt die digitale Welt, Menschen zu erleben, die ihren Glauben ganz individuell ausgestalten und davon ganz offen berichten. Wir profitieren von online verfügbaren Videoproduktionen und Inszenierungen, die eine kleine Pfarrgemeinde im ländlichen Raum niemals selber hätte erstellen können. Diese Medien können einer gut vorbereiteten Predigt höhere Wirkung ermöglichen. Im Gegenzug gilt, dass eine schlechte Predigt neben einem guten Video deutlicher auffällt. Was analog schon qualitativ grenzwertig war, wird digital nicht automatisch besser. Deswegen verlangt der Eintritt in die digitale Produktion einen ebenso kompetenten Umgang mit dem notwendigen Handwerkszeug. Es geht um Mindeststandards an Qualität und Exzellenz, die uns die Botschaft und ihre Empfänger wert sein sollten. Es geht um „besondere, wertstiftende, nachhaltige Erlebnisse. […] Erlebnisse entstehen durch die Inszenierung von Kommunikationsbotschaften. Darüber wissen zu viele Menschen viel zu wenig“[19]. Chris Cuhls formuliert in seinem Buch „Events wirkungsvoll inszenieren“ sieben Gebote, die sich jeder Christ, der im digitalen Raum seiner Überzeugung Ausdruck verleihen möchte, durchaus intensiver anschauen sollte. An dieser Stelle sei nur auf ein Gebot entschieden hingewiesen. Das erste Gebot lautet: „Du muss herausfinden, was der Kunde will (auch wenn er es nicht weiß).“[20]

---

[19] C. Cuhls, Events wirkungsvoll inszenieren. 7 Gebote & 7 Interviews, Köln 2016, 7.

[20] Ebd., 18f.

So wollen Kunden aktuell vor allem eines: Services! 2016 ist Amazon mit seinen Service-Buttons auf den deutschen Markt expandiert. Diese wenige Zentimeter großen, weißen Gehäuse mit kleinem rundem Button und einem klingelschildgroßen Aufdruck eines Haushaltsproduktes machen nicht viel. Wird der Button geklickt, geht automatisch eine Bestellung an Amazon, und das gewünschte Produkt wird per Versand geliefert. So kann es mit einem einfachen Knopfdruck nach Hause bestellt werden. Menschen wollen sich nicht mehr um die „Betriebsmittel" ihrer Waschmaschinen, Zahnbürsten oder Geschirrspüler kümmern. Sie wollen, dass sich jemand anderer im Hintergrund kümmert.[21] Viele Unternehmen gehen weg vom reinen Verkauf von Produkten hin zum Verkauf von Services. So wird deutlich, wie sich die technologischen Möglichkeiten unserer Zeit, die Bedürfnisse und Erwartungen von Konsumenten ändern. Es sind gestiegene Bedürfnisse nach direkter persönlicher Ansprache, hoher Transparenz, schneller Verfügbarkeit und Serviceorientiertheit. Einer der Gründe, warum Digitalisierungsprojekte oft scheitern, ist, dass Unternehmen zu wenig über die Bedürfnisse ihrer Kunden wissen oder schlichtweg ignorieren, dass sich deren Bedürfnisse und Erwartungen in den letzten Jahren extrem geändert haben.

So wird sich auch Kirche radikal die Fragen stellen müssen: Wer sind die Adressaten unserer kirchlichen Angebote? Was sind ihre Bedürfnisse und was muss getan werden, um diese Bedürfnisse langfristig zu befriedigen und die Menschen so an eine konkrete Gemeinschaft zu binden? Es muss

> „zu Beginn der Konzeptionsphase nicht nur das Was und Wie geklärt werden, sondern vor allem das Wozu. Eine einfache Frage hilft dabei: Was soll nachher anders sein als vorher? […] Formuliere also zuerst die angestrebte Wirkung und kümmere dich dann um Ideen, Konzepte und Realisation […]."[22]

---

[21] Inzwischen musste Amazon die sog. Dash-Buttons vom deutschen Markt nehmen, da sie den gesetzlichen Vorgaben für Internetkäufe nicht entsprechen (u. a. fehlende Anzeige von Produktinformationen und Preisen). Die Idee ist dennoch geblieben und inzwischen in den Onlinedienst Alexa integriert sowie in die Touchscreen-Bedienoberfläche von etlichen Haushaltsgeräten. Vgl. Stiftung Warentest, Amazon schaltet Bestellknöpfe ab (6. August 2019), in: https://www.test.de/Dash-Buttons-Amazon-schaltet-Bestellknoepfe-ab-5079271-0 (Download: 14.4.2020).

[22] Cuhls, Events wirkungsvoll inszenieren (s. Anm. 19), 15.

Das ist im besten Sinne der Anspruch einer jeden katholischen Liturgie. Es geht ihr nicht nur bei der Feier der Eucharistie im Kern um Verwandlung. Diese Verwandlung kann nur wirksam werden, wenn sie mein Gegenüber existenziell einbezieht. In diesem Sinne verstehe ich auch die Frage Jesu an den blinden Bartimäus: „Was soll ich für dich tun?“ (Mk 10,51) Erst in diesem Beziehungsgeschehen, das mein Gegenüber in seinen Bedürfnissen ganz und gar ernst nimmt, kann echte Verwandlung geschehen: „Im selben Augenblick konnte der Blinde sehen, und er ging mit Jesus.“ (Mk 10,52)

Zur adressatengerechten Perspektive gehört eine deutliche Prägnanz und Knappheit im Formulieren. Sie tun es: Matthias Matussek (* 1954), der Medienphilosoph Norbert Bolz (* 1953) und etliche andere Intellektuelle, Bürgerrechtler(innen) und Philosoph(inn)en. Der Ehrgeiz, mit 280 Zeichen einen Gedanken auf den Punkt zu bringen, hat eine ganze Reihe von ihnen dazu bewogen, Twitter-Accounts zu eröffnen, um im kurzen, schnellen Hin und Her zwischen geschliffenen Tweets und deren Kommentierung eine zeitgemäße Wiederbelebung von Geist, Witz und Brillanz zu initiieren.

Dies zu ignorieren und kurze, prägnante Positionierungen zu den brennenden Fragen der Zeit nur deswegen nicht für voll zu nehmen, weil sie auf Twitter erscheinen, ist nichts als akademischer Hochmut.

> „Die Rechten, die Rassisten und Nationalisten, die ihre so genannten Thesen jahrzehntelang lediglich in ihren eigenen Zeitungen verbreiten konnten, für die sich außer einer Handvoll Letztüberzeugter niemand interessiert hat, haben heute eine kostenlose Infrastruktur zur Verfügung, mit der sie ein Millionenpublikum erreichen.“[23]

Deswegen wäre es verantwortungslos, sich hier nicht ausdrucksstark zu positionieren. Außerdem entwickelt sich eine Wechselwirkung mit dem, worauf die kleinen Tweets ja nur verweisen sollen und womit man eigentlich beschäftigt ist: Abhandlungen, Essays, Lehrtätigkeit, Features etc. Bei Friedrich Nietzsche (1844–1900) laufen die ganzen Schriften der späten Jahre immer mehr auf pointierte Abkür-

---

[23] F. Stephan, Permanent entgeistert. Warum sich in sozialen Medien selbst die nachdenklichsten Intellektuellen fassungslos geben (1. Juli 2018), in: https://www.sueddeutsche.de/kultur/publizisten-auf-twitter-permanent-entgeistert-1.4034706 (Download: 15.4.2020).

zung hinaus: „Mein Ehrgeiz ist, in zehn Sätzen zu sagen, was jeder Andere in einem Buche sagt – was jeder Andere in einem Buche nicht sagt […].“[24] Eine solche Konzentration auf das Wesentliche stünde manch kirchlicher Verlautbarung gut zu Gesichte, um einen prägnanten Gedanken, eine Vision, Zuversicht und Hoffnung auf den Punkt zu bringen und sie entsprechend werbewirksam im Lebensrhythmus der User(innen) zu platzieren.

Aufpassen müssen wir nur, dass große Monopolisten uns nicht davon abhalten, Informationen zu hinterfragen. Solange wir selber nachdenken und aktiv auswählen, was wir aufnehmen, ist das Internet ein wahrer Segen. Die Gefahr, sich in Filterblasen[25] zu bewegen, also in Gruppen, die sich stets wechselseitig bestätigen, ist nicht zu unterschätzen. Etliche Anbieter stellen ihren Nutzer(inne)n bei Weitem nicht alle Inhalte gleichberechtigt zur Verfügung, sondern das, womit man mit hoher Wahrscheinlichkeit interagiert, wird verstärkt angezeigt.

> „In kürzester Zeit werden Themen in die Debatte gespült – und verschwinden wieder. Traditionelle Institutionen verlieren die Kontrolle über Debatten. Neugegründete, auf Viralität spezialisierte Nachrichtenseiten mischen mit; neue *Influencer* tauchen auf, die keine Partei brauchen; Bots – automatisierte Software, getarnt als Accounts echter Menschen – verbreiten Nachrichten ebenso wie Desinformation.“[26]

Das ist natürlich eine Manipulation und sollte in einem guten Netzwerk möglichst transparent gehandhabt werden. Diese Gefahr besteht aber auch außerhalb des Netzes. Denn neben allen Algorithmen, die auf uns Einfluss nehmen, geht der hauptsächliche

---

[24] F. Nietzsche, Götzen-Dämmerung, in: ders., Sämtliche Werke. Kritische Studienausgabe in 15 Einzelbänden, Bd. 5: Jenseits von Gut und Böse. Zur Genealogie der Moral (dtv 2225), hg. von G. Colli, M. Montinari, München [2]1988, hier: 153.

[25] Vgl. Landesmedienzentrale Baden-Württemberg, Filterblasen: Wenn man nur das gezeigt bekommt, was man eh schon kennt. Wie entstehen eigentlich Filterblasen und wie funktionieren sie? Ein Überblick, in: https://www.lmz-bw.de/medien-und-bildung/medienwissen/informationskompetenz/filterblasen-wenn-man-nur-das-gezeigt-bekommt-was-man-eh-schon-kennt (Download: 11.4.2020).

[26] J. Brühl, K. Brunner, S. Ebitsch, Der Facebook-Faktor. Wie das soziale Netzwerke die Wahl beeinflusst, in: https://gfx.sueddeutsche.de/apps/e502288/www (Download: 11.4.2020) [Hervorhebung im Original].

Filtereffekt von den Personen aus, mit denen wir uns vernetzen. Eine Diversität zu schaffen und zu wahren und nicht ausschließlich Gleichgesinnte um sich zu versammeln, die bequem meine eigenen Haltungen unterstützen, liegt definitiv im Bereich der eigenen Verantwortlichkeit und wird uns später noch beschäftigen.[27]

Auch wenn die Qualität der Gemeinschaft während eines rein analogen Anlasses im Unterschied zur digitalen Vergemeinschaftung eine andere sein mag, so kann diese Differenz nicht automatisch bedeuten, die digitale sei weniger wert, weniger bedeutsam und könne am Rande, wenn noch Zeit übrig bleibt, bedient werden. Menschen wollen beteiligt sein und selbst zu Multiplikatoren werden. Das wird immer wichtiger werden. Dementsprechend ist es aufwendiger, Mitstreiter für seine Sache zu gewinnen. Doch wenn es gelingt, wird Begeisterung, Engagement und Beteiligung, die über eine Veranstaltung hinausgeht, geschaffen. Menschen können schon vor einem Gottesdienst thematisch oder kreativ involviert werden, können vor Ort durch Smartphone-Votings, Kommentare oder Statements mitgestalten und werden am Ende Erkenntnisse, Bilder oder Videos mit anderen teilen, ohne, dass extra dazu aufgefordert werden muss. Der Vorteil digitaler Zusammenkünfte besteht unleugbar darin, dass die Gemeinschaft nicht mit dem Schluss eines Gottesdienstes endet, sondern andauert. Für jeden so intensiv, wie es aktuell passt.

Am Ende sind also Medien – wie Marshall McLuhan (1911–1980) es schon in den 1960ern formulierte – Erweiterungen unserer natürlichen Sinne, unseres Körpers, und daher auch als solche zu bewerten. Die Frage ist, wie sie uns helfen, die Welt wahrzunehmen und zu interagieren:

> „We acquired the art of carrying out the most dangerous social operations with complete detachment. But our detachment was a posture of noninvolvement. In the electric age, when our central nervous system is technologically extended to involve us in

[27] Vgl. A. Schreiter, T. Thiel, Raus aus der Filterblase! Das Projekt „Bubble Crasher“ als ein Versuch gegen gesellschaftliche Spaltung, in: O. Jantschek, H. Lorenzen (Hg.), Utopien! Praxiskonzepte für eine kritische, innovative und zukunftsfähige politische Jugendbildung (Evangelische Trägergruppe für Gesellschaftspolitische Jugendbildung: Jahrbuch 2019), Berlin 2019, 60–65; dazu Evangelische Akademie Sachsen-Anhalt e. V., Bubble Crasher – Raus aus der Filterblase!, in: https://bubblecrasher.de (Download: 11.4.2020).

> the whole of mankind and to incorporate the whole of mankind in us, we necessarily participate, in depth, in the consequences of our every action. […] Electric speed in bringing all social and political functions together in a sudden implosion has heightened human awareness of responsibility to an intense degree. It is this implosive factor that alters the position of the Negro, the teenager, and some other groups. They can no longer be contained, in the political sense of limited association. They are now involved in our lives, as we in theirs, thanks to the electric media."[28]

So gesehen können digitale Medien das Bewusstsein von einer existenziell notwendigen Glaubensgemeinschaft vertiefen und unkompliziert in die alltägliche Routine überführen und, wie McLuhan festhält, zu gesellschaftlichen Konsequenzen animieren. Es gäbe also wieder Raum für die Vision eines Christentums, das tatsächlich die Lebensführung von Menschen nachhaltig beeinflusst, statt nur bürgerliches Feierbeiwerk zu sein.

Täglich um 21 Uhr versammeln sich Menschen auf Twitter, um eine Abendschlussandacht zu feiern, die *#twomplet* heißt.[29] Die Mitfeiernden erleben das als reale Gemeinschaft, auch wenn jeder vor seinem eigenen Smartphone, Tablet oder Notebook sitzt. In Minecraft wurden schon etliche Kirchen errichtet, die nicht nur die digitale Gegend zieren, sondern in denen auch Gottesdienste gefeiert werden oder Bibeltexte interaktiv erlebbar sind.[30]

Die grundlegenden Prinzipien gelten analog wie digital: Wer biblische Inhalte und Konzepte passend platziert und thematisiert, der kann dadurch Menschen zum Nachdenken anregen und ihnen einen christlichen Horizont aufzeigen, der als erstrebenswert erscheint. Gute Botschaften können zu vielen Menschen transportiert werden. Scherzhaft könnte man ins Feld führen, dass Jesus nur zwölf Follower hatte. Doch Jesus gab seinen Jüngern eine Nachricht, die sie teilen sollten: „Ihnen sollt ihr diese Botschaft bringen: ‚Gottes himmlisches

---

[28] M. McLuhan, Understanding Media. The Extensions of Man, Cambridge ²2013, 4.

[29] Vgl. dazu auch die Beiträge von S. Böntert und C. Roth in diesem Band.

[30] Vgl. Apps und Sites für Jugendliche und Erwachsene (13. Juli 2015), in: https://elkb2punkt0.bplaced.net/wordpress/apps-und-sites-fuer-jugendliche-und-erwachsene (Download: 10.4.2020).

Reich ist nahe!'" (Mt 10,7) Es ging um Reichweite. Immer wieder musste der Kommentarbereich genutzt werden, wenn die Jünger nach einem direkten Post Jesu nicht verstanden, worauf es ankam: „Später fragten ihn seine Jünger, was dieses Gleichnis bedeute." (Lk 8,9) Paulus, Petrus und Judas schließlich haben mit ihren Briefen eine Form der Messenger-Kommunikation installiert, und zwar sowohl im Modus des privaten wie auch des Gruppenchats. Die Grundlogik von Social Media ist gegenüber den biblischen Ansätzen keine fremde. Beide haben einen zutiefst gemeinschaftlichen Fokus. Wichtig ist dabei, dass man Menschen mit ihren Gedanken am Ende nicht alleine lässt, sondern eine verlässliche Gemeinschaft anbietet, in der man mit Menschen ins Gespräch kommen kann. Die digitale Welt hat die Möglichkeiten, Beziehungen zu gestalten, enorm ausgeweitet. In digitalen Netzwerken Beziehungspflege zu betreiben, ist wesentlicher Bestandteil unserer Alltagskultur geworden und wird es auch für kirchliche Gemeinschaften werden müssen.

3 Der vollkommen überflüssig digitale Christ

Selbstverständlich würde Jesus das Smartphone im Alltag einsetzen als höchst wirkungsvolles Tool – aber nicht als Aufmerksamkeitsfalle im Modus ständiger Erreichbarkeit, um im Minutentakt auf neue Nachrichten zu antworten. Dank Computer und Handy bin ich ständig auf dem Laufenden und weiß, was in diesem Moment irgendwo auf der Welt passiert. Aber es ist nicht sicher, dass ich immer weiß, was in meinen Beziehungen passiert und wie die Stimmung zu Hause gerade ist. Um das zu wissen, muss ich *hier* sein.

Es geht um eine moderne Variante des Jesus-Wortes: „Was hat ein Mensch denn davon, wenn ihm die ganze Welt zufällt, er selbst dabei aber seine Seele verliert?" (Mk 8,36) Man muss sich klarmachen, dass die Zeit hier bei uns, in unseren Häusern und Wohnungen auf eine andere Art und Weise vergeht, als sie an Punkten in der elektronischen Welt verfliegt. Tragende Beziehungen können wir nicht mal eben schnell updaten, sie verlangen nach zusammenhängender Zeit und körperlich gefüllten Räumen. Die nonverbalen Ausdrucksformen wie Gestik, Gesichtsausdruck oder Körpersprache kommen hier ganz anders zum Tragen. Die Gegenwart des anderen zu spüren, ist ein existenzielles Grundbedürfnis.

„Wie kam man nur auf den Gedanken, dass Menschen durch Briefe miteinander verkehren können! Man kann an einen fernen Menschen denken und man kann einen nahen Menschen fassen, alles andere geht über Menschenkraft.“[31]

Franz Kafka (1883–1924) fühlte sich bereits durch das Briefmedium aus dem seelischen Gleichgewicht gebracht, kaum auszudenken, was die digitale Kommunikation mit ihm angerichtet hätte. Jedenfalls liegt für ihn im Briefverkehr eine gewisse Unnatürlichkeit, die die Seele am Ende nicht wirklich zu sättigen vermag.

Wo wollen wir bewusst nur mit Menschen in der Nähe Zeit verbringen, um ganz andere Sinne und Sensoren zu bedienen? So sollte man auch in einer digitalen Gesellschaft ganz analog am Esstisch gepflegt mit Menschen zusammensitzen und mit Freunden auf der Wiese grillen, das Wetter genießen und nicht verfügbar sein. Hier, wie in anderen Bereichen auch, kann und darf das Digitale das Analoge, die Begegnung von Mensch zu Mensch nicht ersetzen. Digitale Kommunikation kann unterstützen und ergänzen. Diese Entscheidung müssen wir allerdings aktiv treffen. Doch sind wir dazu wirklich in der Lage?

Es gibt Entwicklungen, die auf unsere mangelnde Kompetenz verweisen. Mark Zuckerberg (* 1984) stellte als junger Informatikstudent Fotos von Studentinnen ins Netz – facemash.com war der Name dieser Seite. Zwar besaß er die Erlaubnis der jungen Frauen nicht, doch nutzte er eine grundlegende menschliche Schwäche aus: Voyeurismus. Im Zufallsprinzip wurden zwei Fotos angezeigt und die User(innen) waren aufgefordert, das attraktivere auswählen. Es gab eine überwältigende Beteiligung. Denn zu verlockend war die Möglichkeit, über andere ein Urteil abgeben zu dürfen, ohne es begründen zu müssen. Leichter konnte das Selbstwertgefühl nicht gehoben werden. Konsequenterweise entwickelte sich aus diesem Ansatz die Selbstdarstellungsplattform Facebook, auf der sich Personen, Firmen und Institutionen kostenlos präsentieren können und das mit Breitenwirkung.[32]

---

[31] F. Kafka, Briefe an Milena, hg. von J. Born, M. Müller, Frankfurt a. M. 1983, 302.

[32] Vgl. C. Frickel, Wie Facebook die Welt eroberte. Von den Anfängen bis zum Börsengang (1. Februar 2012), in: https://www.focus.de/digital/internet/facebook/tid-24930/die-geschichte-des-sozialen-netzwerks-facebooks-eroberung-der-welt_aid_708653.html (Download: 16.4.2020).

Den nächsten und konsequenten Schritt in dieser Entwicklung bildete Instagram. Diese Plattform erleichtert die User(innen) um textlastige Profilfüllungen und setzt auf visuelle Reize. Es liegt Macht in der Einfachheit. So erlangen rein mit Selfies gefüllte Profile Follower-Zahlen von mehreren 100 000 Menschen. Die User(innen) erhalten laufend neuen Feed, der dem Milieu ihrer Selbstdarstellung und Interessenbekundung entspricht. Das alles verbindende Element ist der Like-Button, der auch schon bei den Studentinnen-Fotos ausschlaggebend war. Das Erfolgsrezept war und ist, weltweit alle zu vernetzen, die einander oder gemeinsam irgendetwas „mögen". Je mehr jemand sein Sozialleben über diese Medien führt, desto mehr umgibt er sich mit Meinungen, Einstellungen, Geschmäcken, Informationen, die er „mag", desto weniger nimmt er andere noch wahr, desto eher schließt er sich in eine narzisstische Blase ein. Der Like-Button gibt Interessen und Vorlieben viel freimütiger preis als Google-Suchanfragen. Apropos Google: Die Menschen, so formulierte es der frühere Firmenchef Eric Schmid (* 1955),

> „erwarten von Google, dass es ihnen sagt, was sie als Nächstes tun sollen. Die Technologie ist so gut, dass es sehr schwierig für die Leute wird, irgendetwas anzusehen oder zu konsumieren, das nicht passgenau auf sie zugeschneidert ist."[33]

Die User(innen) erteilen der Google-Suche Befehle, und ihr Wille geschieht. Damit allerdings beginnt das fast fatale Abhängigkeitsverhältnis. Anfangs ist da die Begeisterung, im Bruchteil von Sekunden Unmengen von Antworten geliefert zu bekommen. Je mehr Google die Suchbefehle der User(innen) ausführt, desto mehr ist Google es, das „ihnen sagt, was sie als Nächstes tun sollen"[34]. Plattformen wie Google, Facebook, Instagram, TikTok, Whatsapp, Snapchat und Co. knechten ihre Nutzer(innen) nicht. Sie saugen sie an. Sie beschneiden ihr Wunschleben nicht. Sie entfesseln es algorithmisch in einer bestimmten Richtung.

Es bedarf einer großen Kompetenz und Disziplin im Umgang mit digitalen Medien. Schon die Bibel hält deutlich fest, wie verführbar wir Menschen sind und das nicht, weil wir schwach wären, sondern

---

[33] Zit. nach: C. Keese, Silicon Valley. Was aus dem mächtigsten Tal der Welt auf uns zukommt, München 2014, 226.

[34] Ebd.

gerade, weil wir Kraft haben, die Welt zu gestalten. Der Turmbau zu Babel (vgl. Gen 11,1–9) macht deutlich, dass der Mensch in seiner Weltgestaltung eine Art und Weise an den Tag legt, die nicht nur Gutes hervorbringt, sondern mit der er sich selbst und andere ins Unglück zu stürzen vermag.

Welche Grenzen braucht es? Welche Kompetenzen müssen erworben werden? Sind diese vor allem digital zu erlangen, oder müssen wir zuerst lernen und festigen, was Computer nicht können: Werte, Nächstenliebe, Überzeugungen? „Denkt nicht an euren eigenen Vorteil. Jeder von euch soll das Wohl des anderen im Auge haben." (Phil 2,4) Das ist eine christliche Haltung, die für Gläubige auch im Netz gültig bleibt und einen Unterschied zum üblichen Cybermobbing machen könnte. Welche neuartigen Lernwelten eröffnen die digitalen Medienwelten und welche Lernmöglichkeiten, Lernanforderungen und Lernzwänge erwachsen daraus? Welche Hilfen brauchen Menschen, um in diese Strukturen ihrer Lebenswelt hineinzuwachsen, sich aktiv daran zu beteiligen und an der Weiterentwicklung der Kultur mitzuwirken?[35]

Digitale Techniken haben dem Menschen unzählige Möglichkeiten eröffnet und Gutes wachsen lassen. Doch Glück und digitale Technik stehen nicht in einem unmittelbaren Zusammenhang. Singapur ist das Land, das die Digitalisierungshitliste anführt. Im Glücksranking allerdings rangiert es auf Platz 26 hinter Argentinien und Mexiko:

> „Die radikale Gleichsetzung von Technik und Glück ist eine Ideologie: eine einseitige Übertreibung des Menschenbilds und eine einseitige Interpretation der Geschichte. Nach Ansicht derjenigen, die den World Happiness Report erstellen, liegt das Glück in der sozialen Fürsorge, der Gesundheit, der Freiheit, dem Einkommen und an einer guten Regierungsführung."[36]

Das jedoch ist nicht automatisch im Zuge einer voranschreitenden Digitalisierung zu erlangen.

---

[35] Vgl. B. Weiguny, Fürchtet euch nicht! Sieben Lektionen von Jack Ma, wie wir uns für die Zukunft wappnen, in: Frankfurter Allgemeine Sonntagszeitung vom 10. Juni 2018, 29.

[36] R. D. Precht, Jäger, Hirten, Kritiker. Eine Utopie für die digitale Gesellschaft, München 2018, 151.

Die Digitalisierung bringt durchaus ernst zu nehmende Herausforderungen und Gefahren mit sich. Gerade Kirche als gelebte Gemeinschaft kann hier kultivierend und gestaltend einen entscheidenden Beitrag leisten.

> „Der Glaube ist schließlich selbst Beziehung und Begegnung. Unter dem Einfluss der Liebe Gottes können wir das Geschenk, das der Andere ist, mitteilen, annehmen, verstehen und darauf reagieren."[37]

Das im digitalen Raum sichtbar werden zu lassen und die verfügbaren Ressourcen dafür konsequent zu nutzen, ist eine aktuelle und drängende Aufgabe.

---

[37] Papst Franziskus, Botschaft zum 53. Welttag der sozialen Kommunikationsmittel. „Denn wir sind als Glieder miteinander verbunden" (Eph 4,25). Von den *Social Network Communities* zur menschlichen Gemeinschaft (24. Januar 2019), in: http://www.vatican.va/content/francesco/de/messages/communications/documents/papa-francesco_20190124_messaggio-comunicazioni-sociali.html (Download: 16.4.2020).

Das Internet – ein *locus theologicus*?
Zur Bestimmung der Neuen Medien anhand theologischer Kategorien

Veit Neumann

1 Eigengesetzlichkeit von Medien und theologische Aussagekraft

Die Wahl eines Mediums zur Vermittlung von Kommunikation kann einen erheblichen Einfluss auf die öffentliche Gottesrede haben. Alternative Medien, die aufgrund ihrer neuen Merkmale über herkömmliche Medien der Kommunikation hinausgehen, sind relevant, insofern sie auch neue Möglichkeiten der Gottesrede zur Verfügung stellen. Von besonderem Interesse ist die spezifische Differenz zu Möglichkeiten der Gottesrede bisher. Zwar ist das Aufkommen der Neuen Medien hauptsächlich in neuen Techniken begründet. Aber ein theologisches Interesse liegt in der spezifisch theologischen Bearbeitung und Erschließung eines Mediums oder mehrerer Medien, die sich neuerdings ergeben haben. Das hört sich tautologisch an. Tatsächlich ist eine echte theologische Erschließung nicht selbstverständlich. Eine unreflektierte Kopplung der Sphären der Kommunikation und der Theologie ist vielmehr unbedingt zu vermeiden. Wie kann eine unreflektierte Kopplung vermieden werden? Dies ist möglich, wenn wir auf eine theologische Kategorie zurückgreifen, die die Eigengesetzlichkeiten, insbesondere die Produktionsbedingungen eines solchen Mediums zu berücksichtigen vermag *und* gleichzeitig theologische Aussagekraft besitzt.

Konkret ist damit gesagt: Von vornherein sollte man darauf achten, dass keine verkündigungszentrierten Instrumentalisierungen des jeweiligen Mediums stattfinden. Es ist ein Phänomen, dass Verkündigung die Eigengesetzlichkeiten von Medien übersieht. Auf der Hand liegt, dass eine Aufteilung in „gute Medien“, die faktisch unkritisch Verkündigungsinteressen vertreten, und „schlechte Medien“, die ausschließlich als dem Verkündigungsinteresse zuwiderlaufend wahrgenommen werden, nicht angezeigt ist. Eine solche Differenzierung ist nur die Zuspitzung der Instrumentalisierung eines Mediums bei gleichzeitigem Übersehen seiner Eigengesetzlichkeit. Eine solche Haltung hat an Berührungspunkten von Mediengeschichte und Kirchengeschichte wiederholt eine Rolle gespielt.[1] Bis heute ist dies ein Problem. Der vorliegende Beitrag zeigt Wege auf, wie theologische Rede medial jenseits einer praktizierten unkritischen und reduktionistischen Indienstnahme von Medien möglich erscheint, mit welchen theologischen Konzepten dies reflektiert werden und wie eine Forschung dazu beschaffen sein kann. Diese Überlegungen werden am Medium des Internets angestellt.

Die Rede ist von Medien der Kommunikation, die nicht mehr nur als Massenmedien bestimmt werden. Das veraltete Konzept des Kommunikationskanals deutet die Versuchung an, einseitig zu kommunizieren. Das widerspräche der faktischen Pluralität der Lebensverhältnisse, innerhalb derer kommuniziert wird. Womöglich kann theologische Reflexion nicht nur nicht einer solchen Einseitigkeit verfallen, sondern durch die von ihr ausgehende Erweiterung der Perspektiven eine echte Vielfalt der Wirklichkeit, insofern sie durch das Medium in der und für die Gesellschaft bearbeitet wird, zum angemessenen Ort der Gottesrede machen.

Theologisch gesprochen heißt das: Ein Projekt, das diesen einladend theologischen Zugang erforscht, hat die Frage aufzugreifen, inwieweit das Internet ein *locus theologicus novus* ist, und zwar: ein *locus theologicus novus et alienus* – ein ganz anderer theologischer Ort. Aus einer empirischen Bearbeitung dieser Fragestellung im Blick auf zentrale theologische Kategorien sollte zu einem späteren Zeitpunkt hervorgehen, welche Handlungsoptionen aus dieser Aktualisierung der *loci*-Lehre zu treffen sind.

Der Beitrag bewegt sich im Rahmen des Gesamtthemas der „Kirche in Zeiten der Veränderung". Er zeigt auf, inwieweit das Medium Internet über seine technisch begründeten Veröffentlichungs- und Speicherungsfunktionen hinaus „theologiefähig" oder „theologieaffin" ist und welche Probleme und Chancen entstehen können.

---

[1] Vgl. M. Schmolke, Von der „schlechten Presse" zu den „guten Medien". Katholische Publizistik im 20. Jahrhundert, in: W. Hömberg, T. Pittrof (Hg.), Katholische Publizistik im 20. Jahrhundert. Positionen, Probleme, Profile, Freiburg i. Br. 2014, 21–38, hier: 22–29; dazu auch M. Schmolke, Von der „schlechten Presse" zu den „guten Medien". Entwicklung der Katholischen Publizistik im 20. Jahrhundert, in: ComSoc 43 (2010) 233–251.

Weiter könnten sich auch Ergebnisse zeitigen, wie (medien-)wirklichkeitsaffin Theologie ist. Wie also ist das Internet angesichts zahlreicher theologischer Inhalte und ihrer vielfältigen Beschaffenheiten, die sich dort zweifelsohne finden, als *locus theologicus novus* zu qualifizieren? Wie bringt dieser Kommunikationsraum Theologie auf den Weg in die Zukunft? Dazu wird auf Ergebnisse der demnächst zu veröffentlichenden empirischen Studie „Theologie in deutschsprachigen Qualitätszeitungen" des Verf. zurückgegriffen, die Zeitungen als einen neuen und ganz anderen theologischen Ort beschreibt und deutet. Es ist reflektiert zu fragen, wie Elemente zur Bestimmung des Mediums Qualitätszeitung als *locus theologicus* auf das Internet übertragen werden können.

Vorab ist schließlich noch in methodischer Hinsicht zu bemerken, dass in diesem Stück praktischer Theologie Äußerungen jeweils als Äußerungen in konkreten Modi aufgefasst werden. Journalismus und Öffentlichkeit sind solche Äußerungsmodi bzw. Elemente davon. Diese Modi sind Träger medialer Eigengesetzlichkeiten, die für sich behandelt werden müssten, hier aber als gesetzt genommen werden. Der Bedeutungszusammenhang dafür liegt in der folgenden Einsicht: Öffentlichkeit vollzieht sich, insofern sie politisch greifbar, somit die Wirklichkeit medial gestaltend und überhaupt kritisch ist, in der verdichteten und verdichtenden Form des Journalismus. Für die praktische Theologie, deren Bedeutung in der Auseinandersetzung mit Gegenwart und Zukunft, Wandel und Differenz liegt, ist das richtungsweisend. Nach diesen Vorbemerkungen wird nun von Wahrnehmungen zum Thema des Wandels sowie des *locus theologicus* ausgegangen.

2 Der Wandel als Vorwärtsbewegung in der Gegenwart

Wandel betrifft Medien und Wandel betrifft den Ort der Theologie. Wenden wir uns zunächst dem Wandel des Journalismus zu, der in der Hauptsache auf den Medienwandel zurückzuführen ist. Journalismus stellt als Sozialsystem Öffentlichkeit her.[2] Dabei ist er eher auf Stabilität als auf Variation ausgerichtet[3] und wandelt sich trotz ra-

---

[2] Vgl. J. Kurz u. a., Stilistik für Journalisten, Wiesbaden ^{2}2010, 12–15 [Kapitel 1.2 „Die journalistische Aufgabe: Herstellen von Öffentlichkeit"].

[3] „Eher werden bewährte und akzeptierte Strukturen zur Herstellung aktueller

scher Entwicklungen langsam. Facebook, Youtube, Twitter und Instagram, insgesamt das Internet bewirken nun aber einen beschleunigten Wandel.[4] Für die klassischen Offline-Medien ist das Internet eine starke Konkurrenz.[5] Konkret verwirklicht sich der Wandel durch das Internet als Crossmedialität. Dabei ist die Informationsvermittlung, um nur einen Bereich hervorzuheben, weniger an Strukturen und mehr an Themen orientiert.[6] Um es umfassend zu sagen: Die Produktionslogik klassischer Medien orientiert sich an den Bedingungen digitaler Medien.[7]

Neben den Produktionsverhältnissen der Medien hat sich auch der Ort der Theologie gewandelt. Maurice Bellet (1923–2018) schreibt 1972 mit Blick auf das Zweite Vatikanische Konzil (1962–1965):

> „Jetzt steht der Ort des Glaubens nicht mehr unerbittlich für den Spalt, der sich zwischen Religion und Wirklichkeit, Kirche und Welt und weiteren auftut, und nicht mehr für Orte, deren Aufbrüche zweideutig sind, weil sie diese Spaltung nicht eindeutig überwinden. Dieser Ort ist von vornherein ein einziger; zugleich aber geht er nicht über die Bedeutung des Glaubens hinweg. Das Subjekt des Glaubens ist nicht doppelt vorhanden: als Mensch und als Christ."[8]

Das Konzil hat das *déplacement* bewirkt, das auf das *déplacement* der Entwirklichung des Glaubens folgt und es immerhin relativiert. Das neue *déplacement* versteht Bellet als *contre-déplacement.*[9] Anders als das ursprüngliche *déplacement* bemisst sich die neue Position nicht

---

Medienaussagen routinisiert und tradiert als innovative Programme, Prozesse und Rollen erprobt." (M. Löffelholz, L. Rothenberger, Einführung und Überblick, in: dies. [Hg.], Handbuch Journalismustheorien, Wiesbaden 2016, 11–25, hier: 17)

[4] Vgl. ebd.

[5] Vgl. K. Meier, Crossmedialität, in: K. Meier, C. Neuberger (Hg.), Journalismusforschung. Stand und Perspektiven (Studien zum Journalismus 1), Baden-Baden [2]2016, 203–226, hier: 220; K. Meier, Journalistik (UTB 2958), Konstanz [3]2013, 150.

[6] Vgl. Meier, Crossmedialität (s. Anm. 5), 207.

[7] Vgl. ebd., 205.

[8] M. Bellet, Le déplacement de la religion. Recherche sur la région réelle de la foi chrétienne, Paris 1972, 251 [Übersetzung Verf.].

[9] Vgl. ebd., 252. – *Contre-déplacement* ist als „Gegen-Bewegung" zu übertragen.

nach einem Hersagen von Glaubensinhalten. Sie führt vielmehr zu einer Vorwärtsbewegung in der Gegenwart, ohne Hindernisse zu umgehen.[10]

3 Die Eignung der *loci-theologici*-Lehre für Aussagen mit Blick auf Medien

Der Dominikaner Melchior Cano (1509–1560) stellt zehn *loci theologici* vor.[11] Ziel der *loci* ist die Rationalisierung der Glaubenserkenntnis. Cano geht es um die Untermauerung oder Widerlegung einer Glaubensaussage, um das Auffinden von Argumenten und um ihre Gewichtung. Er sieht die *loci* hauptsächlich als verbürgende Instanzen. Damit sind Autoritäten angesprochen. Cano plant die Ausarbeitung der *loci* zum praktischen Gebrauch. Dazu kommt es aber nicht mehr. Als *loci* nennt er die Heilige Schrift, die Tradition Christi und der Apostel, die katholische Kirche, die Konzilien, die römische Kirche, die Heiligen, die scholastischen Theologen, die natürliche Vernunft, die Philosophen sowie die menschliche Geschichte. Die *loci* werden klassifiziert. Die drei letztgenannten *loci*, die Vernunft, die Philosophie und die Geschichte, sind *loci alieni* („fremde Orte").[12] Laut Bernhard Körner (* 1949) sind die *loci* „offenkundig einer auf die Gegenwart bezogenen Fragestellung verpflichtet"[13]. Damit sind sie für die Pastoraltheologie grundsätzlich relevant. Aus Canos Aussagen geht hervor, dass die *loci* in der Zahl erweitert werden können.[14]

---

[10] Vgl. ebd., 252f.

[11] Vgl. B. Körner, Melchior Cano. De locis theologicis. Ein Beitrag zur theologischen Erkenntnislehre, Graz 1994, 109.

[12] *Alienus* bedeutet fernstehend, nicht verwandt; *alius* bedeutet ein anderer.

[13] Körner, Melchior Cano (s. Anm. 11), 124.

[14] Vgl. H.-J. Sander, Das Außen des Glaubens – eine Autorität der Theologie. Ein Differenzprinzip in den Loci Theologici des Melchior Cano, in: H. Keul, H.-J. Sander (Hg.), Das Volk Gottes – ein Ort der Befreiung, Würzburg 1998, 240–258, hier: 250.

4 Medien als *loci theologici*

4.1 Die Qualitätszeitung als locus theologicus novus

Die Zeitungsredaktion, die als *locus theologicus novus* zu bestimmen ist, steht in dem im zweiten Abschnitt beschriebenen Wandel. Bisher sind *loci theologici* die *loci*, die – Glauben abgrenzend oder Einsicht ermöglichend – unter dem Aspekt ihrer Wirksamkeit oder ihrer Sachgemäßheit gesehen werden. Bei dem ganz anderen *locus* der Zeitungsredaktion kommt es an erster Stelle auf die Erfahrung, insbesondere auf die Erfahrung in der Pluralität, an. Der Aspekt der Abgrenzung des Glaubens verliert bei der Bestimmung des *locus theologicus* dagegen an Bedeutung. Die Theologie, wie sie in der Zeitungsredaktion betrieben wird, verwirklicht Einsichtnahme in den Glauben. Beglaubigend wirkt bei dieser Theologie der Prozess ihrer reflektierten Erfahrung. Der neue und andere *locus theologicus* „Zeitungsredaktion" ist Ort einer *Glaubensbeglaubigung* durch die theologisch reflektierte Erfahrung und die Erfahrung der nachgefragten theologischen Reflexion. Durch die Erfahrung der Reflexion in der Pluralität als Teil dieser Pluralität widersteht der neue Typus des *locus* der Gefahr der Selbstreferenzialität. Die riskanten Zustände der Welt, in denen sich Erfahrung und Reflexion vollziehen, sind nicht von den Interessen einer verwaltenden Pastoral oder einer Apologetik her zu konzipieren.[15] Zu beschreiten ist der umgekehrte Weg.

Zu dem Aspekt der Erfahrung, der den neuen und anderen *locus theologicus* markiert, kommt der Aspekt der Ephemerität, auf den gleich noch eingegangen wird. Beide Aspekte sind mit der Verflüssigung gesellschaftlicher Strukturen in hochgradig diverse Verhältnisse (*liquidity*) verbunden. Mit der *liquidity* in Korrespondenz zu sehen ist die Tatsache, dass der *locus theologicus* vom Typ der Zeitungsredaktion potenziell ephemer beschaffen ist. Nicht Dauer verbürgt Autorität, sondern der Prozess des *déplacement* gemäß Bellet als stets

---

[15] Vgl. Bellet, Le déplacement de la religion (s. Anm. 8), 253. – Bellet spricht nicht von Risiko, sondern von Krise: „Gewiss würde man durch ein voreiliges Bestimmen des Ortes des Glaubens als Krise, in der die Welt steht, Gefahr laufen, eine solche Krise allein als Ausfluss einer Pastoral oder einer Apologetik zu konzipieren, die sich aber somit ihre ganz eigene Welt zimmern würden." (ebd.) [Übersetzung Verf.]

mögliche Bewegung. Entgegen der Trennung von Theologie und Wirklichkeit wirkt das *contre-déplacement* zusammenführend. Der neue und ganz andere *locus theologicus*, in der Zeitungsredaktion verwirklicht, ist der Ort, an dem die Differenz aus religiöser Gottesrede und realistischer Zeit kreativ wird. Zusammengefügt werden diese allerdings nicht. Die Differenz zu bestehen, ist vielmehr ein religiöser Akt, ist Pastoral.

Die Studie zur Zeitungsredaktion als neuer und ganz anderer theologischer Ort zeigt: Ist die potenziell stets attraktive theologische Reflexion in bisher bekannten Verwirklichungen und Institutionalisierungen nicht zugänglich oder steht sie für Nachfragende nicht angemessen zur Verfügung, vollzieht sich ein weiteres *déplacement*. Denn auch in anderen Medien bzw. andernorts eröffnen sich Angebote zur Rezeption von Theologie. Mit den anderen Menschen teilt das Volk Gottes Bedürfnisse, wie die Pastoralkonstitution *Gaudium et spes* (GS) des Zweiten Vatikanischen Konzils über die Kirche in der Welt von heute festhält (vgl. GS 11). Die Nachfrage nach Theologie in deutschsprachigen Qualitätsmedien durch Teile des Volkes Gottes – und darüber hinaus – bestimmt diesen *locus theologicus* als Ort der Beglaubigung durch Erfahrung theologischer Reflexion mehr noch denn als Ort der Beglaubigung durch Autorität. Hier erfährt das Volk Gottes Unterstützung bei der Bearbeitung theologischer Fragestellungen. Die umfassende theologische Berichterstattung in Qualitätszeitungen hat für die Verlage eine ökonomische Bedeutung und weist unweigerlich auf die gegebene Nachfrage hin. Die Studie zeigt u. a. in Rückgriff auf das Konzept der transversalen Vernunft, wie Teile des Gottesvolkes in der Leserschaft bestimmt werden können.

Weitere Ergebnisse der Studie sind: Theologie ist ohne Abstriche an der eigenen Aussagekraft in die Zeitungsredaktion integrierbar. Damit es dazu kommt, bedarf es einer besonderen Konstellation. Theologie in der Weise des Journalismus im Qualitätsmedium anzubieten, stützt sich auf die Annahme seitens Verantwortlicher, dass ihr Potenzial ein Aktivposten für die Zeitung im riskanten Medienwandel ist. Aus Gründen der Qualitätssicherung hat Theologie in der Zeitungsredaktion unablässig und unausweichlich konfliktive Prozesse und Relevanzkritik zu bestehen. Eine Gruppe theologisch agierender Journalist(inn)en motiviert die Mitglieder dieser Gruppe durch solidarisches Verhalten. Individuelle Motivation, Theologie in der Qualitätszeitung zu betreiben, liegt, über die Lust an der Bearbeitung der Wirklichkeit anhand der Sprache hinaus, darin, die Wirklichkeit in der spannungsgeprägten Kombination aus Sprache und Theologie dialogisch zu gestalten. Das Spektrum an konkreten Modi der Äußerung dieses jeweils konkret verwirklichten Dialogs im Differenzfeld zwischen Journalismus und Theologie geht von theologierelevanter Nachrichtenbearbeitung über kritisch-publizistische Elemente bis hin zu öffentlicher theologischer Rede. Die Nachfrage nach Theologie in der Zeitung durch Teile des Volkes Gottes resultiert aus seinem Sensus, der auf theologische Problembearbeitungskompetenz aspiriert. Die Attraktivität solcher Kompetenz liegt im Problembearbeitungsvorsprung dieser Theologie in der Zeitungsredaktion, die andernorts als defizient wahrgenommen wird.

4.2 Das Ephemere des neuen locus theologicus

Die Zukunft der Theologie in der Qualitätszeitung ist das Risiko, insofern sich eine solche Theologie angemessen darin zu bewegen versteht. Dieses Element der Ephemerität bestimmt den *locus theologicus* erheblich mit. Worin besteht das Ephemere konkret? Derzeit wird keine Verbindung aus theologischer Berichterstattung und ökonomisch problematischer Situation von Qualitätszeitungen behauptet. Die Konstellation ist, wie es scheint, von Stabilität getragen. Der Medienwandel mit verschiedenen Verwirklichungen eines Change Management ist aber unvermeidbar und voll im Gange. Theologische Berichterstattung als Teil der Berichterstattung wirkt als Stütze des Mediums Qualitätszeitung in seiner konkreten Verwirklichung. Es gibt auch andere Stützen. Der neue und gänzlich andere *locus theologicus* hat das Potenzial, Theologie auch künftig in Bewegung zu setzen, wenn *déplacement* am Platz ist.

Der Aspekt der Ephemerität beschreibt den *locus theologicus* der Zeitungsredaktion über den Aspekt der Erfahrung hinaus. Was bedeutet das für eine Bestimmung des Internets als *locus theologicus novus*? Bei der Bearbeitung der Frage, inwieweit das Internet ein *locus theologicus* ist, liegt ein Vergleichswert in der Zukunftsfähigkeit der Theologie in der Zeitungsredaktion. Das ephemere Element dieses *locus theologicus* bestimmt die Zukunftsfähigkeit dieser Theologie erheblich mit. Wie nachhaltig kann der ganz neue und andere *locus theologicus* in der Zeitungsredaktion sein, die selbst die Pluralität der gesellschaftlichen Vielfalt bearbeitet und diese zur Bearbeitung vorlegt, wenn dieser *locus theologicus* nicht von Dauerhaftigkeit, sondern von Ephemerität geprägt ist? Das Ephemere ist aber auch ein zentraler Grund dafür, dass andere mediale Konstellationen für einen neuen *locus theologicus* als die in der Studie analysierten Konstellationen der Theologie in Qualitätszeitungen in Zukunft denkbar sind.

4.3 Die heterotope Beschaffenheit des locus theologicus novus

Raum, Zeit und Möglichkeit sind in ihrem Verhältnis zueinander zu betrachten. Dieses Verhältnis vollzieht sich in einer Art Auflösung im gleichzeitigen Bestehen. Dennoch ist die derzeitige Epoche die Epoche des Raumes, weniger die der Zeit. Gleichwohl ist die Zeit nicht abgeschafft, vielmehr in neuartige Beziehungen zum Raum gesetzt. Michel Foucault (1926–1984) beschreibt es folgendermaßen:

> „Wir sind in der Epoche des Simultanen, wir sind in der Epoche der Juxtaposition, in der Epoche des Nahen und des Fernen, des Nebeneinander, des Auseinander.“[16]

Der Raum geht über die Zeit hinaus, insofern er mehr als die Leere ist, innerhalb der die Elemente verteilt und situiert werden. Der Raum als Ausdruck möglicher Verteilungen der Zeit wird dabei mit Qualitäten aufgeladen. Die Zeit ist keine wahrgenommene monolithische Welt, sondern eine mögliche Verteilung zwischen den im Raum platzierten Elementen. Foucault schreibt:

> „Ich glaube also, dass die heutige Unruhe grundlegend den Raum betrifft – jedenfalls viel mehr als die Zeit. Die Zeit erscheint wohl nur als eine der möglichen Verteilungen zwischen den Elementen im Raum.“[17]

Die Zeit ist der plurale Prozess, in dem Menschen um ihr Menschsein ringen.[18] Wenn sie aber die mögliche Verteilung zwischen den im Raum platzierten Elementen ist, dann sind die sich daraus erge-

---

[16] M. Foucault, Andere Räume, in: ders., Botschaften der Macht. Reader Diskurs und Medien, hg. von J. Engelmann, Berlin 1999, 145–157, hier: 145.

[17] Ebd., 147.

[18] Vgl. H.-J. Sander, „Gotteskrise“. Die Zeitsignatur der Theologie, in: ZKTh 121 (1999) 45–61, hier: 52.

benden Topologien zu betrachten. Aufgrund ihrer Andersheit kommt den Heterotopien als herausragende Topologien eine besondere Bedeutung zu. Sie sind Räume, die mit allen anderen Platzierungen in Verbindung stehen und allen anderen Platzierungen widersprechen. Sie sind tatsächlich realisierte Utopien, „in denen die wirklichen Plätze innerhalb der Kultur gleichzeitig repräsentiert, bestritten und gewendet sind, gewissermaßen Orte außerhalb aller Orte, wiewohl die tatsächlich geortet werden können“[19].

Zeitungsredaktionen sind Heterotopien in dem Maß, in dem sie Plätze der Kultur zugleich repräsentieren, bestreiten und wenden. Ihre Abgeschlossenheit macht sie zu Orten außerhalb aller Orte. Das zur Abgeschlossenheit im Gegensatz stehende Ziel der Kommunikation als Öffentlichkeit und für die Öffentlichkeit führt dazu, dass sie geortet werden können. Als System von Öffnungen und Schließungen ist die heterotope Zeitungsredaktion der Ort einer anderen Theologie, die sich durch Anschlussfähigkeit hervortut. Die theologische Beschäftigung mit allen Themen der Wirklichkeit, wie sie sich im Modus des Journalismus und anhand seiner Eigengesetzlichkeiten vollzieht, sorgt für Durchlässigkeit. Die heterotopisch wirkende Öffnung der dort betriebenen „anderen“ Theologie korrespondiert mit der journalistischen Praxis des Universalismus, die gesamte Wirklichkeit der Berichterstattung zu unterziehen und grundsätzlich nichts davon auszuschließen. Das ebenfalls vorhandene Element der Schließung resultiert im Ephemeren dieser anderen Theologie am ebenso ephemeren *locus theologicus*. Das Ephemere lässt seine Beendigung jederzeit als möglich erscheinen. Heterotopien haben gegenüber dem verbleibenden homotopen Raum eine Funktion.[20] Die Theologie in der Heterotopie der Zeitungsredaktion signalisiert der institutionalisierten Theologie, dass diese den Grundvollzug der Pastoral nicht hinreichend verwirklicht. Foucault sagt in einer umfassenden (Real-)Metapher:

> „Das Schiff, das ist die Heterotopie schlechthin. In den Zivilisationen ohne Schiff versiegen die Träume, die Spionage ersetzt das Abenteuer und die Polizei die Freibeuter.“[21]

---

[19] Foucault, Andere Räume (s. Anm. 16), 149.

[20] Vgl. ebd., 155.

[21] Ebd., 156f.

Ein Übertrag lässt erkennen, dass die anderen Theolog(inn)en auf dem heterotopen Schiff der Zeitungsredaktion, mithin die mit Theologieberichterstattung beauftragten Journalist(inn)en, das Risiko des Abenteuers der Fruchtbarmachung ihrer fortgeschrittenen theologischen Kompetenz bei der Bearbeitung der gesellschaftlichen Pluralität gestalten, nicht, indem sie homotope Räume kapern, sondern, indem sie für den Souverän, der sie beauftragt, das Volk Gottes, theologische Räume als heterotope Räume erschließen und eröffnen. Deshalb sind Journalist(inn)en als Theolog(inn)en Frei(raum)beuter(innen).

4.4 Unterschiede zwischen Zeitungsredaktion und Internet

Im Unterschied zur Zeitung, die sich historisch als immer wieder sich vollziehendes öffentliches Ereignis entwickelt hat, stützt sich das Internet auf keine klassische Öffentlichkeit. Das Internet wird durch eine Vielzahl von *Very-special-interest*-Öffentlichkeiten konstituiert, die die einstige Öffentlichkeit hochgradig fragmentiert hat: hochgradig, aber nicht gänzlich. Mit dem klassischen Begriff der kompakt konstruierten liberalen Öffentlichkeit stehen diese dispersen Bruchstücke von Öffentlichkeit aber in unübersehbaren komplexen Beziehungen. Sie haben das klassische Konstrukt Öffentlichkeit nicht verdrängt, sondern auf komplizierte Weise infrage gestellt und – gleichzeitig – partiell stabilisiert. Bedient die klassische Qualitätszeitung individuelle Bedürfnisse im Rahmen des Konstrukts einer intakten Öffentlichkeit, erscheint das Internet als Ort der Auflösung der klassischen Öffentlichkeit bei ihrer gleichzeitig stets prekären Stabilisierung. Diese allgemeine Situationsbeschreibung ist zu spezifizieren: Im Falle des Internets entfällt weitgehend die Kontrollfunktion durch eine ökonomische Gebundenheit. Betrachten wir schließlich den spezifischen Modus der Äußerungsform, fällt auf: Die Qualitätskriterien des klassischen Journalismus, die partiell für journalismusfähige Bereiche im Internet gegolten haben, verlieren dort tendenziell (weiter) an Bedeutung. Welche Folgen die Integration redaktioneller Einheiten in journalismusgeprägte Nachrichtenplattformen zeitigt, ist noch unklar. Was insbesondere die Theologie und die Modi ihrer Verwirklichung betrifft, so gibt es im Internet keine definierte Theologieberichterstattung durch Personen, die mit dieser Zuständigkeit eigens ausgestattet wären.

4.5 Aspekte des Internets als locus theologicus novus

Die vorgeschalteten Überlegungen zu den Unterschieden betreffen die Bedingungen, in denen sich mediale Kommunikation vollzieht. Gewiss sind Vorgaben, die die Zeitungsredaktion bestimmen, nicht unkritisch auf das Internet zu übertragen. Die Konzepte der Öffentlichkeit und die mit ihr in Beziehung stehenden Qualitätskriterien der Kommunikation am Ort der Zeitungsredaktion unterscheiden sich von den Konzepten am Ort des Internets. Aber diese gerade nur angeschnittenen Unterschiede könnten immerhin durch eine Betrachtung im Sinne der transversalen Vernunft fruchtbar gemacht werden. Wenn auch im Blick zu behalten ist, dass sich von außen kommende Bedingungen – damit sind die Eigengesetzlichkeiten der Produktion angesprochen – und innere Beschaffenheit der Aussagen beeinflussen, ist für die Bestimmung des Internets an erster Stelle diese seine theologische Beschaffenheit als *locus theologicus novus* zu betrachten. Erfahrung und Reflexion, Ephemerität und Heterotopie bestimmen den Ort, wie er sich in der Zeitungsredaktion zeigt. Zur Beantwortung der Frage, ob und wie dieser *locus theologicus* im Internet verwirklicht werden kann, sind die genannten Kennzeichen als Maßstäbe auf dieses Medium anzulegen. Es wird davon ausgegangen, dass das Internet über die Funktionen des Darstellens und Speicherns hinausgeht:

- *Erfahrung und Reflexion*: Es ist zu erforschen, welche Bedingungen für die Erfahrung der Reflexion und die Reflexion der Erfahrung im Internet gegeben sind. Konkret sind diese Erfahrung und Reflexion theologische Vorgänge. Sie sind Theologie. Welche Formen theologischer Äußerungen treten im Internet auf? Wie lassen sie sich einordnen? Sind dazu spezifische Formen der Nachfrage gegeben, die sie begründen und die sich quantitativ wahrnehmen sowie qualitativ bestimmen lassen? Wer sind die Personen, die nachfragen, und wer sind die Personen, die Angebote machen? Gibt es theologische Kategorien, die dieses Handeln, im Medium des Internets theologische Reflexion zu gestalten, näher bestimmen lassen? Theologische Bestimmungen anhand unterschiedlich motivierter Bestände religiöser Interessen oder Gruppenzugehörigkeiten könnten hier tragend werden. Das betrifft die weitere Bearbeitung von Fragen nach der Bedeutung inklusiver und exklusiver Vorgänge

bei der Erschließung individueller biografischer Chancen sowie sozialer Verwirklichungen durch die christliche Tradition im weiteren Sinne. Konkret stellt sich die Frage: Welche Gruppenidentitäten stehen hinter den Modi von Aussagen, die im Internet (wiederkehrend) getätigt werden?
- *Ephemerität*: In diesem Punkt ist zu fragen, welche Effekte die prekäre Präsenz theologischer Reflexion unter den Bedingungen weltweiter Zugänglichkeit hat, wie sie sich im Internet konstituiert findet. Unter solchen Bedingungen ist theologische Reflexion mit Blick auf Interessen und überhaupt Vorstellungen, Dogmen etc. religiöser Institutionen zwar weithin ungebunden, auf der anderen Seite aber womöglich ungeschützt und versteckten sowie verdeckten Interessen gegenüber ausgeliefert. Welche Formen von Bearbeitung der Wirklichkeit sind relevant, wenn es um das Bestehen von theologischer Kompetenz als Überlieferung im absoluten „Informationsoverkill" des Internets geht? Können diese überhaupt nachhaltig sein, wenn sie ephemer bestimmt sind, oder haben sie ephemer bestimmt zu sein, um Anschluss an andere Datenkontexte zu finden?
- *Heterotopie:* Die Beschaffenheit des neuen und ganz anderen *locus theologicus* als Heterotopie rührt an das Internet selbst in seiner partiellen Verfassung als Heterotopie, in der sich Zeit partiell in Raum verflüssigt. Das Internet ist der Raum als Ausdruck möglicher Verteilungen der Zeit, die mit Qualitäten aufgeladen werden. Welche kritischen Potenziale einer widerlagernden theologischen Rede sind hier feststellbar? Entwickelte sich eine – immerhin vorstellbare – im Internet konstituierte Theologie zur Kritik an etablierten Strukturen akademischer Theologie? Oder als Meta-Heterotopie im Sinne einer Kritik der Heterotopie?

Abschließend sollen einige Überlegungen vorgestellt werden, die die Bearbeitung der genannten Fragen in den Blick nehmen.

5 Perspektiven für eine theologische Bestimmung des Internets

Die genannten Fragen bzw. Überlegungen bedürften im Weiteren vor allem der empirischen Erforschung, wozu forschungspraktische und methodologische Arbeiten nötig sind, die hier nicht geleistet werden können. Um es vereinfacht zu sagen: Angesichts der Handgreiflichkeit und Zugänglichkeit des Internets wäre ein empirisch begründeter Zugang der Forschung wünschenswert. Dies könnte den *locus theologicus* praktisch bestimmen helfen, nicht zuletzt in Differenz zu Ergebnissen der Erforschung der Zeitungsredaktion. Allerdings wäre auch im Falle des Internets ein induktives Vorgehen angezeigt. Damit empirische Daten aussagekräftig sind, dürfte ihre Erhebung nicht auf die Bestätigung eines eventuell erwarteten oder erwünschten *locus theologicus* abheben. Dessen weitere Bestimmung sollte sich besser aus der unumgänglichen Wirklichkeit der Empirie erheben lassen. Aspekte, die diesen *locus* konstituieren, sollten vielmehr die Forschungsfrage konturieren helfen, die umfassend empirisch bearbeitet wird. Zuvor aber ist zu eruieren, ob es spezifische Verwirklichungen von Theologie im Internet gibt. Eigens zu reflektieren ist dann, welche Personenkreise Daten liefern können, die in medial-eigengesetzlicher sowie in theologischer Hinsicht aussagekräftig sind. Nicht nur nicht auszuschließen, sondern zu erhoffen wäre, dass theologische Begriffe gefunden werden, die – etwa über den Zentralbegriff des Volkes Gottes hinaus – den kritischen Zusammenhang von Medium und Theologie als Begriff auf den Punkt zu bringen helfen und das unter Vermeidung reduktionistischer Medienkonzepte, die diese Medien zu Hilfsorganen degradieren, ohne ihre Eigengesetzlichkeiten zu berücksichtigen. In diesem Respekt liegt die Motivation gegründet, das Internet als pluralstes, aber wohl auch ephemerstes Medium zu bearbeiten.

Das Spannende des Themas mit Blick auf den *locus theologicus novus* liegt auf der Hand, ist doch das pluralste und aussagenephemerste Medium partiell nicht gegen Verengungen oder Einseitigkeiten bzw. ewige Dauer als Speichermedium immun. Womöglich liegt ja eine weitere Bestimmung dieses Ortes darin, festzustellen, wie diese, wie es scheint, zunehmenden Paradoxien zwischen Pluralität und Einseitigkeit, Ephemerität und Dauerhaftigkeit mit Blick auf individuelle biografische Chancen vor der Herausforderung der christlichen Tradition fruchtbar gemacht werden können.

2. Reflexionen zu Liturgie und Digitalität

Gottesdienst nach dem *Digital Turn*

Zur Neuvermessung eines theologischen Feldes

Stefan Böntert

1 Digitalisierung und die Feier des Glaubens

Inzwischen dürfte es kaum einen Lebensbereich mehr geben, in den die Digitalisierung noch nicht Einzug gehalten hat. In weiten Teilen der Gesellschaft führt die digitale Technik zu großen Umwälzungen und eröffnet Möglichkeiten, die noch vor wenigen Jahren jenseits des Vorstellbaren lagen. Man denke nur an die Medizin, die Industrie oder die Geschäftswelt, wo angesichts des rasanten Wandels mit Recht von einer digitalen (R)Evolution gesprochen werden kann.[1] Welchen Stellenwert die Digitalisierung für das private Leben besitzt, wird am deutlichsten in der Selbstverständlichkeit sichtbar, mit der das Smartphone zum ständigen Begleiter des Alltags geworden ist. Aus wissenschaftlicher Sicht besteht Einigkeit darüber, dass der *Digital Turn* weit mehr als nur eine technische Neuerung darstellt. Von einer „Kultur der Digitalität" spricht beispielsweise der Schweizer Medienwissenschaftler Felix Stalder (* 1968)[2] und macht mit dieser Formulierung auf die Konsequenzen aufmerksam, die mit der Digitalisierung einhergehen. Folgt man diesem Verständnis, hat die Technologie erhebliche Auswirkungen darauf, wie gesellschaftliche und kulturelle Prozesse ablaufen. Weil analoge und digitale Vollzüge immer tiefer ineinandergreifen, werden die Grenzen zwischen beiden Seiten fließend und verlieren in zunehmendem Maße an Bedeutung. Demnach haben wir es nicht allein mit einer weiteren Etappe auf dem Weg des Fortschritts zu tun, sondern mit einem Transforma-

---

[1] Vgl. M. Eder, Digitale Evolution. Wie die digitalisierte Ökonomie unser Leben, Arbeiten und Miteinander verändern wird, Wiesbaden 2017.

[2] Vgl. F. Stalder, Kultur der Digitalität, Berlin ^{3}2017.

tionsprozess, der alle Bereiche von Kultur, Gesellschaft und Religion[3] unmittelbar berührt und verändert.[4]

Wer heute Verantwortung für das Gottesdienstleben trägt, muss sich der Tatsache stellen, dass der *Digital Turn* nicht vor der Kirchentür stehen bleibt. Im Gegenteil gewinnen digitale Medien spürbar an Einfluss auf die Feier des Glaubens.[5] Mit der Corona-Pandemie im Frühjahr 2020 hat das Thema einen deutlichen Schub bekommen und ist in einer Weise ins Rampenlicht der Öffentlichkeit getreten, wie es bisher unbekannt war. Bedingt durch die weitgehende Stilllegung des öffentlichen Lebens haben sich viele Gemeinden dazu entschieden, Gottesdienste mit kleinen Gruppen (in der Regel die Sonntagseucharistie) über das Internet zu streamen – in der Hoffnung, so das gottesdienstliche Leben in der Breite aufrechtzuerhalten. Was auf den ersten Blick wie ein längst überfälliger Schritt hinein in die Medienkultur der Gegenwart wirkt, wirft viele Fragen auf und bedarf einer gründlichen theologischen Aufarbeitung.

Schon heute lassen sich mindestens zwei Bereiche benennen, in denen die Auswirkungen der Digitalisierung besonders ins Auge fallen: Erstens führen die Umbrüche in Kirche und Gesellschaft dazu, dass die meisten Menschen heute (wenn überhaupt) nur noch auf digitalem Wege mit christlichen Gottesdiensten in Berührung kommen, beispielsweise über Streamingdienste oder Videoportale im Internet. Während die Feiergemeinschaften in den Kirchen kleiner werden und die Kenntnisse über Texte und Zeichen verblassen, werden für viele Menschen die digitalen Kanäle zur ersten Anlaufstelle für Informationen über das Thema Gottesdienst. Wenn der Eindruck nicht täuscht, sind die Dynamik und die Folgen dieser Entwicklung in Theologie und Kirche erst wenig bewusst. Unausweichlich stellt die Digitalisierung vor die Frage, wie mit den zahlreichen medial inszenierten Darstellungen und Deutungen von Gottesdiensten umzugehen ist. Diese Frage ist deshalb brisant, weil die medialen Rezeptionen auf der einen und die leitenden theologischen Überzeugungen der

---

[3] Vgl. H. Campbell (Hg.), Digital Religion. Understanding Religious Practice in New Media Worlds, Abingdon 2013.

[4] Vgl. T. Berger, @ Worship. Liturgical Practices in Digital Worlds (Liturgy, Worship and Society), London – New York 2018, 94 [mit weiterer Literatur].

[5] Vgl. B. Irlenborn, S. Kopp, Der *Media Turn* als Herausforderung für die Liturgie, in: ThGl 108 (2018) 356–373.

Kirche auf der anderen Seite mitunter weit auseinandergehen können. Meinem Eindruck nach scheint immer noch unterschätzt zu werden, dass im Zuge der Digitalisierung die Debatten um Gehalt und Gestalt der Liturgie an Vielfalt erheblich zunehmen und sich dem Versuch entziehen, Eindeutigkeit herzustellen. Man wird sich von der Vorstellung verabschieden müssen, die Kirche halte die Deutung ihrer Inhalte und Vollzüge nur in den eigenen Händen.

Als eine ebenso große Herausforderung können zweitens die im weitesten Sinne religiösen Rituale gelten, die in den digitalen Medien neu entstanden sind.[6] Virtuelle Friedhöfe und Totengedächtnisstätten,[7] Gebets- und Meditationsforen[8] bei Twitter oder Facebook, Online-Feiern oder Cyber-Wallfahrten am Bildschirm[9] sind nur die auffälligsten Beispiele aus einer großen Bandbreite an Formen.[10] Was an Ritualen im Internet begegnet, ist gestalterisch und inhaltlich ebenso bunt wie vielschichtig. Ohne Übertreibung kann man von einem Marktplatz mit vielen Akteur(inn)en sprechen, auf dem kirchlich verantwortete Projekte neben Anbieter(inne)n stehen, die teilweise als Alternative zu den Konfessionen oder sogar zu allen institutionell verfassten Religionen auftreten.

Die Digitalisierung wirkt zum einen wie ein kraftvoller Motor, der die religiöse Pluralisierung der Gesellschaft erheblich beschleunigt. Zum anderen lässt sich an den genannten Projekten im Internet ablesen, welche produktive Kraft der *Digital Turn* auf dem Feld des rituellen Glaubensausdrucks entfaltet. Wir haben es mit einer

---

[6] Vgl. dazu die Beiträge in: K. Fahlenbrach, I. Brück, A. Bartsch (Hg.), Medienrituale. Rituelle Performanz in Film, Fernsehen und Neuen Medien, Wiesbaden 2008, die auch auf außerreligiöse Ritualisierungen aufmerksam machen.

[7] Vgl. T. Klie, I. Nord (Hg.), Tod und Trauer im Netz. Mediale Kommunikationen in der Bestattungskultur, Stuttgart 2016.

[8] Vgl. dazu die erhellende Studie von: A.-K. Lienau, Gebete im Internet. Eine praktisch-theologische Studie, Erlangen 2009; dies., Unterwegs und zwischendurch statt nur in der Kammer – internetbasiertes Beten, in: LiKu 8 (2018) 25–31.

[9] Vgl. P. Post, S. van der Beek, Doing Ritual Criticism in a Network Society. Online and Offline Explorations into Pilgrimage and Sacred Place (LiCo 29), Leuven u. a. 2016.

[10] Der Abgesang, den Thomas Schmidt vor einigen Jahren angestimmt hat (vgl. T. Schmidt, Gottesdienst und Internet. Ein Nachruf, in: K. Raschzok, K. Müller [Hg.], Grundfragen des evangelischen Gottesdienstes, Leipzig 2010, 169–209), erweist sich angesichts der Beispiele als verfrüht.

Situation zu tun, in der über die vertrauten Feiern hinaus Spielräume entstehen, die bisher unbekannt waren und das Gottesdienstleben der Kirche ebenso wie den Bereich der persönlichen Rituale erheblich erweitern. Dabei ist es unerheblich, wie hoch die Zahl derer ist, die sich an den genannten Formaten beteiligen. Nehmen wir diese Beobachtungen zusammen, ist im digitalen Zeitalter die Vorstellung von einer Gemeinde, die nach Ordnung der Kirche Gottesdienst feiert, zwar nicht hinfällig geworden. Sie trifft aber nicht mehr das ganze Bild der Wirklichkeit.[11]

Kommt man von der Liturgiegeschichte her, wirkt die Gestaltung vieler Online-Projekte zunächst weniger innovativ und neu als erwartet. Häufig weisen sie große Ähnlichkeiten mit Traditionen auf, wie sie aus der Mitte der Kirche vertraut sind. Dies gilt beispielsweise für die *#twomplet*, in der gemeinsam über Twitter die Komplet aus der Tagzeitenliturgie gebetet werden kann.[12] Trotz ihrer offensichtlichen Verwandtschaft mit der Tradition enthalten solche Modelle dennoch theologischen Sprengstoff. Wenig Anlass zu größeren Bedenken dürften zunächst die Projekte liefern, die digitale Medien in Gottesdienste einbeziehen, welche innerhalb eines Kirchenraums gefeiert werden.[13] Die Verwendung von Smartphones für Rückmeldungen auf die Predigt oder zur Formulierung persönlicher Fürbitten mag ein Anhaltspunkt dafür sein. Schwerwiegendere Fragen werfen hingegen solche Formate auf, die allein in den sozialen Netzwerken des Internets stattfinden, d. h.: nicht an eine Feiergemeinde gebunden sind, die an einem bestimmten Ort physisch versammelt ist. Die virtuellen Gedächtnisrituale oder Online-Andachten können rasch Konflikte um unterschiedliche Idealvorstellungen von Gottesdienst und seinen Ansprüchen auslösen. Inwieweit es sich in diesen

---

[11] Als Themenhefte zu Einzelfragen vgl. Liturgy 30 (2015), H. 2: Liturgy in the Digital Age; HlD 69 (2015), H. 2: liturgie@internet; zu den anthropologischen und theologischen Aspekten der Digitalisierung vgl. Conc(D) 55 (2019), H. 3: Neue Technologien – Fluch oder Segen? – Bereits älter ist die vor der Einführung des Web 2.0 entstandene Studie „Gottesdienste im Internet“ (S. Böntert, Gottesdienste im Internet. Perspektiven eines Dialogs zwischen Internet und Liturgie, Stuttgart 2005).

[12] Vgl. https://twitter.com/twomplet (Download: 27.8.2019). – Vgl. dazu auch den Beitrag von C. Roth in diesem Band.

[13] Als Beispiel für ein Projekt aus dem evangelischen Bereich vgl. C. Rudolff, Sublan-Gottesdienste, in: Kirche und Kultur 8 (2018) 32–36.

Fällen um Vollzüge handelt, in deren Mittelpunkt die Begegnung mit dem Gott Jesu Christi steht, ist deshalb eine Frage, die gründlicher theologischer Reflexion bedarf.

Die wenigen Überlegungen mögen genügen, um deutlich zu machen, dass das Zusammenspiel von Digitalisierung und Liturgie unterbewertet wäre, wollte man es in erster Linie als eine strategische Aufgabe an die Pastoral weiterreichen.[14] Wer immer noch danach fragt, ob man über das Internet beichten oder die Kommunion empfangen kann, verkennt die verändernde Kraft der Digitalisierung für die Feier des Glaubens. Auch bleibt es an der Oberfläche, die digitalen Möglichkeiten nur als ein missionarisches Instrument zu betrachten, das in erster Linie die Reichweite kirchlichen Wirkens erhöhen und mehr Menschen mit Gottesdiensten in Kontakt bringen soll. Was durch die Technik an Ritualen entstanden ist, stellt vielmehr die Fragen nach den theologischen Grundlagen liturgischer Praktiken, nach Pluralität und Medienfähigkeit des Gottesdienstes schlechthin.

Die folgenden Überlegungen gehen den vielfältigen Aspekten an der Schnittstelle von Gottesdienst und Digitalisierung nach und wollen zu einer differenzierten Bewertung digitaler Rituale beitragen. Das Ziel besteht darin, der Versuchung zu entgehen, entweder in kritiklose Begeisterung zu verfallen oder umgekehrt die Vereinbarkeit von Gottesdienst und modernen Medien grundsätzlich zurückzuweisen. Im digitalen Zeitalter scheint das Feld von Gottesdienst und Ritual theologisch neu vermessen werden zu müssen.

2 Theologische Brennpunkte von Gottesdiensten im Internet

So sehr die Beschäftigung mit Gottesdienst und Digitalisierung reizt, so schnell können die Projekte im Internet zu einem Reizthema werden. Der Konflikt bricht spätestens dort auf, wo es um die leibliche Dimension der Liturgie der Kirche geht. Dass die Feier des Glaubens von sinnlichen Erfahrungen lebt, ist im Allgemeinen anerkannt und

[14] Vgl. S. Böntert, „Surfst du noch oder betest du schon?". Online-Gottesdienste als Bestandteil der kirchlichen Internetpräsenz, in: εὐangel. Magazin für missionarische Pastoral 4 (1/2013) [http://www.euangel.de/ausgabe-1-2013/internet seelsorge/surfst-du-noch-oder-betest-du-schon (Download: 27.8.2019)].

wird auch in der Liturgiekonstitution *Sacrosanctum Concilium* (SC) des Zweiten Vatikanischen Konzils (1962–1965) noch einmal unterstrichen (vgl. SC 7). Vor allem die Sakramente stechen hier hervor. Sie sind von der Gewissheit getragen, dass Gott den Menschen in seiner ganzen Existenz umgreift und mittels konkreter Zeichen (-handlungen) Heil schenkt (Wasser, Handauflegungen, Salbungen usw.). Vergleichbares gilt für andere Gottesdienst- oder Gebetsformen, beispielsweise Prozessionen, die wesentlich auf den Einsatz des menschlichen Körpers angewiesen sind. Ohne diesen Zusammenhang leugnen zu wollen, lohnt es sich jedoch, der Frage nachzugehen, ob daraus ein Verständnis abgeleitet werden kann, das auch im digitalen Kontext eine zwingende Gültigkeit beanspruchen kann. Ein solcher Rückschluss kann deshalb schon bezweifelt werden, weil die Digitalisierung nachweislich wirksame Formen von Nähe und Präsenz schafft, die ohne eine Einbeziehung von leiblichen Praktiken im bisherigen Sinne auskommen. Wer beispielsweise mithilfe des Internets den Rosenkranz betet, einen virtuellen Friedhof besucht und dort eine Kerze entzündet oder am Bildschirm einen Rundgang durch eine Kathedrale macht[15] und dabei zu meditieren beginnt, braucht sich, einmal abgesehen von einem Klick mit der Maus, körperlich nicht nennenswert zu bewegen.

Für eine theologische Beurteilung wird man zunächst daran erinnern müssen, dass die Dimension der Leiblichkeit in der digitalen Welt keineswegs gegenstandslos geworden ist. Weil sämtliche Vollzüge bekanntlich an technische Geräte, d. h. an materielle Voraussetzungen gebunden bleiben, wird Leiblichkeit auch in Zukunft eine zentrale Rolle spielen. Allein schon aus praktischen Gründen kann deshalb eine kategorische Gegenüberstellung von Ritualen im Kirchenraum auf der einen und digitalen Ritualen auf der anderen Seite nicht überzeugen. Darüber hinaus lassen sich auch theologische Aspekte nennen, die in diesem Zusammenhang weiterführen können. Mit Recht hat Teresa Berger (* 1956) in ihren Überlegungen zum Thema erneut daran erinnert, dass sich die Kirche als eine Gemeinschaft begreift, die Raum und Zeit überschreitet.[16] Was die Kirche im Innern trägt und ausmacht, ist eine Verbundenheit, die nicht in erster Linie auf der physischen Präsenz von Menschen oder auf

[15] Vgl. Berger, @ Worship (s. Anm. 4), 52–74.

[16] Vgl. ebd., 39.

bestimmten Orten und Zeiten aufbaut, sondern allein durch Christus gestiftet und geistlich zusammengehalten ist. Von hier aus betrachtet stehen jedes Gebet und jede Feier immer in Verbindung mit der ganzen Kirche, unabhängig davon, in welcher Konstellation, zu welcher Zeit oder an welchem Ort sie stattfinden.

Folgt man dieser theologischen Linie, kommt der leiblichen Anwesenheit von Menschen in einem bestimmten Raum für das Verständnis von Gottesdienst oder gemeinsamem Gebet zwar eine wichtige Bedeutung zu.[17] Allerdings bildet die physische Präsenz nicht die alles entscheidende Voraussetzung dafür, dass eine inspirierende und lebensrelevante Gottesbegegnung stattfindet. Ein Mensch kann bei einem Gottesdienst in körperlicher Hinsicht zugegen sein, aber dennoch geistig völlig unbeteiligt bleiben. Eine mindestens ebenso wichtige Rolle spielt deshalb die Bereitschaft der Anwesenden, sich innerlich auf das Geschehen einzulassen, d. h., ernsthaft teilzunehmen. Betrachtet man die digitalen Projekte in diesem Licht, wird man ihnen einen gewissen theologischen Wert nicht absprechen können.[18] Wer sich die Mühe macht und eine *#twomplet* mitbetet oder eine virtuelle Gedenkkerze entzündet, tut dies selbstverständlich sehr bewusst und bringt ein hohes Maß an Ernsthaftigkeit mit. Insofern sprechen gute Gründe dafür, solche Projekte positiv zu werten und als eine Ergänzung und Erweiterung des gottesdienstlichen Lebens der Kirche zu betrachten, auch wenn die leibliche Nähe fehlt.[19] Im größeren Zusammenhang betrachtet müssen sie nicht zwingend Fremdkörper sein, die es als theologisch defizitär zurückzuweisen gilt, sondern sie können durchaus mit dem Sinngehalt der Liturgie in Einklang gebracht werden.

> „Christliche Rituale und liturgische Elemente des Gottesdienstes im Internet stellen keine Verzerrung eines Ideals dar, sondern

---

[17] Vgl. M. Barnard, J. Cilliers, C. Wepener, Worship in the Network Culture. Liturgical Ritual Studies. Fields and Methods, Concepts and Metaphors (LiCo 28), Leuven 2014, 207–243.

[18] Vgl. Berger, @ Worship (s. Anm. 4), 16–32.

[19] Vgl. S. Böntert, Gottesdienst und Ritual im Internet. Liturgietheologische Erkundungen und systematische Perspektiven, in: AGD 21 (2007) 26–37, hier: 33f.; ders., Jenseits aller Kirchenbänke – Gottesdienst zwischen medialer Zivilisation und kirchlicher Grundgestalt. Theologischer Zwischenruf zu Ritualen und Elementen des christlichen Gottesdienstes im Internet, in: LJ 57 (2007) 39–60, hier: 53f.

> theologisch begründbare [...] Fortschreibungen kirchlicher Liturgie, die zu den bekannten Grundformen hinzutreten."[20]

Diese Überlegungen bringen direkt einen weiteren Punkt ins Spiel. Ist bei den Internetprojekten eine Teilnahme im liturgischen Sinne möglich, selbst wenn die Beteiligten räumlich weit voneinander entfernt sind und nur über das Netz im Kontakt miteinander stehen? Bekanntlich gehört das Prinzip der aktiven Teilnahme zu den Kernpunkten des theologischen Programms, auf das die Kirche seit dem Zweiten Vatikanischen Konzil verpflichtet ist (vgl. SC 21 u. ö.).[21] Die Gläubigen sollen dem Geschehen nicht wie Außenstehende beiwohnen, sondern sich aktiv beteiligen. Vor dem Hintergrund dieses Grundsatzes ist die Frage sicherlich berechtigt, wie eine über das Medium vermittelte Teilnahme zu beurteilen ist. Allerdings taucht das Problem an dieser Stelle nicht zum ersten Mal auf. Es steht schon genauso lange auf der Tagesordnung der Theologie, wie Gottesdienste in den Medien präsent sind. Bereits vor Jahrzehnten erhoben kritische Stimmen grundsätzliche Einwände gegen Gottesdienstübertragungen in Hörfunk und Fernsehen. Ihre ablehnende Haltung begründeten sie mit dem Argument, eine wirklich ernsthafte und theologisch vertretbare Teilnahme setze auf jeden Fall voraus, dass die Feiernden auch körperlich anwesend seien.[22] Allerdings konnten empirische Untersuchungen nachweisen, dass dieser Einwand für die Mehrheit der Feiernden am TV-Bildschirm nicht zutrifft. Es kann durchaus von einer stabilen Fernsehgemeinde ausgegangen werden, die regelmäßig vor dem Bildschirm zusammenkommt und sehr bewusst an der Liturgie teilnimmt. Wie es Rückmeldungen von Mitfeiernden zeigen, steht die räumliche Trennung einer geistlich fruchtbaren Teilnahme kaum im Wege.[23] Demnach wird man – von einem rezeptionsästhetischen Blickwinkel aus betrachtet – nicht

---

[20] Böntert, Gottesdienst und Ritual im Internet (s. Anm. 19), 27.

[21] Zu den Details vgl. etwa W. Haunerland, Participatio actuosa. Programmwort liturgischer Erneuerung, in: IKaZ 38 (2009) 585–595.

[22] Vgl. B. Gilles, Durch das Auge der Kamera. Eine liturgie-theologische Untersuchung zur Übertragung von Gottesdiensten im Fernsehen (Ästhetik – Theologie – Liturgik 16), Münster – Hamburg – London 2000, 90–118.

[23] Vgl. M. Gertler, Unterwegs zu einer Fernsehgemeinde. Erfahrung von Kirche durch Gottesdienstübertragungen, Köln 1999.

mehr ohne Weiteres davon sprechen können, über das Medium sei eine aktive Mitfeier völlig ausgeschlossen. Als hilfreich für das Verständnis hat sich zudem eine nuanciertere theologische Sicht auf das Prinzip der Teilnahme erwiesen. Seit den 1980er-Jahren herrscht in der Liturgiewissenschaft weitgehend Einigkeit darüber, dass die Mitfeier über Medien nicht auf ein passives Zuschauen reduziert werden kann, sondern einen eigenen Wert besitzt.[24] In den Debatten ist von einer „intentionalen Teilnahme" die Rede, durch die die Mitfeiernden an den Übertragungsgeräten mit dem Geschehen in einem Kirchenraum verbunden sind.[25]

Was im Hinblick auf Hörfunk und Fernsehen kontrovers diskutiert, aber auch an theologischem Fortschritt erreicht worden ist, wirft in unserem Zusammenhang Erhellendes ab. Es wäre ein Missverständnis, wollte man eine Teilnahme an den digitalen Ritualen als unbedeutend oder gar als einen Angriff auf das theologische Gerüst der Kirche betrachten. Eine medienpessimistische Sicht geht an der Sache vorbei und unterschätzt die Selbstwahrnehmung der User(innen). Wer eine *#twomplet* mitbetet, eine virtuelle Gebetskapelle besucht oder spirituelle Angebote wahrnimmt, die im Second Life zur Verfügung stehen, erlebt in aller Regel eine große Nähe zu den anderen Online-User(inne)n.[26] Ganz offensichtlich schafft die digitale Technik neue Formen von Beziehung und Teilnahme, die für die User(innen) in geistlicher Hinsicht sehr nahe an die Mitfeier eines Gottesdienstes in einem Kirchenraum heranreichen können. Mag die digitale Teilnahme auch anders gelagert sein, sie wird deshalb jedoch nicht zwangsläufig als weniger real empfunden.

Bei genauer Betrachtung ist nicht zu übersehen, dass die herkömmlichen theologischen Begriffe und Zugänge an ihre Grenzen stoßen und ergänzt werden müssen. Als das Zweite Vatikanische Konzil die tätige Teilnahme zu einem tragenden Pfeiler des Liturgie-

---

[24] Vgl. B. Jeggle-Merz, Gottesdienst und mediale Übertragung, in: M. Klöckener, A. Häußling, R. Meßner (Hg.), Theologie des Gottesdienstes (GDK 2,2), Regensburg 2008, 455–487, hier: 480.

[25] Vgl. Gilles, Durch das Auge der Kamera (s. Anm. 22), 116 [mit weiterer Literatur zur Genese des Begriffs].

[26] Vgl. K. Wiefel-Jenner, „Betet heute jemand die #twomplet vor?" oder warum man Tagzeitengebete im Netz nicht allein betet, in: A. Deeg, C. Lehnert (Hg.), Liturgie – Körper – Medien. Herausforderungen für den Gottesdienst in der digitalen Gesellschaft (BLSp 32), Leipzig 2019, 95–112.

verständnisses erhoben hat, konnte noch niemand ahnen, dass es einmal jenseits körperlicher Präsenz möglich sein würde, intensiv an einem gemeinsamen Gebet oder gar an einer Feier teilzunehmen. Heute, ein halbes Jahrhundert später, macht das digitale Zeitalter eine Neubewertung der *participatio actuosa* notwendig, die weiter reicht als die Bedeutung des Begriffs unter den Voraussetzungen einer analogen Kultur in der Entstehungszeit.[27] Das Verhältnis von Gottesdienst, Leiblichkeit und Teilnahme muss, das zeigen die digitalen Rituale unübersehbar, neu bedacht und geklärt werden: Wie verhalten sich physische und technisch vermittelte Präsenz in der Feier des Glaubens zueinander? Was bedeutet es, in diesem Zusammenhang von Vermittlung zu sprechen? Dass diese Fragen nicht nur in theologischer Hinsicht von Belang sind, sondern auch anthropologischer Natur und damit die Grundlagen aller Rituale und Feiern betreffen, dürfte offensichtlich sein.[28]

Die vielfältigen Spielarten der spirituellen und rituellen Angebote, die im Zuge des *Digital Turn* entstanden sind, machen ein gründliches Überdenken theologischer Herangehensweisen nötig.[29] Was bisher als selbstverständlich erschien, wird neu geordnet. Dies gilt auch im Hinblick auf die Frage, wer für die äußere Gestaltung, aber auch für die inhaltliche Deutung von Symbolen und Ritualen Leitung und Autorität beanspruchen kann.[30] Weder für das Zweite Vatikanische Konzil noch für die nachfolgende Liturgiereform stand es jemals zur Debatte, dass allein die offiziell dafür beauftragten kirchlichen Autoritäten das Recht haben, Veränderungen im Gefüge der Feiern vorzunehmen. Mit allem Nachdruck schärft die Liturgiekonstitution die Einhaltung der Vorschriften ein (vgl. SC 22), was zweifellos der Sorge geschuldet ist, es könne eine Willkür entstehen, die den Sinn der liturgischen Texte und Zeichen beschädigt.

Im digitalen Zeitalter liegen die Verhältnisse anders, denn durch die Möglichkeiten der medialen Vernetzung erfahren normative An-

[27] Vgl. J. F. Caccamo, Let Me Put It Another Way. Digital Media and the Future of the Liturgy, in: Liturgy 28 (3/2013) 7–16.

[28] Vgl. M. Saß, Die Vermittlung der Vermittlung der Vermittlung – unterwegs im digitalen Zeitalter, in: LiKu 8 (2018) 19–24, hier: 24.

[29] Vgl. Post, van der Beek, Doing Ritual Criticism in a Network Society (s. Anm. 9), 71–86.

[30] Vgl. Berger, @ Worship (s. Anm. 4), 45–48.

sprüche generell eine deutliche Relativierung. Folgt man soziologischen Untersuchungen zum Internet, bringt die Digitalisierung eine Öffentlichkeit hervor, in der etablierte Autoritäten ihre Legitimität verlieren. Bisherige Hierarchien und Ordnungssysteme werden instabil, ihre Bedeutung nimmt ab und sie werden flacher und polyzentrischer, als es bisher der Fall war. An ihre Stelle treten viele unterschiedliche Akteur(inn)e(n), die technisch bestens ausgerüstet sind, sich in ihrem Sachgebiet für kompetent halten und miteinander um die Aufmerksamkeit der Internetöffentlichkeit konkurrieren. Ihre leitenden Referenzpunkte sind bedeutungsoffen und hochflexibel.[31]

Pluralismus und Beschleunigung hinterlassen auf dem Feld des Gottesdienstes ihre Spuren: Anders als im analogen Zeitalter hat die Zahl der Stimmen erheblich zugenommen, die sich zu Fragen des Gottesdienstes äußern und eigene theologische Positionen vertreten. Um die Bandbreite zu erkennen, lohnt beispielsweise ein Blick auf die Aktivitäten in der Blogger-Szene oder in die Streamingdienste, wo zuhauf Ausschnitte von Gottesdiensten hochgeladen und kommentiert werden. Hinzu kommen zahllose Bild- und Textbeiträge, die einen (verständlicherweise) subjektiv gefärbten Blick auf das Gottesdienstleben werfen und für die User(innen) aufarbeiten. Unterschiedliche Positionen werden miteinander verbunden, Überzeugungen aus anderen Konfessionen eingearbeitet oder bestimmte Gender-Ideale vertreten, sodass mitunter völlig andere Wahrnehmungen und Erwartungen entstehen, als sie in den kirchlichen Ordnungen vorgesehen sind.[32] Die digitalen Medien konfrontieren die offiziellen Ordnungsmuster der Kirche mit selbstbewusst auftretenden Bloggern, die sich aus unterschiedlichen Gründen an den vorhandenen Bestimmungen reiben oder von deren Linie abweichen. Was in dieser Gemengelage tatsächlich die offizielle Position der Kirche ist, können Außenstehende kaum noch eindeutig identifizieren. Dass hier ganz neue Herausforderungen und Aufgaben am Horizont aufziehen, darauf hat bereits vor einigen Jahren ein vatikanisches Grundlagendokument aufmerksam gemacht:

---

[31] Vgl. Stalder, Kultur der Digitalität (s. Anm. 2), 95–202; K. Merle, Kulturelle Adaptionen. Religiöse Rituale im (Medien-)Wandel, in: Deeg, Lehnert (Hg.), Liturgie – Körper – Medien (s. Anm. 26), 77–94, hier: 82.

[32] Vgl. Post, van der Beek, Doing Ritual Criticism in a Network Society (s. Anm. 9), 74–76.

> „Die zunehmende Verbreitung von Internetseiten, die sich selbst als katholisch bezeichnen, schafft ein Problem anderer Art. [... E]s stiftet zumindest Verwirrung, nicht zwischen exzentrischen Interpretationen der Lehre, synkretistischen Frömmigkeitsformen und ideologischer Fürsprache, die das Markenzeichen ‚katholisch' tragen, und den authentischen Positionen der Kirche zu unterscheiden."[33]

Aus diesen Sätzen spricht unverkennbar eine große Sorge. Droht in der digitalen Welt eine schrankenlose Indifferenz, die nur noch Fragmente, aber keine Zusammenhänge mehr kennt? Noch zeichnet sich erst schemenhaft ab, in welche Richtung die Reise künftig gehen wird. Nur so viel ist sicher: Der digitale Wandel vergrößert nicht nur die Bandbreite gottesdienstlicher Ausdrucksformen, sondern wir erleben zugleich, wie die über Jahrhunderte tragende und weitgehend anerkannte Aufsicht über die Feiern Risse zeigt. Aus kirchlicher Sicht sind damit mindestens zwei Konsequenzen verbunden: Zum einen wird man sich darauf einstellen müssen, dass die Interpretationsspielräume weitaus größer werden, als es die offiziellen Regeln eigentlich vorsehen. Zum anderen müssen sich nun liturgische Ordnungen (genauso wie ihre leitenden ekklesiologischen Grundlagen) mit nachvollziehbaren Begründungen als sinnvoll erweisen, wenn sie auf Gegenliebe treffen wollen. Denn im vielstimmigen Konzert der digitalen Welt stehen sie nur noch für eine von vielen Möglichkeiten, Gottesdienste zu reflektieren. Das heißt, sie befinden sich in ständiger Konkurrenz mit anderen. Wer nur auf die institutionell abgesicherte Autorität der Kirche verweist und einhellige Zustimmung erwartet, wird es in einer digital-pluralen Kultur schwer haben, zu überzeugen – mag diese Autorität in ihrem Auftreten auch noch so traditionsbewusst sein.[34] Wenn der Eindruck nicht täuscht, sind bisher weder die wissenschaftliche Theologie

---

[33] Päpstlicher Rat für die Sozialen Kommunikationsmittel, Kirche und Internet (22. Februar 2002), in: http://www.vatican.va/roman_curia/pontifical_councils/pccs/documents/rc_pc_pccs_doc_20020228_church-internet_ge.html (Download: 30.8.2019), Nr. 8. – Der Hinweis auf dieses Zitat verdankt sich: Berger, @ Worship (s. Anm. 4), 46.

[34] Wenn in den letzten Jahren römische Verlautbarungen zum Gottesdienst in der kirchlichen Öffentlichkeit auf z. T. deutliche Kritik stießen, kann dies als ein Beleg für die genannte Konsequenz gewertet werden.

noch die kirchliche Praxis darauf eingerichtet, mit der Flut an Deutungen und Ansprüchen umzugehen.

Mit dem zuletzt genannten Gedanken sind wir bei einer Frage angekommen, von der eingangs schon kurz die Rede war. Wie verändern sich die offiziellen Feiern der Kirche im Zeitalter der digitalen Medien? Leider stehen dazu noch keine belastbaren Untersuchungen zur Verfügung, deshalb müssen wir uns an dieser Stelle auf wenige Aspekte beschränken. Mit welcher Dynamik mediale Inszenierungen den Erwartungshorizont sowie die Wahrnehmung bei den Feiernden beeinflussen können, lässt sich am Beispiel der Trauungsliturgie rasch zeigen. Nachweislich orientieren sich viele Paare bei der Planung ihrer Hochzeit an Vorbildern, die sie aus Film und Fernsehen kennen.[35] Die Brautübergabe durch den Brautvater an den zukünftigen Ehemann oder die Aufforderung „Sie dürfen die Braut jetzt küssen!" sind zwei Rituale, die in diesem Zusammenhang besonders beliebt sind. Viele der in den Medien gezeigten Trauungen kennen diese Zeichen, sodass sich in der Öffentlichkeit der Eindruck festsetzen konnte, sie seien feste Bestandteile des Geschehens. Wie es Verantwortliche aus der Praxis berichten, wünschen sich viele Paare ausdrücklich diese Zeichen für ihre Hochzeit – und es kann zu erheblichen Konflikten führen, wenn sie als deplatziert und unvereinbar mit der liturgischen Ordnung zurückgewiesen werden.[36]

Analog dazu wird man damit rechnen können, dass die Digitalisierung den Raum der Erwartungen weiter in Richtung Pluralität vergrößern wird. Diese Vermutung kann sich auf zwei Umstände stützen, die ineinandergreifen: Zum einen ist die Menge an Gestaltungsvorschlägen im Internet nochmals um ein Vielfaches angestiegen; man denke nur an Gebetstexte, Musikangebote, Dekorationsideen oder Anregungen für eine Feier an ungewöhnlichen Orten. In Anbetracht der Fülle liegt der Eindruck nahe, das Gottesdienstleben der Kirche sei ein variables Projekt, dessen Bestandteile je nach per-

---

[35] Vgl. S. Böntert, Traumhochzeit gewünscht?! Mediale Inszenierungen als Anfrage an die Trauungsliturgie, in: J. Bärsch, S. Kopp, C. Rentsch (Hg.), *Ecclesia de Liturgia.* Zur Bedeutung des Gottesdienstes für Kirche und Gesellschaft [FS Winfried Haunerland], Regensburg 2021 [im Druck].

[36] Als Beispiel aus einer Pfarrgemeinde im Münsterland, das breite Aufmerksamkeit gefunden hat, vgl. H. Prantl, „Amerikanische Eröffnung": Wer wen zum Altar führt, in: Süddeutsche Zeitung vom 28. Juli 2019 [https://www.sueddeutsche.de/politik/hochzeit-braut-vater-kirche-1.4552559 (Download: 30.8.2019)].

sönlichen Vorlieben ausgesucht und zusammengestellt werden können. Zum anderen dürfte die Bereitschaft weiter sinken, sich der Autorität vorgegebener Ritualmuster zu unterwerfen. Statt Anpassung an die kirchliche Ordnung wächst der Wunsch nach Individualität und Diversität in der Gottesdienstkultur. In diesem Klima kann es nicht überraschen, wenn Eigenverantwortlichkeit und Innovation, weniger jedoch der Ritualkodex der Kirche zu den handlungsleitenden Maximen werden. Die Erwartung steigt, wenn es darum geht, Gottesdienste individueller und passgenauer für bestimmte Umstände zu gestalten. Welche Konsequenzen aus dieser Entwicklung für das theologische und gestalterische Programm der Liturgie zu ziehen sind, ist noch offen. Wissenschaft und Praxis sind hier gleichermaßen gefordert, tragfähige Zugänge und Verstehensmodelle zu entwickeln.

3 Ausblick: Segen oder Fluch?

Die Digitalisierung hat Fakten geschaffen, die in der Öffentlichkeit sehr unterschiedlich beurteilt werden. Manche sehen Anlass zu Optimismus und erwarten mehr Freiheit, ein größeres Verständnis füreinander und bessere Möglichkeiten für die Bildung. Andere dagegen blicken mit großer Sorge auf die Entwicklung und befürchten das Ende des sozialen Zusammenhalts, von Traditionen und Werten. „Internet. Segen oder Fluch" lautet der Titel eines Buches, der die beiden Sichtweisen von Verheißung und Warnung treffend auf den Punkt bringt.[37] Wie man die Entwicklung auch beurteilen will: Es ist unübersehbar, dass Denkformen und Konventionen aus der digitalen Welt auch außerhalb dieser Bezüge in immer mehr Zusammenhängen auftauchen.[38]

In dieser Spannung findet sich auch wieder, wer nach der Zukunft des Gottesdienstes im digitalen Zeitalter fragt. Man wird sich dem stellen müssen, wenn man an der zentralen Bedeutung von Ritualen für das Glaubensleben festhalten will. Dabei bleibt eine euphorische Verklärung des Internets ebenso an der Oberfläche wie eine vorschnelle Verteufelung digitaler Medien. Die Überlegungen

---

[37] Vgl. K. Passig, S. Lobo, Internet. Segen oder Fluch, Berlin 2012.

[38] Vgl. Stalder, Kultur der Digitalität (s. Anm. 2), 19f.

haben gezeigt, dass die Umbrüche Fragen bescheren, die bis tief in die Substanz des Geschehens reichen. So nötig die Weiterarbeit an der Qualität der Eucharistiefeier oder der anderen gewachsenen Formen ist, so wenig darf aus dem Blick geraten, dass die Digitalisierung die kulturellen Rahmenbedingungen des Feierns schlechthin verschiebt.

Man muss kein Prophet sein, um zu vermuten, dass die Bandbreite von Feiern und Ritualen im Internet weiter zunehmen wird. Überschaut man die vorhandenen Projekte, muss die Frage, ob das Internet ein Ort der Liturgie ist, mit einem klaren Ja beantwortet werden. Gleiches gilt für die Frage, ob über elektronische Medien überhaupt Gotteserfahrungen gemacht werden können. Weil Gott überall gefunden werden kann, sprechen gute theologische Gründe dafür, dass er sich auch im Internet allen zeigt, die ihn aufrichtig suchen. Medialität und Vermittlung sind zudem grundlegende Wesensmerkmale des christlichen Gottesdienstes,[39] daher schließen die Internetprojekte enger an die Liturgiegeschichte an, als es auf den ersten Blick den Anschein hat. Insofern sind grundsätzlich auch in den unterschiedlichen Spielarten digitaler Kommunikation spirituelle Erfahrungen möglich – vorausgesetzt, es existiert die dazu nötige Bereitschaft für die Begegnung mit dem Gott Jesu Christi.[40] Dass sogar manche kirchlich verantwortete Online-Projekte gestalterisch noch hinter den Erwartungen zurückbleiben, muss kein zwingendes Argument dagegen sein.

Selbst wenn für das Internet liturgische Elemente in Trägerschaft der Kirche entwickelt oder die Kirchenräume digital aufgerüstet werden, ist vor überhöhten Erwartungen Zurückhaltung geboten. Keinesfalls stellen solche Maßnahmen ein Allheilmittel gegen die prekäre Lage der Liturgie, den Auszug vieler Menschen aus dem Gottesdienstleben ihrer Gemeinden oder gar den schleichenden Glaubensverlust dar. Wer mithilfe digitaler Medien vorhandene Defizite des Gottesdienstlebens meint auffangen zu können, wird Ent-

---

[39] Vgl. C. Grethlein, Liturgia ex machina. Gottesdienst als mediales Geschehen, in: Deeg, Lehnert (Hg.), Liturgie – Körper – Medien (s. Anm. 26), 45–64. – Vgl. dazu auch den Beitrag von T. Berger in diesem Band.

[40] Die Gegenposition vertritt Viera Pirker. – Vgl. V. Pirker, Das Geheimnis im Digitalen. Anthropologie und Ekklesiologie im Zeitalter von Big Data und Künstlicher Intelligenz, in: StZ 144 (2019) 133–141, hier: 137.

täuschungen erleben. Es wird auch zukünftig nicht „gleich-gültig" sein, sich entweder im Kirchenraum zu versammeln oder im Internet. Die digitalen Projekte sind eine Ergänzung, aber kein Ersatz für das Gottesdienstleben der Kirche.

Ob digitale Medien als ein Gestaltungselement im Gottesdienst eingesetzt werden oder ob in den digitalen Medien selbst gebetet und miteinander gefeiert wird: Die alles entscheidende Aufgabe sehe ich darin, zu theologischen Herausforderungen des Wandels vorzustoßen. Es geht um nicht weniger als eine Neuformulierung dessen, was Gottesdienst in seinem Kern ausmacht: Können die Feiern im Internet als authentische Liturgie der Kirche bezeichnet werden?[41] Wie kann man begrifflich fassen, was an digitalen Ritualen entstanden ist? Welche theologischen Standards sind erforderlich, damit die Rückbindung an das christliche Kerygma erkennbar bleibt? Wo liegen die Grenzen des Vertretbaren? Was bedeutet in diesem Zusammenhang Ambiguitätstoleranz? Wie können die Prinzipien von tätiger Teilnahme, Körperlichkeit und Gemeinschaft weiterentwickelt werden?[42]

Die Fragen sind derart grundlegend, dass es noch viel zu früh ist, sie abschließend und trennscharf zu beantworten. Vor einem Urteil bedarf es zunächst weiterer Experimente. Für die Praxis ist ein Rat hilfreich, den Michael Belzer (* 1955) folgendermaßen formuliert hat:

> „Eine kirchliche Information im Netz braucht liturgische Elemente. Diese müssen aus der spezifischen Eigenart des Netzes entwickelt werden. Während einer Entwicklungsphase ist es hilfreich, die Grenzen des Erlaubten nicht zu eng zu ziehen, um dem Geist einer neuartigen und vorbildlosen *spiritual community* nicht zu früh die Luft zum Atmen zu rauben. Projektträger sollten indes äußerste Vorsicht walten lassen mit der Übernahme fes-

---

[41] Zur Unterscheidung vgl. W. Haunerland, Ist alles Liturgie? Theologische Unterscheidungen aus praktischem Interesse, in: MThZ 57 (2006) 253–270. Zu den hermeneutischen Konsequenzen vgl. S. Böntert, Gottesdienste „in der zweiten Reihe". Einige Perspektiven für Liturgiewissenschaft und Praxis angesichts neuer Feierformen, in: B. Jeggle-Merz, B. Kranemann (Hg.), Liturgie und Konfession. Grundfragen der Liturgiewissenschaft im interkonfessionellen Gespräch, Freiburg i. Br. 2013, 77–96.

[42] Vgl. Irlenborn, Kopp, Der *Media Turn* als Herausforderung für die Liturgie (s. Anm. 5), 370–373.

ter Begriffe, die ganz bestimmte Erwartungen und Befürchtungen wecken."[43]

Dass den Fragen im Hinblick auf das Internet größtes Gewicht zukommen muss, leuchtet ein. Nicht vergessen werden darf, dass sie mit gleicher Dringlichkeit die kirchlich geordneten Feiern an die Grenzen ihres Selbstverständnisses führen. Die beschriebenen kulturellen Verschiebungen in Richtung Individualität, verbunden mit der nachlassenden Akzeptanz vorgegebener Regelwerke, stellen Fragen nach dem Wesen des Geschehens, seinen anthropologischen Voraussetzungen und kulturellen Verbindungen, wie sie so früher nicht bekannt waren. Die Arbeit an einer Neuvermessung der (Liturgie-)Theologie im Zeitalter der Digitalisierung hat erst begonnen.[44]

---

[43] M. Belzer, Internetseelsorge. Der Leitfaden für die Praxis, Stuttgart 2004, 162f. [Hervorhebung im Original].

[44] Vgl. W. Beck, Die katholische Kirche und die Medien. Einblick in ein spannungsreiches Verhältnis, Würzburg 2018, 154f.; Pirker, Geheimnis im Digitalen (s. Anm. 40), 133.

Sakramentale Vollzüge online?

Auf der Suche nach Fragen

Teresa Berger

In den breit gefächerten Diskussionen über liturgische Vollzüge in digitaler Vermittlung ist die Frage nach sakramentalen Vollzügen online die bei Weitem schwierigste. Diese Diskussionen haben seit Beginn der Corona-Pandemie nicht nur an liturgiepastoraler Bedeutung gewonnen, sondern werden auch viel breiter wahrgenommen und rezipiert. Im Folgenden versuche ich, die Fragen, die an diese digital-mediatisierten sakramentalen Vollzüge zu stellen sind, zu identifizieren, nicht aber, Antworten und „Pseudolösungen"[1] zu finden, die sich letztendlich als wenig ergiebig herausstellen. Dazu gehören etwa so simple Überlegungen wie „Sind Online-Sakramente legitim?"[2].

Meine Überlegungen in diesem Beitrag bewegen sich zwischen zwei Enden eines schon vorhandenen Spektrums theologischer Positionen zu „Sakramenten online". Das eine Ende dieses Spektrums zeichnet sich durch strikte Ablehnung oder auch simples Ignorieren sakramentaler Vollzüge online aus, oft gekoppelt mit tiefem Misstrauen gegenüber digitalen Medien. Diese Haltungen äußern sich in hartnäckiger Unkenntnis des Vorhandenseins liturgischer Vollzüge in digitaler Vermittlung oder in apodiktischen Aussagen, die die theologische Reflexion abwürgen, bevor die passenden Fragen überhaupt ausgemacht worden sind. Die Behauptung „Es gibt keine Sakramente im Internet" aus dem Schreiben „Kirche und Internet" des Päpstlichen Rates für die sozialen Kommunikationsmittel von 2002 kommt Letzterem nahe, allerdings nimmt „Kirche und Internet" im

---

[1] Vor diesen hat Leomar Antônio Brustolin (* 1967) schon vor einigen Jahren gewarnt; vgl. L. A. Brustolin, Eucaristia na era digital, in: Teocommunicação 42 (2012) 322–342, hier: 323.

[2] Zu diesen und anderen Fragen vgl. meine frühere Arbeit: T. Berger, @ Worship. Liturgical Practices in Digital Worlds (Liturgy, Worship and Society), London – New York 2018, 75–100.

Ganzen eine recht differenzierte Position ein. Der Text, der aus der Zeit vor der Entstehung des Web 2.0 stammt, gesteht zu, dass online „religiöse Erfahrung […] dank der Gnade Gottes möglich ist", erklärt diese Erfahrung aber für „ungenügend".[3] Er stellt „die virtuelle Realität des ‚Cyberspace'" als Mittel dar, das „die Realität der Sakramente […] ergänzen [kann] und die Menschen dazu einladen, eine tiefere Erfahrung des Glaubenslebens zu machen und auch das religiöse Leben der Benutzer bereichern".[4] Gleichzeitig heißt es aber auch:

> „Virtuelle Realität ist kein Ersatz für die wirkliche Gegenwart Christi in der Eucharistie, die sakramentale Realität der anderen Sakramente und den gemeinsamen Gottesdienst in einer menschlichen Gemeinschaft aus Fleisch und Blut."[5]

Am anderen Ende des Spektrums theologischer Positionen zu liturgischen Vollzügen in digitaler Vermittlung befindet sich die Möglichkeit „unbeschwerter" Feiern von Internet-Taufen, Online-Kommunionen, Beichtgesprächen via *Zoom* und anderen sakramentalen Vollzügen in verschiedenen Formen digitaler Vermittlung. Die teilweise unkritisch-positive Aufnahme, die diese Online-Sakramente erfahren, stellt oft auch die Antworten vor die Suche nach den Schlüsselfragen.

Meine eigenen Überlegungen bewegen sich im Spektrum zwischen diesen beiden gegensätzlichen Positionen, wobei ich der Versuchung widerstehen werde, vorschnelle Antworten auf die Probleme sakramentaler Vollzüge in digitaler Vermittlung zu geben. Mein Vorhaben ist bescheidener, nämlich zunächst die wesentlichen Fragen zu diesem Thema herauszuarbeiten. Ich verstehe dieses Vorhaben aber auch als Appell, endlich theologisch engagiert und nuanciert an Fragen sakramentaler Vermittlung in digitalen Welten zu arbeiten. Die tiefgreifenden Auswirkungen der Corona-Pandemie auf das sakramentale Leben und die wachsende Rolle digital-media-

---

[3] Wörtliche Zitate aus: Päpstlicher Rat für die Sozialen Kommunikationsmittel, Kirche und Internet (22. Februar 2002), in: http://www.vatican.va/roman_curia/pontifical_councils/pccs/documents/rc_pc_pccs_doc_20020228_church-internet_ge.html (Download: 23.3.2020), Nr. 9.

[4] Wörtliche Zitate aus: ebd., Nr. 5.

[5] Ebd., Nr. 9.

tisierter Gottesdienstformen machen diese Arbeit besonders dringend. Da die verschiedenen Sakramente in Bezug auf ihre digitale Vermittlung sehr unterschiedliche Problem mit sich bringen, werde ich mich in meinen Ausführungen in diesem Beitrag auf ein Sakrament, die Eucharistie, beschränken.

Ich beginne mit einer aktuellen Situation, die Fragen zur eucharistischen Vermittlung im digitalen Raum große Aufmerksamkeit verliehen hat. Kirchen in Regionen, die vom neuartigen Coronavirus SARS-CoV-2 besonders stark betroffen waren, setzten öffentliche Messfeiern aus und boten den Gläubigen die Möglichkeit, über Videostreaming an der Messe teilzunehmen. Stellen wir uns vor, dass ein Paar in Quarantäne an der täglichen Messfeier von Papst Franziskus (seit 2013) teilnahm, die aus der Casa Santa Marta live gestreamt wurde. Die beiden wünschten sich eine tiefere sinnenfällige Teilnahme an dieser Messe und stellten Brot und Wein vor ihrem Bildschirm auf. Als die Zeit des Kommunionempfangs kam, teilten sie Brot und Wein miteinander. Die Frage stellt sich: Was haben die beiden empfangen? Mögliche Antworten bewegen sich in einer breiten Spanne, von „nichts anderes als gewöhnliches Brot und etwas Wein“ über „Zeichen alltäglicher Sakramentalität“ oder „so etwas ähnliches wie gesegnetes Brot (im Sinne des ostkirchlichen Antidoron)“ bis hin zu „sakramentaler Gnade durch Verlangen“ oder gar: „eine ‚Erweiterung‘ der eucharistischen Präsenz Christi“.[6]

Zu welcher Antwort man auch kommen mag, die Geschichte könnte suggerieren, dass digital vermittelte eucharistische Vollzüge nur ein Problem in Extremsituationen sind, wie z. B. einer weltweiten Pandemie. Dieser Eindruck ist aber falsch. Formen eucharistischer Vollzüge in digitaler Vermittlung gibt es bereits seit Ende des 20. Jahrhunderts, wenn sie auch erst seit etwa einem Jahrzehnt verbreitet sind. Die *United Methodist Church* (UMC) etwa hatte 2013 ein Moratorium gegen Formen von Online-Kommunion erlassen, die sich in einigen Gemeinden entwickelt hatten;[7] im Jahr 2015 setzen britische Methodisten sich in ihrem Bericht „Holy Communion

---

[6] Vgl. auch den Beitrag von B. Irlenborn in diesem Band.

[7] Vgl. UMC, What is the United Methodist View of Online Communion?, in: http://ee.umc.org/what-we-believe/what-is-the-united-methodist-view-of-online-communion (Download: 23.3.2020). – Während der Corona-Pandemie haben allerdings einige methodistische Bischöfe inzwischen Eucharistie online gestattet.

Mediated through Social Media"[8] mit dem Thema auseinander. Derweil hatte die *Presbyterian Church* in den USA einem Pastor die Erlaubnis erteilt, das Abendmahl in der virtuellen Welt von Second Life zu feiern, wo Avatare Brot und Wein in Pixelform empfangen.[9] Und inzwischen wird unter den Bedingungen der Corona-Pandemie nicht nur in der *Presbyterian Church* in den USA, sondern auch in anderen kirchlichen Gemeinschaften online eine *virtual communion* angeboten. Nach dem Ausbruch der Pandemie kam es dementsprechend zu einer Flut liturgiepraktischer Experimente, Regieanweisungen und Erlebnisberichte zum Thema Eucharistie online.[10] All das zeigt, dass sich Glaubensgemeinschaften schon seit Jahren – und seit der Pandemie verstärkt – Fragen zu eucharistischen Vollzügen in digitaler Vermittlung stellen. Klar ist dabei, dass sakramententheologische Auffassungen in unterschiedlichen kirchlichen Traditionen weit auseinandergehen und von daher die Fragen und Antworten zu digital vermittelten eucharistischen Vollzügen auch sehr unterschiedlich ausfallen. Einige Schlüsselfragen digitaler Vermittlung stellen sich jedoch über kirchliche Differenzen hinweg, da die Digitalität als solche grundlegende Fragen aufwirft. Für eine im Wesentlichen katholische Sicht auf Fragen nach digital-sakramentalen Vollzügen sind in diesem Zusammenhang zwei Themenbereiche von besonderer Bedeutung, denen ich mich nun zuwende.

1 Medien, Mediatisierung und sakramentale Vermittlung

An erster Stelle steht die Verpflichtung, die reiche Tradition sakramentaler Vollzüge und theologischer Reflexionen in all ihrer Vielfalt mitzubedenken, wenn es um Fragen heutiger digitaler Vermittlung geht. Zwei Jahrtausende des Ringens mit den sich stets verändernden

---

[8] The Methodist Conference, Holy Communion Mediated through Social Media, in: https://www.methodist.org.uk/downloads/conf-2015-37-Communion-Mediated-through-Social-Media.pdf (Download: 23.3.2020).

[9] Vgl. dazu G. Mikoski, Über die Mediation der Mediation der Mediation: Die (Un-)Möglichkeit von Online-Abendmahl, in: LiKu 9 (1/2018) 12–18.

[10] Vgl. dazu als Überblick: P. Phillips, Bread and Wine Online? Resources and Liturgies for Online Communion, in: https://medium.com/@pmphillips/bread-and-wine-online-resources-and-liturgies-for-online-communion-34b80972a068 (Download: 13.5.2020).

Vollzügen eucharistischer Vermittlung sind nicht nichts. Im Gegenteil bieten sie uns lehrreiche Vorbilder für die Auseinandersetzung mit den gegenwärtigen Anliegen und tragen dazu bei, diese nicht isoliert zu betrachten. Dabei ist es wichtig, bei der Reflexion über das Aufkommen digital vermittelter eucharistischer Vollzüge die katholische Tradition als lebendigen Prozess zu verstehen, der seine Form in einer andauernden Auseinandersetzung mit einer Vielzahl von Feierformen und Interpretationen gewinnt. So können neue Vollzüge statt vorschnell als Traditionsbruch vielmehr als Teil der Auseinandersetzung mit den vielen Lebenswirklichkeiten, denen die Kirche auf ihrem Weg durch die Zeit begegnet, verstanden werden. Gleichzeitig kann die Tradition allein, besonders wenn sie als Anspruch auf eine autoritative Vergangenheit verstanden wird, nicht alle Fragen liefern, die wir heute stellen müssen. Und keinesfalls kann die Vergangenheit alle Antworten für zeitgenössische Probleme digitaler Mediatisierung geben. Ein einfacher Grund dafür ist die Tatsache, dass frühere Fragen und Antworten in einer Welt entstanden sind, die nichts von digitalen Bits und Bytes wusste. Eine reine Wiederholung von Positionen, die offline entwickelt wurden und deren Glaubwürdigkeit z. T. von Offline-Wirklichkeiten abhängt, wird heute für Fragen zu digital-mediatisierten sakramentalen Vollzügen nicht ausreichen. Andererseits ist der Begriff der Vermittlung (und damit: Mediatisierung) der traditionellen Theologie nicht unbekannt. Vielmehr war er immer ein entscheidender Schlüssel zur Interpretation der Frage, wie Gottes Gnade unter sakramentalen Zeichen gegenwärtig und wirksam wird.

Dieser Punkt führt zum zweiten Themenbereich, der in den gegenwärtigen theologischen Diskussionen über Neue Medien wichtig geworden ist. Diejenigen, die an der Schnittstelle von Theologie und digitalen Medien arbeiten, unterstreichen, dass die Selbstmitteilung Gottes immer auf vielfältige Weise *vermittelt*, d. h. mediatisiert war. Mit anderen Worten: Die Selbstoffenbarung Gottes wird als ein (oft facettenreiches) „mediales Event“ verstanden. Philipp Stoellger (* 1967) z. B. formuliert es so, dass Gott in und durch „Medienpraxis“ kommuniziert. Im Mittelpunkt dieser Medienpraxis Gottes durch die Geschichte hindurch steht ein entscheidender Wechsel des Mediums: Gottes Wort wurde Fleisch.[11] Eckhard Nordhofen

[11] Vgl. P. Stoellger, Religion als Medienpraxis – und Medienphobie. Ängste und Hoffnungen der medialen ‚Neuschöpfung‘ des Menschen, in: T. Braune-Krickau,

(* 1945) will im biblischen Bericht noch einen früheren entscheidenden Medienwechsel identifizieren, nämlich die Abkehr vom Bild und die Hinwendung zum geschriebenen Wort.[12] Diese Theologen drücken Überzeugungen aus, die von vielen, die an der Schnittstelle von Theologie und Neuen Medien arbeiten, geteilt werden, nämlich dass Gottes Selbstoffenbarung immer schon in und durch vielfache Medien und Vermittlungen geschah. Die theologischen Wege divergieren aber bei der Frage nach digitalen Medien und der Vermittlung sakramentaler Vollzüge in diesen, besonders im Hinblick auf die Eucharistie.

2 Eucharistische Vollzüge in digitaler Vermittlung

Hier ist zunächst wichtig anzuerkennen, dass es Formen digitaler Vermittlung inzwischen schon seit Jahren auch in herkömmlichen Eucharistiefeiern gibt. Man kann also inzwischen keine glasklare Trennungslinie zwischen Online- und Offline-Welten mehr ausmachen, als ob sich eucharistische Vollzüge und die digitale Vermittlung im momentanen liturgischen Leben nie begegnen würden. Eine ganz einfache Form der digitalen Vermittlung bei Eucharistiefeiern ist die Möglichkeit, mit dem Smartphone auf die Messtexte zuzugreifen. Der Gebrauch katholischer Messbuch-Apps, die die Gebete, Lesungen- und Gesangstexte für die Messe enthalten, ist in den letzten Jahren stark angestiegen. Eine zweite Form digital vermittelter Eucharistiefeiern sind live gestreamte Messen, etwa in einen Nebenraum, wenn die Kirche selbst überfüllt ist, in die Häuser derjenigen, die ihre Wohnung nicht verlassen können, oder in die Zimmer der Krankenhäuser. Diese Art der Messfeiern hat inzwischen dank der Corona-Pandemie Hochkonjunktur. Aber auch schon vorher konnte man, z. B. in der sog. *PopeApp*, die großen Eucharistiefeiern des Papstes als Livestream mitverfolgen. Auch wiesen Pfarreien schon

---

K. Scholl, P. Schüz (Hg.), Das Christentum hat ein Darstellungsproblem. Zur Krise religiöser Ausdrucksformen im 21. Jahrhundert, Freiburg i. Br. 2016, 192–206, hier: 197.

[12] Vgl. E. Nordhofen, Idolatrie, Grapholatrie, Inkarnation. Stationen einer monotheistischen Mediengeschichte, in: Braune-Krickau, Scholl, Schüz (Hg.), Das Christentum hat ein Darstellungsproblem (s. Anm. 11), 164–178.

lange vor Beginn der Corona-Pandemie auf ihren Internetseiten auf die Möglichkeiten hin, die tägliche Messe im Netz zu verfolgen. Diese Angebote variierten stark – von live übertragenen Eucharistiefeiern über aufgezeichnete Gemeindemessen bis hin zu Messen, die speziell für ein gottesdienstliches Fernsehpublikum gefeiert wurden. Aber nichts davon wäre ohne digitale Medientechnologien möglich. Drittens gibt es digital vermittelte eucharistische Angebote, die die katholische Kirche *als solche* bewirbt. Als ein Beispiel ist hier die Initiative von Papst Franziskus aus dem Sommer 2013 zu einer synchronisierten, weltweiten eucharistischen Anbetung zu nennen.[13] Dabei wurden Kathedralen weltweit mit dem Petersdom „synchronisiert“, sodass die Gläubigen „in Gemeinschaft“ mit dem Papst eucharistische Anbetung halten konnten.[14] In jeder Kathedrale sollte die Anbetung zur gleichen Zeit stattfinden (was durch die verschiedenen Zeitzonen rund um den Erdkreis allerdings Schwierigkeiten mit sich brachte). Es war aber auch nicht unbedingt nötig, für diese Anbetung in Gemeinschaft mit dem Papst eine Kathedralkirche aufzusuchen. Diese Gemeinschaft war auch über jedes Smartphone mit der *PopeApp* möglich, denn die Liturgie aus dem Petersdom wurde live übertragen. Es gibt viele andere Möglichkeiten, online an einer eucharistischen Anbetung teilzunehmen. Sowohl auf Youtube als auch auf speziell dafür eingerichteten Seiten gibt es solche Angebote, bei denen üblicherweise eine Webcam auf das ausgesetzte Allerheiligste gerichtet ist. Obwohl bei der Reflexion auf die eucharistischen Gegenwart Christi in digitaler Vermittlung Ambivalenzen bestehen, haben diese Formen der eucharistischen Anbetung meines Wissens nach noch nicht den Argwohn von Hütern katholischer Orthodoxie erweckt.

---

[13] Einen detaillierten Blick auf die Beschäftigung von Papst Franziskus mit den digitalen Medien bietet Ausgabe 3/2019 der Zeitschrift „Problemi dell'informazione“, die dem Thema „Papa Francesco e i media“ gewidmet ist.

[14] Vgl. T. Berger, Synchronized, Worldwide Eucharistic Adoration (29. Mai 2013), in: https://www.praytellblog.com/index.php/2013/05/29/synchronized-worldwide-eucharistic-adoration (Download: 23.3.2020).

3 Eucharistie online?

Das zweifellos herausforderndste Bündel an Formen eucharistischer Vollzüge in digitaler Vermittlung wird mit Begriffen wie „Eucharistie online", „Online-Kommunion" oder „Heilige Kommunion übers Internet" sowie im evangelischen Bereich „Abendmahl online" oder „digitales Abendmahl" gefasst. Die Bezeichnungen beziehen sich alle auf digital-mediatisierte Eucharistiefeiern, die das Teilen von Brot und Wein beinhalten oder mindestens nicht von vorneherein ausschließen. Was kann man zu solchen eucharistischen Vollzügen sagen, wenn es kein sofortiges „Nein!" sein soll?

Vorab ist es wichtig, anzuerkennen, dass es diese Praxis digitaler eucharistischer Teilnahme bereits seit Jahren und nicht erst seit der Corona-Pandemie gibt. Wenn wir das sehr frühe Beispiel von einem Text für eine „Cyber-Eucharistie", der 1997 online gestellt wurde,[15] mitzählen, dann passieren solche Experimente nun schon seit über zwei Jahrzehnten. Wir bewegen uns hier also nicht im Bereich der liturgischen Fantasien, schon gar nicht mehr seit Beginn der Corona-Pandemie. Über die Jahre hatten sich hinsichtlich digital-mediatisierter Eucharistiefeiern zwei Hauptargumentationslinien entwickelt, die unter den aktuellen Bedingungen inzwischen breiter und intensiver diskutiert werden.[16] Wie nicht anders zu erwarten, stehen auf der einen Seite die Argumente gegen jede Möglichkeit einer digitalen Vermittlung der Eucharistie. Diese Argumente nähren sich weitgehend aus etablierten theologischen Positionen, die nun auf die digitale Mediatisierung sakramentaler Vollzüge angewendet werden. Besonders zu nennen ist hier das Beharren darauf, dass der christliche Glaube zutiefst mit der Inkarnation und damit mit Verleiblichung und Materialität verbunden ist. Nach diesen Argumenten können Online-Sakramente, weil ihnen die Körperlichkeit zu fehlen scheint, niemals „real" sein. Ein weiteres Argument gegen

---

[15] Antonio Spadaro erwähnt diese „Cyber-Eucharistie" in: A. Spadaro, Cybertheology. Thinking Christianity in the Era of the Internet, übersetzt von M. Way, New York 2014, 73. Der Text dieser „Cyber-Eucharistie" wurde zuletzt veröffentlicht in: Phillips, Bread and Wine Online? (s. Anm. 10).

[16] Vgl. dazu die Übersicht in: J. Dyer, Digital Communion: History, Theology, and Practices, in: https://j.hn/digital-communion-summary-of-theology-practices (Download: 13.5.2020).

Formen von Eucharistie online, das im methodistischen Text „Holy Communion Mediated through Social Media“ vorgebracht wurde, versucht, eine spezifisch sakramentenliturgische Position zu entwickeln. Ein entscheidendes Element der Eucharistie ist demnach die gemeinschaftliche, physische Versammlung des Gottesvolkes, die einen beauftragten Vorsteher in ihrer Mitte hat. Das Dokument argumentiert, die „Integrität“ des Sakraments sei „beeinträchtigt“, wenn der Vorsteher die eucharistischen Zeichenhandlungen an einem Ort vollzieht, der von der Versammlung des Gottesvolkes entfernt ist.[17] Wichtig ist hier zu betonen, dass der Text sich nur mit einer bestimmten Form der digital-eucharistischen Vermittlung beschäftigt, nämlich dem Fall, dass sich eine Gemeinde ohne Vorsteher mit einer anderen Gemeinde, in der jemand berechtigt ist, der Eucharistiefeier vorzustehen, über die sozialen Medien verbindet und dann auch Brot und Wein konsumieren will.

So viel kurz zu den Hauptargumenten, die jede Möglichkeit eines digital vermittelten Teilens der Eucharistie ausschließen. Die interpretativen Strategien hinter diesen Argumenten sind deutlich: Für die theologische Vorentscheidung, dass es keine Sakramente im Internet geben kann, werden Gründe aus der Tradition herangezogen, vor allem der Verweis auf die Inkarnation, was allerdings voraussetzt, dass Digitalität als „entleiblichend“ und rein immateriell interpretiert wird. Hinter dieser interpretativen Strategie steht oft ein tief sitzendes Misstrauen gegenüber digitalen Medien, das zuweilen zu steilen Thesen führt, die die Digitalität grundlegend falsch darstellen, wie beispielsweise: „mediale Präsenz [steht] im Dienste der Entleiblichung der Kommunikation“[18].

Eine entgegengesetzte Argumentationslinie bemüht sich, einen Raum zu schaffen, in dem auch anders als zwingend negativ über Formen der digital-eucharistischen Vermittlung nachgedacht werden kann. Dieser zweite Ansatz war anfangs meistens pastoral orientiert.

---

[17] Vgl. Methodist Conference, Holy Communion Mediated through Social Media (s. Anm. 8), 1.

[18] So kürzlich Josef Niewiadomski (* 1951) in einem Beitrag, der bei aller theologischen Tiefe dennoch medientheoretisch wenig nuanciert erscheint. – Vgl. J. Niewiadomski, Eucharistie in Zeiten von „physischer“ Distanziertheit: „Coronakrise“ und die Frage nach der Sakramentalität der Kirche (22. März 2020), in: https://www.uibk.ac.at/theol/leseraum/texte/1295.html (Download: 13.5.2020).

Menschen die Eucharistie nahezubringen, die keinen Zugang zu eucharistischen Feiern offline hatten, war die Motivation. Manchmal wurde zur theologischen Rechtfertigung dieser pastoralen Option auch darauf verwiesen, dass die Macht Gottes, Gnade auf die verschiedensten Arten und Weisen zu vermitteln, keine Grenzen kennt. Der US-amerikanische methodistische Pastor Gregory S. Neal (* 1967) nahm diese Position vor Jahren in seinem „Experiment" mit eucharistischen Vollzügen online ein.[19] An Gottes Allmacht wird niemand zweifeln wollen, aber die Überzeugungsarbeit, die dieses Argument leisten kann, ist doch gering. Der Verweis auf Gottes Allmacht könnte ja auch genutzt werden, um zu argumentieren, dass sakramentale Gnade allein durch die geistliche Schaukommunion wirksam werden kann. Die relevantere (und schwierigere) theologische Frage ist sicher, an welche besonderen Gnadenmittel Gott sich selbst und damit auch die Kirche gebunden hat. Die Antworten auf diese Frage, gerade im Hinblick auf die Eucharistie, unterscheiden sich in den verschiedenen christlichen Traditionen signifikant voneinander, wobei diese Unterscheidungen alle schon viele Jahrhunderte vor dem digitalen Zeitalter aufgekommen sind. Interessant sind daher neue Stimmen, die sich mit digital vermittelten eucharistischen Vollzügen aus einer konstruktiven theologischen Haltung heraus und auch mit medientheoretischer Sensibilität befassen – und dies schon in der sprichwörtlichen Ruhe vor dem (Corona-)Sturm getan haben. Auf diese Stimmen zu hören, ist deshalb aufschlussreich.

4 Neue Wege theologischer Reflexion

Zunächst ist wichtig festzuhalten, dass theologische Reflexion über sakramentale Vollzüge in digitaler Vermittlung kein neues Phänomen darstellt. Es gibt sie im deutschsprachigen Raum schon seit Stefan Bönterts (* 1969) grundlegender Studie „Gottesdienste im Internet"[20] aus dem Jahr 2005. Der Bochumer Liturgiewissenschaftler verankert seine

[19] Vgl. G. S. Neal, Holy Communion Over the Internet: Reflections on an Experiment in Sacramental Practice, in: http://umcmedia.org/umcorg/2013/communion/holy-communion-over-internet-reflections-experiment-neal.pdf (Download: 23.3.2020), 4.

[20] S. Böntert, Gottesdienste im Internet. Perspektiven eines Dialogs zwischen Internet und Liturgie, Stuttgart 2005.

positive Auseinandersetzung mit den damals aufkommenden Internetgottesdiensten im Gedanken der Sakramentalität der Kirche. Nach ihm können digital vermittelte liturgische Vollzüge als Erweiterungen dieser Sakramentalität der Kirche verstanden werden.[21] Eucharistische Vollzüge sind noch nicht im Blick, aber Bönterts Ansatz bleibt tragfähig und taucht in einigen der neueren Ansätze wieder auf.

Nur drei Jahre nach „Gottesdienste im Internet" fragte die anglikanische Theologin Debbie Herring (* 1960) nach „dynamischen Äquivalenten" der Sakramente in der Alltagssprache des Cyberspace.[22] Besondere Aufmerksamkeit widmete sie der Frage, was in digitaler Vermittlung ein dynamisches Äquivalent für die *Materie* der Eucharistie sein könnte. Ihr Schluss war, dass das Äquivalent zum täglichen Brot, das in der Eucharistie verwandelt wird, im digitalen Raum die Energie sein könnte; sie räumte gleichzeitig aber auch ein, dass die Frage nach der digitalen Materialität weiter ein Problem darstelle.

Ein Jahr später schlug der britische baptistische Theologe Paul Fiddes (* 1947) in einer kurzen Online-Reflexion, die viel Beachtung fand, eine wieder andere Richtung ein. Mit Bezug auf Eucharistiefeiern in virtuellen Online-Welten äußerte er sich so: Ein Avatar kann das Brot und den Wein der Eucharistie *innerhalb der Logik der virtuellen Welt* empfangen, und auch dabei wird es sich um ein Gnadenmittel handeln, weil Gott in einer virtuellen Welt in einer Weise präsent ist, die ihren Einwohnern entsprechend ist.[23]

Fiddes verglich dies mit dem Kommunionempfang durch einen Menschen, der unter Schizophrenie leidet, in dessen spezielle Lebenslogik – die dem Schizophrenen real, anderen aber fremd ist – Gott auch eintreten müsse, um Gnade zu vermitteln. Theologisch verortete Fiddes seinen Vorschlag zu den virtuellen Sakramenten in Pierre Teilhard de Chardin (1881–1955) Gedanken der Ausweitung der Eucharistie in den ganzen Kosmos hinein (seine *eucharistisation*

---

[21] Vgl. ebd., 222–247, bes. 246.

[22] „dynamic equivalents of real-life sacraments in the vernacular of cyberspace cultures" (D. Herring, Towards Sacraments in Cyberspace, in: EpRe 35 [2008] 35–47, hier: 46).

[23] „An avatar can receive the bread and wine of the Eucharist *within the logic of the virtual world* and it will still be a means of grace, since God is present in a virtual world in a way that is suitable for its inhabitants." (P. Fiddes, Sacraments in a Virtual World? in: https://www.frsimon.uk/paul-fiddes-sacraments-in-a-virtual-world [Download: 23.3.2020; Hervorhebung im Original])

wird im Englischen oft zu einer eucharistischen *extension*). Der italienische Jesuit Antonio Spadaro (* 1966) bezog sich einige Jahre später ebenso auf diesen Gedanken, um die Idee eines „eucharistischen Netzes“ zu entwickeln.[24]

Die US-amerikanische katholische Theologin Daniella Zsupan-Jerome setzte 2015 mit ihrem Artikel „Virtual Presence as Real Presence?“ noch einmal breiter an, um Sakramententheologie und digitale Kultur in einen Dialog über Auffassungen von Realpräsenz bringen.[25] Obwohl digital vermittelte Eucharistiefeiern bei ihr nicht erwähnt werden, zeigt sie doch, was die vielschichtigen Neuansätze in der Sakramententheologie für das Nachdenken über Online-Präsenz in digitalen Welten zu bieten haben. Während des Corona-*Lockdown* im Mai 2020 erschien zuletzt in den USA das Buch „Virtual Communion“ der katholischen Theologin Katherine Schmidt. Sie argumentiert in ihrem Buch, dass das katholische Verständnis von Sakramentalität mit der Virtualität digitaler Welten gut in Einklang zu bringen ist.[26] Die *communio* im Zentralbegriff des Titels bezieht sich allerdings nicht spezifisch auf die eucharistische Gemeinschaft, und einer möglichen virtuellen Kommunion erteilte die Autorin am Beginn der Corona-Pandemie in einem Blogbeitrag eine Absage.[27]

All diese Stimmen bilden auf vielfältige Weise Suchbewegungen ab. Sie sind allerdings darin aufschlussreich, dass sie auf theologische Wege verweisen, die sowohl von genereller Ablehnung einerseits als auch von pastoralen Notlösungen andererseits Abstand halten. So bereiten sie den Weg für zukunftsträchtige Alternativen für die theo-

---

[24] Vgl. Spadaro, Cybertheology (s. Anm. 15), 103.

[25] Vgl. D. Zsupan-Jerome, Virtual Presence as Real Presence? Sacramental Theology and Digital Culture in Dialogue, in: Worship 89 (2015) 526–542. – Als ihren neuesten Beitrag vgl. auch dies., Is It Real? Mystagogizing the Live-Streamed Service, in: H. A. Campbell (Hg.), The Distanced Church. Reflections on Doing Church Online [https://oaktrust.library.tamu.edu/bitstream/handle/1969.1/187891/Distanced%20Church-PDF-landscape-FINAL%20version.pdf?sequence=1&isAllowed=y (Download: 13.5.2020)], 91–93.

[26] Vgl. K. G. Schmidt, Virtual Communion. Theology of the Internet and the Catholic Sacramental Imagination, Lanham 2020.

[27] „[O]ur technology cannot (yet) support the fullness of sacramental life when it comes to the Eucharist.“ (dies., The Pain of the Uncommuned [29. März 2020], in: https://dailytheology.org/2020/03/29/the-pain-of-the-uncommuned [Download: 14.5.2020])

logische Auseinandersetzung mit eucharistischen Vollzügen in digitaler Vermittlung.

5 Die Spannbreite eucharistischer Vollzüge auf dem Weg der Kirche durch die Zeit

Durch ihre Vielfalt verweisen diese Stimmen aber auch auf die Vielfalt der Formen eucharistischer Vollzüge in digitaler Vermittlung, wie sie inzwischen bestehen.[28] Diese Vielzahl muss bei künftigen Auseinandersetzungen mit dem Thema verstärkt beachtet werden. Scharfe Verurteilungen einer asynchronen „Do-it-yourself-Kommunion" treffen beispielsweise nur auf eine kleine Minderheit aller Eucharistiefeiern in digitaler Vermittlung zu. Die Mehrheit digitalmediatisierter Kommunionfeiern, wie sie schon seit längerem z. B. in evangelikalen Megakirchen gefeiert werden, ist live und synchron. Etwas ganz anderes wiederum ist eine Kommunionausteilung in einer virtuellen Welt, in der Menschen über ihre Avatare Brot und Wein empfangen.

Die Vielfalt der digital-mediatisierten sakramentalen Vollzüge ist einfach den verschiedenen Medien geschuldet. Die breite Palette digitaler Plattformen und Möglichkeiten verlangt nicht nur je nach Medium unterschiedliche Fragen und Antworten, sondern auch je nach kirchlicher Tradition und eucharistischer Theologie. Die Fragen, die sich aus der calvinistisch-presbyterianischen Tradition heraus an eine Online-Kommunion stellen, werden für römisch-katholische oder orthodoxe Gemeinschaften nicht unbedingt relevant sein. Denn schon bei den herkömmlichen Eucharistiefeiern sind sich die christlichen Kirchen ja alles andere als einig, was sich dann auch online widerspiegelt. Theologische Reflexionen über digitalmediatisierte eucharistische Vollzüge dürfen daher nicht über unterschiedliche Medien oder kirchliche Traditionen hinweg generalisiert werden. Jede Reflexion über digital vermittelte eucharistische Teilhabe muss die verschiedenen Medienplattformen, die involviert sind, ebenso ernst nehmen wie die unterschiedlichen kirchlichen und kulturellen Verortungen solche Vollzüge. Was Katholiken in Qua-

[28] Eine gute Übersicht bietet: Dyer, Digital Communion (s. Anm. 16).

rantänezeiten vor dem Bildschirm tun, während sie an einer live übertragene Messe des Papstes teilnehmen, ist etwas anderes als eine „Do-it-yourself-Kommunion" auf Youtube und diese nochmal etwas anderes als eine presbyterianische Abendmahlfeier in Second Life, in der ein Avatar digitales Brot und digitalen Wein empfängt.

Da aber das theologische Ringen über die sakramentale Vermittlung schon immer zum Leben der Kirche dazugehört, lohnt es sich zu fragen, ob es in der kirchlichen Tradition Ansatzpunkte gibt, die für gegenwärtige Diskussionen über digital-mediatisierte eucharistische Vollzüge nützlich sein könnten. Wenn wir dieser Frage nachgehen, zeigt sich in der Vergangenheit eine verblüffende Spannbreite und Dehnbarkeit, die vom Bild der Zwangsjacke, wie es sich beim Blick auf einige traditionalistische Verteidiger der Tradition aufdrängt, weit entfernt ist. Ein kurzer Blick auf diese Spannbreite muss hier genügen.

Zunächst ist wichtig, den außerordentlich großen Rahmen ins Gedächtnis zu rufen, in dem in der Vergangenheit Auseinandersetzungen um Feier und Theologie der Eucharistie geführt worden sind. Es scheint nämlich, dass einige der ablehnenden Reaktionen auf digital vermittelte eucharistische Vollzüge auf einem eher engen Verständnis der Geschichte dieses Sakramentes aufbauen. Beim Bild der einen gottesdienstlichen Gemeinde, die sich mit einem Vorsteher in voller und tätiger Teilnahme um den eucharistischen Tisch versammelt und das eine Brot und den einen Kelch teilt, handelt es sich schließlich nicht um das, was durch die Jahrhunderte gelebte liturgische Realität war. Und das lag nicht etwa nur an menschlicher Schwäche, fehlerhafter theologischer Reflexion oder schlechter pastoraler Praxis, sondern auch daran, dass es in der Geschichte des christlichen Gottesdienstes immer eine große Bandbreite an Möglichkeiten gegeben hat, Eucharistie zu feiern und zu verstehen. Als Beispiel sei hier nur auf Eucharistiefeiern ohne Wein in einigen frühchristlichen Gruppen verwiesen oder auf aszetische Frauen, die auf die gemeinsame Feier verzichteten, dafür aber Brot am eigenen Tisch segneten.[29]

Im Mittelalter ist die nachhaltige Wertschätzung der Schaufrömmigkeit und der geistlichen Kommunion zu nennen. Und

[29] Vgl. dazu Weiteres: T. Berger, Gender Differences and the Making of Liturgical History. Lifting a Veil on Liturgy's Past (Liturgy, Worship and Society), Burlington 2011, 88–93.

wie die Präsenz Christi in der Eucharistie angemessen zu denken ist, ist eine der großen Fragen der Sakramententheologie. Gewaltige Energien und weit auseinanderliegende philosophische Weltanschauungen sind herangezogen worden, um hier tragfähige theologische Positionen zu entwickeln. Gibt es in dieser langen Geschichte Gedankengänge, die für die heutige theologische Reflexion der digitalen Vermittlung aufschlussreich sein könnten? Die Antwort lautet Ja.

Ich denke hier etwa an die Möglichkeit, verschiedene Wege des Eucharistie-Empfangs zu unterscheiden, wie sie in der mittelalterlichen Theologie entwickelt wurden. Einige Theologen, so z. B. der Franziskaner Alexander von Hales (um 1185–1245), unterschieden zwischen dem Empfang des Leibes Christi *sacramentaliter*, *spiritualiter* und *carnaliter*. Berühmt sind die Überlegungen zur Frage, was eine Kirchenmaus, die eine konsekrierte Hostie anknabbert, konsumiert.[30] Isst die Maus den Leib Christi? – Vielleicht wären solche Theologen gar nicht so überrascht, wenn sie über die Möglichkeit eines Kommunionempfangs *digitaliter* reflektieren sollten.

Aber schon lange bevor sich solche theologischen Unterscheidungen entwickelten, gab es Formen der „virtuellen" Zugehörigkeit zu einer versammelten Gemeinde, die die Eucharistie feierte. Justin der Märtyrer (um 100–165) beschreibt in der Mitte des zweiten Jahrhunderts, dass die Eucharistie zu denen gebracht wurden, die nicht am Gottesdienst teilnehmen konnten. Später wurde die Eucharistie als Viatikum zu den Sterbenden gebracht. Und ab dem 13. Jahrhundert bewegten sich die eucharistischen Elemente in immer aufwendigeren Prozessionen durch Städte und Felder, heraus aus der Kirche und in die Lebensbereiche der Menschen hinein. Was theologisch aber sicher am wichtigsten ist: Bei der Eucharistiefeier ging es nie nur um diejenigen, die gerade an einem Ort physisch versammelt waren, sondern immer auch um die Präsenz der ganzen Kirche, die über den Erdkreis und in die Ewigkeit hinein präsent ist.

Natürlich schlage ich nicht vor, Gedankenkonstrukte der Vergangenheit einfach auf unsere heutigen digitalen Wirklichkeiten zu übertragen. Ich möchte allein darauf verweisen, wie vielfältig und

---

[30] Vgl. M.-A. Aris, Quid sumit mus? Präsenz (in) der Eucharistie, in: C. Kiening (Hg.), Mediale Gegenwärtigkeit (Medienwandel – Medienwechsel – Medienwissen 1), Zürich 2007, 179–192.

nuanciert zwei Jahrtausenden über eucharistische Vollzüge nachgedacht wurde, besonders auch, was Art und Weise des Empfangs dieses Sakramentes angeht. Die Kirche schuldet es nicht zuletzt ihrer eigenen reichen Geschichte, den aktuellen Fragestellungen mit ähnlicher Vorstellungskraft zu begegnen.

6 Fragen (statt Antworten) finden

Ich komme damit zu jenen Kernfragen, die m. E. heute entscheidend wichtig sind, um tragfähigen theologischen Reflexionen zu sakramentalen Vollzügen in digitaler Vermittlung den Weg zu bereiten. Ich unterteile diese Kernfragen in drei Bereiche. Der erste Bereich beschäftigt sich mit der Vergangenheit, der zweite mit der Gegenwart und der dritte mit zukünftigen Anfragen.

Beim ersten Bereich, nämlich dem Blick in die Geschichte, kommen zwei zentrale Fragen auf. Die erste lautet, ob Elemente aus der katholischen Tradition in einen fruchtbaren Dialog mit digital-mediatisierten eucharistischen Vollzügen treten können. Dies ist m. E. der Fall. Unklar bleibt allerdings, wie dieser Dialog genau zu gestalten ist. Ein mögliches Thema ist sicher die Frage, wie Wirkungen der Sakramente empfangen werden können, ohne dass die sakramentale Materie präsent ist oder empfangen wird. Die Tradition hat für diese Frage, z. B. anhand der scholastischen Unterscheidung von *sacramentum tantum*, *res et sacramentum* und *res tantum*, einige Antworten entworfen. Wie müssten heute Fragen aussehen, die die digitalmediatisierte Welt und ihre Kategorien ernst nehmen?

Ein weiteres Thema ist die Frage, ob und wie man sakramentale Vollzüge in digitaler Vermittlung als heutige, zeitgenössische Formen älterer Zugänge zu den (immer zeitgebundenen) Besonderheiten sakramentaler Gnade ausweisen kann. Hier sind neuere Forschungsarbeiten, die den vielfältigen Formen sakramentaler Vermittlung und Mediatisierung durch die Kirchengeschichte hindurch nachgehen, von Bedeutung. Es sollte z. B. heute nicht mehr so einfach möglich sein, vom „medial vermittelten Abendmahl" zu reden,[31] wenn damit

---

[31] Vgl. V. Leppin, In, mit und unter. Ein digitales Abendmahl widerspricht dem lutherischen Verständnis, in: https://zeitzeichen.net/node/8223 (Download: 15.5.2020).

allein die digital vermittelte Eucharistiefeier gemeint ist. Denn „medial vermittelt" war diese Feier schon immer; es gibt letztlich keine unmittelbaren, nicht mediatisierten gottesdienstlichen Vollzüge, sondern immer nur den Zusammenfluss jeweils verfügbarer Medien, wie z. B. Körper, Klänge, Gewand und Architektur. Digital-mediatisierte eucharistische Vollzüge sind deshalb im Kontext der gesamten Liturgiegeschichte zu sehen, die christlich-rituelle Vollzüge von Beginn an als „mediales Geschehen"[32] bezeugt.

Was den zweiten Fragenbereich – nämlich die Gegenwart – betrifft, verlangt eine Frage besondere Aufmerksamkeit: Was genau ist das Hauptproblem bei digital vermittelten sakramentalen Vollzügen? Ist es das Problem physischer Distanz bzw. der Mangel an Nähe? Falls das zutrifft, sind die Probleme lange nicht so klar umrissen, wie es die leider weiterhin oft zitierte, aber letztlich doch falsche Teilung in „real" und „virtuell" suggeriert.[33] Wenn man die physische Nähe als das entscheidende Problem digital vermittelter sakramentaler Vollzüge versteht, muss man zumindest eine überzeugende Antwort auf die Frage bieten, was genau in diesem digitalen Zeitalter die Trennlinie zwischen liturgischer Präsenz und Absenz darstellt. Inzwischen gibt es ja, nicht zuletzt durch die zunehmende Verbreitung der Geolokation auf Smartphones, neue Räumlichkeitserfahrungen, die über die glasklare Trennung zwischen physisch „anwesend" und „abwesend" hinausgehen.[34]

Ein anderer Problembereich bei digital vermittelten eucharistischen Vollzügen ist die Frage nach der Materialität des Geschehens. Sicher handelt es sich dabei um eine zentrale Frage; als solche wurde sie unter anderem von Antonio Spadaro benannt. Wiederum ist das Problem aber nicht so fest umrissen, wie es zunächst scheint. Materialität und Digitalität sind ja keine diametralen Gegensätze, und es sollte nicht möglich sein, mit einem einfachen Verweis auf das Fehlen von „Materie" (wie sie traditionell verstanden wurde) die theo-

---

[32] Vgl. C. Grethlein, Liturgia ex machina. Gottesdienst als mediales Geschehen, in: A. Deeg, C. Lehnert (Hg.), Liturgie – Körper – Medien. Herausforderungen für den Gottesdienst in der digitalen Gesellschaft (BLSp 32), Leipzig 2019, 45–64. – Vgl. dazu auch den Beitrag von S. Böntert in diesem Band.

[33] Vgl. T. Berger, Liturgie digital. Zu gottesdienstlichen Vollzügen in Bits & Bytes, in: LJ 69 (2019) 253–268.

[34] Antonio Spadaro arbeitet mit dem Konzept einer „*fluid* version of proximity" (Spadaro, Cybertheology [s. Anm. 15], 34).

logische Reflexion einzustellen. Entweder müssen die notwendigen kritischen Fragen präziser gestellt werden – oder Fragen, wie Spadaro sie aufwirft, muss mehr Raum gegeben werden: Ist es etwa möglich, ein dynamisches Äquivalent zum materiellen Zeichen von Brot und Wein in seiner physischen Beschaffenheit im digitalen Raum zu entwickeln?[35]

Überdies ist bei digital vermittelten eucharistischen Vollzügen die Frage nach dem freien Zugang und der ständigen Erreichbarkeit problematisch. Mit anderen Worten geht es hier um das Schreckgespenst, dass die sakramentalen Vollzüge der Kirche zu bequem verfügbar gemacht werden. Auch ein Mangel an kirchlicher Aufsicht könnte hier mit hereinspielen. Diese Fragen gab es allerdings schon lange vor dem digitalen Zeitalter. Konflikte über den Zugriff und die Kontrolle der sakramentalen Vollzüge gehören von Anfang an zur Kirchengeschichte dazu und sind kein Spezifikum digitaler Vermittlung. Die Kernfragen bezüglich digitaler Mediatisierung sollten sich auf die besonderen Gefahren ebendieser Art der Vermittlung konzentrieren. Verschärft die digitale Vermittlung ein Problem, dass es immer schon gab? Falls ja, wie? Was ist mit Situationen, in denen sich das gleiche Problem offline äußert? Oder schafft die digitale Vermittlung wirklich ganz neue Probleme?

Schließlich noch kurz zum dritten Themenbereich, der zukünftigen theologischen Arbeit. Folgende Fragen verdienen es, weiter erforscht zu werden: Wo und wie kann sakramentale Gnade in der heutigen Welt der *Mixed Reality*[36] verortet werden? Was gehört zur zentralen Wirklichkeit eines sakramentalen Zeichens – und kann diese Wirklichkeit digital-mediatisiert erlebbar werden? Nicht zuletzt verdient die Frage Beachtung, ob Sakramente immer und ausschließlich an physische Nähe gebunden werden müssen, auch wenn Nähe in digitaler Vermittlung reicher ausgefächert und gelebt wird, als dies bisher möglich war. In der sakramentalen Tradition der Vergangenheit hat sich diese Frage nicht gestellt, weil digital vermittelte Formen der Präsenz nicht vorstellbar waren. Heute sind sie es. Was bedeutet das für die theologische Reflexion? Auch war physische Nähe ja nicht immer ausnahmslos entscheidend für den sakramentalen Vollzug. Das Kuriosum der sakramentalen Eheschließung per

---

[35] Vgl. ebd., 91.

[36] Vgl. dazu auch den Beitrag von B. Irlenborn in diesem Band.

Stellvertreter – ein Konstrukt, das während des Corona-*Lockdown* hier und da wieder herangezogen wurde – bietet ein Beispiel hierfür.

Ich hoffe, dass diese Liste von Fragen, die keineswegs erschöpfend ist, die Problembereiche aufzeigt, die m. E. für die theologische Arbeit an sakramentalen Vollzügen in digitaler Vermittlung von zentraler Bedeutung sind.

7 Ein abschließender Impuls

Ich habe in diesem Beitrag skizziert, welche theologischen Kernfragen sich hinsichtlich einer möglichen digital-mediatisierten sakramentalen Vermittlung der Eucharistie ergeben. Ich bleibe der Überzeugung, dass vorschnelle Antworten, die eine nachhaltige theologische Reflexion abkürzen, wenig ergiebig sind. Die harte Arbeit des Nachdenkens über die vielen verschiedenen Wege der Vermittlung der Gnade Gottes geht Hand in Hand mit dem christlichen Glauben selbst und wird, solange der Weg der Kirche durch die Zeit weitergeht, nie abgeschlossen sein. In unserer Zeit ist an dieser Arbeit besonders interessant, dass wir mit einem neuen, eben digitalen Kontext konfrontiert sind, der uns zwingt, bei einigen der grundlegenden sakramententheologischen Fragen von vorn oder zumindest neu anzufangen. Und die Bedeutung digitaler Vermittlung hat ja unter den Bedingungen des Lebens mit dem neuartigen Coronavirus SARS-CoV-2 noch einmal stark zugenommen. Mit anderen Worten: Unsere Zeit konfrontiert uns mit einer Reihe ganz neuer, absolut grundlegender Herausforderungen. Die Kirche kann gar nicht anders, als diese Herausforderungen in aller Ernsthaftigkeit anzunehmen und zu versuchen, ihnen im Licht des Glaubens zu begegnen.

Dabei gibt es in der bunten und verwirrenden Welt digital-mediatisierter sakramentaler Vollzüge doch mindestens eine gute Nachricht: Gott ist hier nicht das Problem, jedenfalls nicht, was die theologische Reflexion über Gottes Gegenwart angeht. Dass Gott sich frei durch den Kosmos bewegt und sich in, mit und durch alle geschaffenen Dinge bewegen kann, ist eine grundlegende theologische Aussage. Deswegen hat Gott wohl auch keine Probleme damit, sich in einem digitalen Raum und zwischen Pixeln zu bewegen. Wie ich oben dargelegt habe, ist das als theologische Behauptung zu weit gefasst, um die komplexen theologischen Auseinandersetzungen über sakramentale Vollzüge in digitaler Vermittlung klären zu helfen. Als grundlegende Glaubensaussage ist es aber sicher heilsam. In der langen Tradition der Vermittlung der gnadenreichen Gegenwart Gottes – vom brennenden Dornbusch und Bileams Esel zu Brot und Wein und dem Kreuz – stellen digitale Medien an sich kein fundamental neues Problem dar, was die immer schon multimediale Gegenwart Gottes in unserer Welt angeht. Ebenso wichtig scheint es mir, anzuerkennen, dass die Gnade Gottes, die zwar mit den Sakramenten verbunden ist, nicht auf diese reduziert werden kann. Das hat die christliche Tradition stets in der ein oder anderen Weise anerkannt. Die Hauptfrage, die sakramentale Vollzüge in digitaler Vermittlung betrifft, ist daher nicht theo-logisch im strengen Sinn des Wortes. Trotzdem stellen Fragen zu digital vermittelten sakramentalen Vollzügen uns vor Herausforderungen für die theologische Vorstellungskraft. Wie ist auf theologisch angemessene Weise über diese neuen Formen sakramentaler Vermittlung nachzudenken?

Obwohl ich am Anfang keine Antworten, sondern nur Fragen versprochen habe, will ich doch zum Schluss einen konkreten Impuls wagen. Dabei geht es um Folgendes: Im Leben der Kirche auf dem Weg durch die Zeit hat es immer wieder Situationen gegeben, die es erforderten, eine Verfügbarkeit der sakramentalen Gnade bei gleichzeitigem Fehlen der physischen Zeichen der Sakramente zusammenzudenken. Zwei Beispiele, die die Taufgnade betrafen, sind theologische Reflexionen zum reumütigen Schächer am Kreuz (dem Jesus den Zugang ins Paradies zusagte) und zum für den Glauben getöteten Katechumenen (der als Christ begraben wurde). In vielen weiteren Fällen war eine volle Feier des Sakramentes unmöglich – etwa beim Fehlen von Wasser, beim Taufwunsch eines Menschen in totaler Isolation, bei der Sehnsucht nach der Eucharistie bei eine Gruppe Gefangener, die zwar einen Priester hatte, aber kein Brot und Wein, bzw. Brot und Wein, aber keinen Priester, beim Spenden des Viatikums an einen Sterbenden, der das eucharistische Brot nicht konsumieren kann usw.

An manchen Punkten musste die Kirche theologisch sehr erfinderisch sein, um über Materialität, Physikalität und Kopräsenz hinaus zu denken. Die Vorstellungen eines Empfangs der Taufgnade ohne Wasser – eben durch den Taufwunsch allein oder durch das Blut des Martyriums – und einer spirituellen Kommunion durch sehnendes Schauen sind aus einem solchen Denken entstanden. Insgesamt hat die theologische Reflexion sich im Lauf der Jahrhunderte darum bemüht, sowohl einen verantwortlichen Gedankengang zu entwickeln als auch eine pastorale Offenheit im Dienst der Gläubigen zu ermöglichen. Dazu gehörten auch verschiedene Deutungen, wie sakramentale Gnade empfangen werden kann, ohne dass die materiellen Zeichen des Sakraments empfangen werden. Warum sollte sich deshalb die theologische Reflexion heute auf sehr enge sakramentale Gedankengänge beschränken? Die kirchliche Tradition in ihrer ganzen Vielfalt bietet mehr als das an, und die Gegenwart verlangt, dass alle sakramental-konzeptionellen Ressourcen in dieser Zeit der Digitalität Verwendung finden.

Übersetzung: Matthäus Freitag

Die Liturgie im Zeitalter ihrer medialen Reproduzierbarkeit

Systematisch-theologische Überlegungen zu Online-Gottesdiensten

Bernd Irlenborn

Die Überschrift des vorliegenden Beitrags spielt auf den Titel des berühmten Essays „Das Kunstwerk im Zeitalter seiner technischen Reproduzierbarkeit“ an, den Walter Benjamin (1892–1940) 1935 im Pariser Exil verfasst hat. Benjamin zeigt darin, dass die in der Moderne durch die Technik erstmals mögliche massenhafte Reproduktion des Kunstwerks dazu führt, dass die „Echtheit“ und „Aura“ des originalen Kunstwerks, das Hier und Jetzt im besonderen Moment seines Auftretens und Geschehens verloren geht.[1] Jede Verfilmung der Theateraufführung von Goethes „Faust“ sei in dieser Hinsicht selbst einer mittelmäßigen Inszenierung auf der Bühne weit unterlegen. Benjamin nennt dies die *„Tendenz einer Überwindung des Einmaligen jeder Gegebenheit“*[2] durch die Möglichkeit der technischen Reproduktion.

Gibt es in analogem Sinne heute, im Zeitalter der Digitalisierung und der unbegrenzten medialen Reproduzierbarkeit von Ereignissen, eine ähnliche Herausforderung, was die christliche Liturgie und die Einmaligkeit des gottesdienstlich-rituellen Vollzugs angeht? Diese Fragestellung ist nicht neu. Schon bei den ersten Rundfunkübertragungen in den 1920er-Jahren und dann besonders bei den Fernsehübertragungen von Gottesdiensten seit Ende der 1940er-Jahre wurden Bedenken laut, die die Würde, Einmaligkeit und Echtheit des liturgischen Feiergeschehens an einem bestimmten Ort und Zeitpunkt durch die massenhafte mediale Reproduktion und Rezep-

---

[1] Vgl. W. Benjamin, Das Kunstwerk im Zeitalter seiner technischen Reproduzierbarkeit. Drei Studien zur Kunstsoziologie, Frankfurt a. M. ^{4}1977, 13–15. Immer wieder zitiert wird Benjamins Satz: „[W]as im Zeitalter der technischen Reproduzierbarkeit des Kunstwerks verkümmert, das ist seine Aura.“ (ebd., 13)

[2] Ebd., 15 [Hervorhebung im Original].

tion gefährdet sahen. Im hermeneutischen Zeitenabstand der konkreten Erfahrung mit diesem Medium und nach Jahren der liturgiewissenschaftlichen Reflexion zerstreuten sich diese Bedenken jedoch zumeist oder wurden durch Gewöhnungseffekte zumindest bezähmt.[3] Wie verhält es sich mit der „Aura" des gottesdienstlichen Geschehens im gegenwärtigen medialen Zeitalter angesichts der Flut digital codierter Bildwelten und virtueller Erfahrungsräume? Ist dabei, analog zu Benjamins Diagnose, auch die „*Tendenz einer Überwindung des Einmaligen jeder Gegebenheit*" durch mediale Reproduktionen des Liturgischen zu verzeichnen? Gehen bei Online-Liturgien die performative Singularität und der physisch-interpersonale Teilnahmesinn ortsgebundener liturgischer Vollzüge verloren? Oder ist die Vielzahl von solchen Gottesdiensten und Gebetsformen ohne Einschränkung ein zu begrüßender und angemessener Ausdruck der digitalen Alltagskultur, in dem zugleich der kirchliche Verkündigungs- und Sendungsauftrag immer neue mediale Kanäle eröffnen und so nicht nur mobilitätseingeschränkte, sondern auch glaubensferne Menschen für das Evangelium gewinnen kann? Oder gilt es, diese schematische Gegenüberstellung zu überwinden und die Folgen der Digitalisierung für den christlichen Glauben mit seinen Ritualen differenziert zu betrachten, sodass Chancen *und* Grenzen von Online-Liturgien deutlicher erkennbar werden?

In meinem Beitrag möchte ich aus systematisch-theologischer Perspektive Stellung nehmen zum Thema „Liturgie im digitalen Raum". Im ersten Abschnitt werde ich einführend auf den medialen Umbruch in ein digitales Zeitalter mit seinen ontologischen Implikationen eingehen. Im zweiten Abschnitt skizziere ich die Konsequenzen dieses Umbruchs für den christlichen Glauben mit dem Fokus auf der Frage nach der Liturgie in den Neuen Medien. Im dritten Abschnitt diskutiere ich kritisch drei Problemanzeigen, die sich durch Online-Liturgien ergeben. Im vierten Abschnitt schließe ich mit einem kurzen Ausblick.[4]

---

[3] Zum Thema und zur Literatur vgl. F. Kluger, „Wenn im Fernsehen die Glocken läuten …". Wissenschaftlicher Diskurs und Positionen zum Verhältnis von Gottesdienst und Rundfunk – Einblick und Überblick, in: LJ 57 (2007) 187–204.

[4] Die Ausdrücke „digitale Liturgie", „Liturgie in Neuen Medien" und „Online-Gottesdienste" werden in diesem Beitrag synonym verwendet. Damit beziehe

1 Digitalisierung, medialer Umbruch und ontologische Folgen

Seit etwa drei Jahrzehnten wird mit den Schlagworten wie *Digital Age* oder *Media Turn* ein radikaler Umbruch von der Industrie- zur Wissensgesellschaft beschrieben, der seine Ursprünge zwar schon in mechanischen Erfindungen der Neuzeit hat, sich aber erst durch die forcierte Entwicklung von Computertechnologien in der zweiten Hälfte des letzten Jahrhunderts ergeben hat.[5] Die explosionsartige Ausbreitung neuer digital codierter und miteinander vernetzter Medien mit ihren virtuellen Welten löst zunehmend das Zeitalter der zweidimensionalen, über Texte generierten Deutung und Veränderung der Wirklichkeit ab, beeinflusst in immer stärkerem Maße das Kommunikationsverhalten und die Sozialstruktur der Menschen und transformiert dadurch ihr Selbstverständnis und ihre Weltorientierung. Konkret bedeutet Digitalisierung die Umwandlung von analogen Daten mit einem stufenlosen Verlauf in digitale Daten, die diskret, quantifizierbar und speicherfähig sind. Durch diese informationstechnische Umwandlung und mithilfe ihrer Werkzeuge wie Software, Datenbanken, Protokolle, Algorithmen wird eine ungeahnte Speicherbarkeit, Reproduzier- und Abrufbarkeit von Daten und Informationen möglich, was die Rede von unserer Gesellschaft als „Wissensgesellschaft" verständlich macht.[6]

---

ich mich allgemein auf die durch die moderne Computertechnologie ermöglichten und in unterschiedlichen medialen Formaten präsenten Ritualformen des christlichen Glaubens.

[5] Vgl. dazu etwa S. I. Ashmarina, M. Vochozka, V. V. Mantulenko (Hg.), Digital Age: Chances, Challenges and Future (Lecture Notes in Networks and Systems 84), Cham 2020; O. Stengel, A. van Looy, S. Wallaschkowski (Hg.), Digitalzeitalter – Digitalgesellschaft. Das Ende des Industriezeitalters und der Beginn einer neuen Epoche, Wiesbaden 2017; S. Münker, Philosophie nach dem „Medial Turn". Beiträge zur Theorie der Mediengesellschaft (MedienAnalysen 4), Bielefeld 2009; R. Margreiter, Media Turn. Perspektiven einer interdiskursiven Medienphilosophie, Würzburg 2018. – Zur philosophischen Deutung des *Media Turn* vgl. J. Floyd, J. Katz (Hg.), Philosophy of Emerging Media. Understanding, Appreciation, Application, Oxford 2016.

[6] Zur biblischen Vorlage der Vorstellung einer wissensmäßigen Einheit der Menschheit vgl. K. Müller, Von der Religion in den Medien zur Medienreligion, in: G. Fürst (Hg.), Katholisches Medienhandbuch. Fakten – Praxis – Perspektiven, Kevelaer 2013, 50–61, hier: 56–60.

Dieser digitale Paradigmenwechsel wurde und wird von zahlreichen Theoretiker(inne)n aus unterschiedlichen Perspektiven gedeutet. Um auf die Tragweite dieses Wandels hinzuweisen, erwähne ich exemplarisch drei Diagnosen: Schon in den 1960er-Jahren sprach der Medienvordenker Marshall McLuhan (1911–1980) davon, dass die Welt durch die elektronische Beschleunigung „nur mehr ein Dorf“ sei, in dem die Verantwortung jedes Menschen für die Menschheit neu bewusst werde.[7] Diese Entwicklung der Informations- und Kommunikationstechnologien mit ihren globalen Folgen bezeichnete der Oxforder Medienphilosoph Luciano Floridi (* 1964) vor einigen Jahren als die „vierte Revolution“, die die Lebenswelt des Menschen so tiefgreifend verändere und neu präge wie die drei vorgängigen Umbrüche durch Nikolaus Kopernikus (1473–1543), Charles Darwin (1809–1882) und Sigmund Freud (1856–1939).[8] Der deutsche Soziologe Armin Nassehi (* 1960) beschreibt die westliche Gesellschaft in seiner jüngsten Publikation als „digitale Gesellschaft“, die schon vor der Erfindung von Computertechnologien auf Digitalisierung angelegt war. Nassehi versteht die Digitalität also nicht bloß instrumentell als eine vor einigen Jahrzehnten erfundene neue Technologie, die sich der Mensch je nach Verlangen zunutze macht, sondern als einen Grundzug der modernen Gesellschaft, die in ihrer so vielschichtigen wie gefährdeten Ordnungsstruktur prädisponiert war zunächst für analoge Medien und dann später für digitale Techniken.[9]

Der computerbasierte technologische Umbruch kann diesen Diagnosen zufolge also nicht primär instrumentell gedeutet werden, als wären digitale Medien nur Werkzeuge, die wir dann und wann als technologische Mittel zu einem nicht-technologischen Zweck verwenden. Medien fungieren im Kontext des digitalen Umbruchs nicht länger als neutrale Vermittler von Informationen und Bildern, sondern müssen in ihrer bedeutungs- und wirklichkeitskonstituti-

---

[7] Vgl. M. McLuhan, Die magischen Kanäle – Understanding Media, Basel 1995, 17.

[8] Vgl. L. Floridi, Die 4. Revolution. Wie die Infosphäre unser Leben verändert, Berlin 2015, 121–137.

[9] Vgl. A. Nassehi, Muster. Theorie der digitalen Gesellschaft, München 2019, 16f. – Beispielsweise setzt für Nassehi die Etablierung des Rundfunks schon eine Gesellschaft von Hörer(inne)n und einen politischen Zentralismus der Medienverbreitung für die Verbreitung von Informationen voraus.

ven Funktion für die Rezipient(inn)en verstanden werden.[10] Wie diese Konstitutionsleistung der Medien einzuschätzen ist, welche epistemologischen, anthropologischen und ontologischen Konsequenzen sie impliziert und ob der mediale Wandel ein „Medienapriori" einschließt, wird in der Philosophie und Medientheorie kontrovers diskutiert.[11] Verkürzt kann man sagen, dass der *Media Turn* zuerst und vor allem eine grundlegende Veränderung unserer Wirklichkeitsstrukturen beschreibt, in der digitale Online-Welten zunehmend in die analogen Offline-Welten eindringen und mit ihnen verschmelzen. Dadurch überlagern und vermischen sich immer stärker Lebensräume aus beiden Welten, sodass eine kategoriale Trennung beider Bereiche für die menschliche Erfahrung unschärfer wird und sich zukünftig, besonders für Digital Natives, als sinnlos entlarvt. Daran festzuhalten, dass die Offline-Welt – verstanden als Zustand in der physischen Welt mit Face-to-Face-Kommunikation und ohne den Empfang von Daten über Kommunikationsschnittstellen des Computers – von der virtuellen Online-Welt kategorial getrennt ist, wird vom US-Medientheoretiker Nathan Jurgenson als überholter und falscher *digital dualism*[12] bezeichnet. Die Realität von und in sozialen Netzwerken sei beispielsweise nicht von der Realität der Nutzer(innen), die darin interagieren, zu trennen. Für Jurgenson bewegen wir uns nicht grenzüberschreitend von der realen zur virtuellen Welt und umgekehrt; wir leben für ihn in *einer* Wirklichkeit, die durch die Digitalisierung erweitert und damit sowohl real als auch virtuell sei. Diese Ansicht ist keinesfalls ungewöhnlich oder extrem. Der frühere CEO von Google, Eric Schmidt, prophezeite 2015 auf dem World Economic Forum in Davos mit einer seitdem oft zitierten Bemerkung: „The Internet will disappear."[13] Damit meint er gerade nicht, dass es irgendwann in der Zukunft kein Internet mehr

[10] Vgl. dazu M. Seel, Medien der Realität und Realität der Medien, in: S. Krämer (Hg.), Medien, Computer, Realität. Wirklichkeitsvorstellungen und Neue Medien, Frankfurt a. M. 1998, 244–268.

[11] Vgl. S. Krämer, Medium, Bote, Übertragung. Kleine Metaphysik der Medialität, Frankfurt a. M. 2008, 20–25.40; R. Margreiter, Medienphilosophie. Eine Einführung, Würzburg ^{2}2016, 209–212.

[12] N. Jurgenson, Digital Dualism versus Augmented Reality (24. Februar 2011), in: https://thesocietypages.org/cyborgology/2011/02/24/digital-dualism-versus-augmented-reality (Download: 10.4.2020).

[13] Vgl. Google's Eric Schmidt: „The Internet Will Disappear", in: CNBC Business

geben wird, sondern dass das Internet so zu unserem Leben zählen wird, dass wir die Mischung und Überblendung von Realität und Virtualität gar nicht mehr als solches bemerken. Genauer müsste man folgern, nach Jurgensons und Schmidts Voraussagen nehmen wir zukünftig nicht nur die Vermischung von Realität und Virtualität nicht mehr wahr, sondern wir sind auch unfähig, sie überhaupt noch als eigenständige Bereiche zu erkennen, die man unterscheiden könnte. In dieser Hinsicht sprechen Medienwissenschaftler und Soziologen schon davon, dass die Unterscheidungen zwischen „real“ und „virtuell“ und zwischen „offline“ und „online“ zu einfach seien und sich zukünftig immer deutlicher als überholt erweisen würden.[14]

Bereits in den 1990er-Jahren haben die Computerwissenschaftler Paul Milgram und Fumio Kishino ein ontologisches Schema der verschiedenen Ebenen der Wirklichkeit zwischen Realität und Virtualität vorgestellt, das sie *Reality-Virtuality-Continuum* genannt haben. Dieses Schema wurde seitdem immer wieder rezipiert und von anderen Autor(inn)en weiterentwickelt; es ist hilfreich für einen Überblick über die verschiedenen ontologischen Ebenen und Dimensionen im Übergang zwischen „real“ und „virtuell“. Milgram und Kishino unterscheiden vier Bereiche der Realität auf einer horizontalen Achse, die mit Ausnahme der äußeren Eckpunkte oder Extreme ontologisch kontinuierlich und stufenlos ineinander übergehen.[15]

News vom 23. Januar 2015 [https://www.youtube.com/watch?v=Tf49T45GNd0 (Download: 25.9.2019)].

[14] Vgl. D. Slater, Social Relationships and Identity Online and Offline, in: L. A. Lievrouw, S. Livingstone (Hg.), Handbook of New Media. Social Shaping and Consequences of ICTs, London 2002, 533–546; H. A. Campbell, M. Lövheim, Rethinking the Online–Offline Connection in the Study of Religion Online, in: Information, Communication & Society 14 (2011) 1083–1096. – Für einen digitalen Dualismus argumentiert aus epistemologischer Perspektive Martin Seel (vgl. Seel, Medien der Realität und Realität der Medien [s. Anm. 10]). Für ihn kann „die Differenz zwischen leiblich erschlossener und digital eröffneter Wirklichkeit“ (ebd., 263) nicht getilgt werden. Ähnlich vgl. U. Jochum, Kritik der Neuen Medien. Ein eschatologischer Essay, München 2003, 80–90.

[15] Vgl. P. Milgram, F. Kishino, A Taxonomy of Mixed Reality Visual Displays, in: http://etclab.mie.utoronto.ca/people/paul_dir/IEICE94/ieice.html (Download: 25.11.2019).

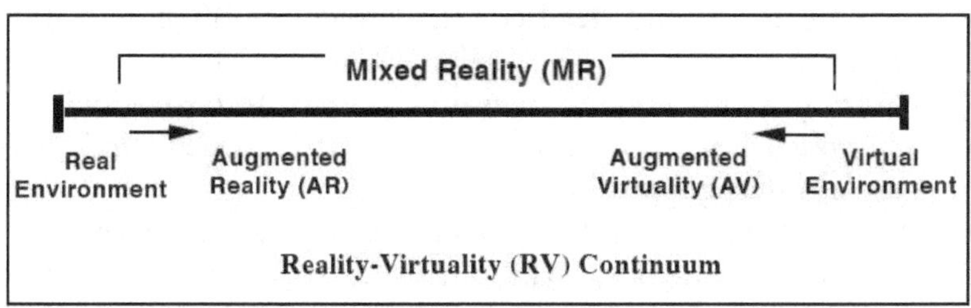

Abb. 1: *Reality-Virtuality-Continuum* nach Paul Milgram und Fumio Kishino.
Aus: P. Milgram, F. Kishino, A Taxonomy of Mixed Reality Visual Displays, in: http://etclab.mie.utoronto.ca/people/paul_dir/IEICE94/ieice.html (Download: 25.11.2019).

Ich erläutere die verschiedenen ontologischen Dimensionen und nenne jeweils ein Beispiel für ein Ereignis im Kontext einer jeweiligen Dimension:

- *Real Environment* bezieht sich auf die physische Realität ohne den Einbezug von virtuellen, computererzeugten Elementen. Beispiel: ein Mensch, der von zu Hause mit seinem Auto zu einer bestimmten Tankstelle fährt.
- *Augmented Reality* bedeutet die Ergänzung des Realen durch das Virtuelle, also durch Computertechnologien wie visuelle Einblendungen oder zusätzliche Informationen auf der Bildfläche. Beispiel: ein Mensch, der von zu Hause mit seinem Auto zu einer bestimmten Tankstelle fährt und sich leiten lässt vom Head-up-Display, das die Strecke in sein Sichtfeld projiziert.
- Der Begriff *Augmented Virtuality*, der in der Fachdiskussion kaum verwendet wird, bedeutet die Ergänzung des Virtuellen durch das Reale, durch den Einbezug von physisch-realen Entitäten oder Elementen (Menschen oder Objekte) mithilfe spezieller Technologien. Beispiel: ein Mensch, der ein Virtual-Reality-Headset trägt und damit in der virtuellen Realität ein Spiel spielt, bei dem er von seinem Haus mit seinem Auto zu einer bestimmten Tankstelle fährt und dabei anderen Fahrzeugen ausweichen muss, die in der physischen Wirklichkeit gerade diese Strecke fahren und per Kameras in das Spiel in Echtzeit einbezogen werden.
- *Virtual Environment* meint den virtuellen Raum ohne topografische Lokalität und den Einbezug von physisch-realen Elementen, auch Cyberspace genannt. Beispiel: ein Mensch, der

ein Virtual-Reality-Headset trägt und mit vollständiger Immersion in der virtuellen Realität ein Spiel spielt, bei dem eine Spielfigur von seinem Haus mit seinem Auto zu einer bestimmten Tankstelle fährt und dabei verschiedenen Hindernissen ausweichen muss.

Bei *Virtual Environment* kann man weitere Differenzierung anführen, und zwar in Bezug auf den Grad oder die Intensität der möglichen Immersion. So unterschiedet der britische Informatiker Richard A. Bartle (* 1960), ob die in der rein virtuellen Welt verwendete Figur entweder nur eine beliebige Spielfigur ist (*player*) oder ein *avatar* bzw. Repräsentant des realen Akteurs, mit dem dieser in der dritten Person agiert, oder ein *character*, mit dem der reale Akteur sich identifiziert und in der ersten Person agiert, oder, als stärkste Immersion, eine *persona*, mit der sich der reale Akteur als ununterscheidbar identisch ansieht.[16] In dieser Richtung haben sich vor allem im angelsächsischen Bereich neue Forschungsfelder wie die Internetsoziologie und die Digitale Anthropologie bzw. Cyberanthropologie entwickelt, die sich mit dem Verhältnis zwischen der digitalen Computertechnologie und dem Menschen als Individuum oder in den Sozialformen der verschiedenen Online-Gemeinschaften beschäftigt.[17] Dabei werden nicht nur die Chancen, sondern auch die Gefahren des digitalen Umbruchs für das Selbstverständnis des Menschen kontrovers diskutiert, etwa im Hinblick auf die Aspekte der Künstlichen Intelligenz oder des Transhumanismus.[18]

Zurück zum *Reality-Virtuality-Continuum*: Das gesamte Kontinuum zwischen den Extremen der „virtualitätsfreien" Realität und der „realitätsfreien" Virtualität[19] wird *Mixed Reality* genannt,

---

[16] Vgl. R. A. Bartle, Designing Virtual Worlds, Indianapolis 2004, 154–158. – Zum Thema „Virtualität" vgl. auch S. Greengard, Virtual Reality (MIT Press Essential Knowledge Series), Cambridge, MA 2019.

[17] Vgl. M. Graham, W. H. Dutton (Hg.), Society and the Internet. How Networks of Information and Communication are Changing Our Lives, Oxford 2019; H. A. Horst, D. Miller (Hg.), Digital Anthropology, London 2012.

[18] Vgl. J. Nida-Rümelin, N. Weidenfeld, Digitaler Humanismus. Eine Ethik für das Zeitalter der Künstlichen Intelligenz, München 2018.

[19] Natürlich beschreibt auch jede Form von Virtualität eine Realität; vgl. dazu P. Brey, The Physical and Social Reality of Virtual Worlds, in: M. Grimshaw (Hg.), The Oxford Handbook of Virtuality, Oxford 2014, 42–54, hier: 43f. Der Begriff „realitätsfrei" bezieht sich hier allein auf die im Modell von Milgram

da Zustände hier nur fließende Übergänge zwischen einem Mehr oder Weniger von Realität und Virtualität kennzeichnen. Das heißt, für Milgram und Kishino gäbe es – im Gegensatz zu Jurgenson und Schmidt – an den extremen Eckpunkten des Kontinuums noch eine Dimension der Realität, die nicht überblendet wäre entweder von der computermedial erzeugten Virtualität (reine physische Realität) oder von der physischen Realität (reine virtuelle Realität) und damit keine *Mixed Reality* darstellte. Auf das ontologische Problem, dass es unter dieser theoretischen Voraussetzung keinen Übergang von der virtualitätsfreien Realität und der realitätsfreien Virtualität zur *Mixed Reality* geben kann, obwohl es ihn faktisch geben muss, kann ich hier nicht näher eingehen. Wie ich im nächsten Abschnitt zeigen werde, kann sich die Unterscheidung der vier Dimensionen im theologischen Kontext als hilfreich erweisen für eine differenzierte Beurteilung und ontologische Kartografierung von Online-Gottesdiensten.

2 Folgen des digitalen Umbruchs für den christlichen Glauben

Der digitale Umbruch hat zweifellos enorme Auswirkungen auf den christlichen Glauben und bedingt neue Herausforderungen für seine theologische Reflexion, pastorale Strukturierung, kommunikative Verkündigung, lebensweltliche Verortung und auch für seine liturgische Praxis. Das Christentum war von Beginn an eine mediale Religion, die in ihrem Zentrum Christus selbst als Medium zwischen der Transzendenz Gottes und der Immanenz des Menschen versteht, und zwar in der Weise, dass er nicht bloß eine Heilsbotschaft überbringt, sondern selbst die Heilsbotschaft *ist*. Es mag überraschend sein, dass gerade der Begründer der modernen Medientheorie, Marshall McLuhan, diese Grundform der Medialität Christi erkannt und in der Einsicht ausgedrückt hat:

und Kishino behauptete Extremsituation einer Virtualität, die ohne den Rekurs auf physisch-materielle Entitäten auskommen soll. Die Frage, ob eine solche vollständige Immersion faktisch überhaupt vorstellbar ist, muss hier offen bleiben.

> „In Jesus Christ, there is no distance or separation between the medium and the message: it is the one case where we can say that the medium and the message are fully one and the same."[20]

Von dieser Mitte her hat das Christentum immer schon in den Medien des Rituals, der Sprache und der Kunst versucht, die Medialität Christi im Kontext einer jeweiligen Zeitepoche angemessen zum Ausdruck zu bringen, zu verkündigen und zu feiern. Insofern trifft der *Media Turn* von der Sache her auf einen an sich und von vornherein medienaffinen Glauben, selbst wenn es durch die Kirchengeschichte hindurch immer wieder Streit um den Vorrang und den rechten Umgang mit den bestimmten Medien gegeben hat.[21] Insofern kann man die Tatsache, dass sich liturgische Rituale in unserem medialen Zeitalter so dynamisch, vielfältig und innovativ entwickelt haben, als Indiz für die grundsätzliche Medienaffinität des christlichen Glaubens ansehen. Umgekehrt kann man sagen, dass es medienresistente Religionen angesichts der Omnipräsenz digitaler Kommunikation und Interaktion schwer haben dürften, ihre Zukunftsfähigkeit jenseits einer marginalen Nischenexistenz zu sichern. In der medientheoretischen Debatte wird in dieser Hinsicht ein Unterschied gemacht zwischen zwei Typen von Religion: *religion online* und *online religion*.[22] *Religion online* steht für eine traditionelle Religion mit hierarchischen, auf Institutionen beruhenden Autoritäts- und Kommunikationsstrukturen, für die der digitale Umbruch nur

---

[20] M. McLuhan, The Medium and the Light. Reflections on Religion, Eugene 1999, 103. – Vgl. dazu auch M. Wahlberg, Das Medium, die Botschaft und die Messe. Was hat Marshall McLuhan der Systematischen Theologie zu sagen?, in: I. Nord, H. Zipernovsky (Hg.), Religionspädagogik in einer mediatisierten Welt (Religionspädagogik innovativ 14), Stuttgart 2017, 104–118.

[21] Etwa beim Bilderstreit im achten und neunten Jahrhundert oder bei der Diskussion um Fernsehgottesdienste im 20. Jahrhundert. Zur historischen Entwicklung der medialen Verkündigung vgl. W. Beck, Die katholische Kirche und die Medien. Einblick in ein spannungsreiches Verhältnis, Würzburg 2018, 55–74.

[22] Vgl. C. Helland, Online-Religion/Religion-Online and Virtual Communitas, in: J. K. Hadden, D. E. Cowan (Hg.), Religion on the Internet: Research Prospects and Promises (Religion and the Social Order 8), New York 2000, 205–224. – Zu der sich an diesen Beitrag anschließenden kontroversen Diskussion vgl. C. Helland, Online Religion as Lived Religion. Methodological Issues in the Study of Religious Participation on the Internet, in: http://archiv.ub.uni-heidelberg.de/volltextserver/5823/1/Helland3a.pdf (Download: 18.4.2020).

funktional zu verstehen ist, als bloße Bereitstellung von Medien für missionierende Praktiken. *Online religion* dagegen bezieht sich auf eine Religion, bei der die religiöse Erfahrung wie in einer Graswurzelbewegung partizipativ über den medialen Austausch verbreitet und gelebt wird. Für den kanadischen Religionssoziologen Christopher Helland überlebt in Zukunft nur der Typus *online religion.*[23]

Seit den 1990er-Jahren hat sich, vor allem im angelsächsischen Raum, eine ungeheure Bandbreite von christlichen Online-Gottesdiensten, virtuellen Gebetskreisen und digitalen Informationskanälen entwickelt. Online-Gebetsforen, virtuelle Kapellen, Pilgerreisen oder Gedächtnisstätten (*memorial sites*), digitale eucharistische Anbetung, Kirchengemeinden im Cyberspace und vieles mehr lässt sich hier entdecken. Zahllose Onlineplattformen und *Mobile Apps* offerieren rituelle Feiern und laden zur Partizipation ein, wie z. B. *Pray As You Go*, *#twomplet*[24], *St. Pixels Church of the Internet*, *Universal Life Church*, *First Church of Cyberspace*, *Life Church*, *Virtual Rosary*, *The Anglican Cathedral of Second Life* usw. Diese Feierformen und Rituale lassen sich im gesamten ontologischen Spektrum des oben skizzierten *Reality-Virtuality-Continuum* verorten. Ich nenne jeweils ein liturgisches Beispiel für die vier skizzierten Dimensionen des Kontinuums:

- *Real Environment* würde etwa einen Gottesdienst in einer Kapelle völlig ohne mediale Unterstützung beschreiben (was theoretisch schon den Ausschluss eines Mikrofons implizierte).
- Für den Bereich der *Augmented Reality* ließen sich zahlreiche liturgische Beispiele anführen, etwa ein Gottesdienst, in dem die Feiernden mit ihren Smartphones in Echtzeit die Lesungstexte mitlesen oder direkt nach der Predigt einen Kommentar abgeben wie etwa bei *Life Church*.
- Für *Augmented Virtuality* könnte man Gottesdienste oder Gebetskreise im virtuellen Raum anführen, bei denen immer in Echtzeit angezeigt wird, wie viele Mitbetende gerade online sind (wie etwa bei *Divine Office*).
- Für *Virtual Environment* schließlich wären liturgisch alle Formen von virtuellen Gottesdiensten zu nennen, bei denen die

[23] Vgl. ders., Ritual, in: H. A. Campbell (Hg.), Digital Religion. Understanding Religious Practise in New Media Worlds, London 2013, 25–40, hier: 31.

[24] Vgl. dazu auch die Beiträge von S. Böntert und C. Roth in diesem Band.

Teilnehmenden mithilfe eines Virtual-Reality-Headsets und eines Avatars interagieren, so etwa bei der *Virtual Reality Church* oder *The Anglican Cathedral of Second Life*. In Bezug auf die letzte Dimension könnte man dann theoretisch noch weiter differenzieren zwischen den im ersten Abschnitt angesprochenen Immersionsgraden, mit denen Online-Feiernde in verschiedene Cyberspace-Versammlungen eingebunden sind.[25]

Zu den Formen und Varianten von Online-Gottesdiensten und deren Kommunikationsstrukturen gibt es inzwischen eine kaum noch überschaubare liturgiewissenschaftliche, religionssoziologische und pastoraltheologische Literatur.[26] Eine differenzierte Phänomenologie und Analyse der verschiedenen Feierformen und Rituale, die sich liturgisch auf der Grundlage von digitalen Technologien in den letzten Jahrzehnten herausgebildet haben, ist hier weder möglich noch notwendig. Ich verweise für einen guten Überblick auf drei englischsprachige Monografien aus den letzten Jahren: erstens das Buch „Creating Church Online. Ritual, Community and New Media" von Tim Hutchings, Soziologe für Digitale Religionen, der in Fallstudien anhand verschiedener Kriterien fünf Typen von Online-Kirchen mit anglikanischem oder freikirchlichem Hintergrund detailliert untersucht und bewertet hat.[27] Zweitens „@ Worship. Liturgical Practices in Digital Worlds" von der in Yale lehrende Liturgiewissenschaftlerin Teresa Berger (* 1956), worin in differenzierter und kenntnisreicher Weise die theologischen Herausforderungen durch Online-Liturgien analysiert werden.[28] Berger betont zu Recht, dass es heutzutage sinnlos

---

[25] Zu den Chancen und Gefahren der Virtualität aus katholischer Perspektive vgl. Sekretariat der Deutschen Bischofskonferenz (Hg.), Virtualität und Inszenierung. Unterwegs in der digitalen Mediengesellschaft – Ein medienethisches Impulspapier (Die deutschen Bischöfe – Publizistische Kommission 35), Bonn 2011. – Zum philosophisch-theologischen Hintergrund des Begriffs „Virtualität" vgl. P. Roth, S. Schreiber, S. Siemons (Hg.), Die Anwesenheit des Abwesenden. Theologische Annäherungen an Begriff und Phänomene von Virtualität, Augsburg 2000.

[26] Für weiterführende Literatur vgl. B. Irlenborn, S. Kopp, Der *Media Turn* als Herausforderung für die Liturgie, in: ThGl 108 (2018) 356–373.

[27] Vgl. T. Hutchings, Creating Church Online. Ritual, Community and New Media (Routledge Research in Religion, Media and Culture), Abingdon 2017.

[28] Vgl. T. Berger, @ Worship. Liturgical Practices in Digital Worlds (Liturgy, Worship and Society), London – New York 2018. – Vgl. auch ihren Beitrag in diesem Band.

sei, entweder für oder gegen digitalisierte Formen der Liturgie zu argumentieren oder sie gar zu ignorieren. Diese Vollzüge würden immer selbstverständlicher für viele religiöse Menschen, sodass es vielmehr darauf ankomme, deren Möglichkeiten und Grenzen theologisch auszuloten.[29] Drittens das Buch „Digital Religion. Understanding Religious Practice in New Media Worlds" der amerikanischen Kommunikationswissenschaftlerin und praktischen Theologin Heidi A. Campbell (* 1970), in dem sie den Fokus auf die Rolle des christlichen Glaubens in digitalen Medien und dabei insbesondere auf das Verhältnis von Theologie und Technologie wirft.[30] Gemeinsam mit dem Theologen Stephen Garner nennt Campbell fünf zentrale Aspekte für Religion in den Neuen Medien: Gemeinschaftserfahrung (*Networked Community*), religiöse Identität (*Storied Identity*), Ritualveränderung (*Convergent Practice*), Realitätsbezüge zwischen Offline und Online (*Multisite Reality*) und der Autoritätswandel (*Shifting Authority*).[31]

Nicht nur in Bezug auf die Überlegungen von Hutchings, Berger und Campbell, sondern auch generell mit Blick auf neuere theologische und religionssoziologische Literatur zum Thema fällt auf, dass von der Tendenz her eine fast ausnahmslos affirmative Einschätzung des Verhältnisses zwischen Religion und Neuen Medien zu verzeichnen ist. Vor dem Hintergrund der oben skizzierten grundsätzlichen Medialität des christlichen Glaubens dürfte diese Diagnose keine Überraschung für die heutige theologische Reflexion darstellen. Die digitalen Informationstechnologien eröffnen angesichts ihrer globalen Verbreitung und ubiquitären Nutzung ein breites Wirkungsfeld für neue und innovative liturgische Feierformen, selbst dann, wenn manche dieser Online-Rituale in Bezug auf deren interaktive Praxis, performative Qualität und christliches Profil kritische Fragen aufwerfen können. Teresa Berger spricht in einer Modifikation des bekannten Schlagwortes der „Zeichen der Zeit" (*signa temporum*) aus dem Matthäusevangelium und der Pastoralkonstitution *Gaudium et spes* (GS) des Zweiten Vatikanischen Konzils (1962–1965) von den

---

[29] Vgl. Berger, @ Worship (s. Anm. 28), xf.2f.

[30] Vgl. H. A. Campbell, Digital Religion. Understanding Religious Practice in New Media Worlds, Abingdon 2012. – Vgl. auch dies., S. Garner, Networked Theology. Negotiating Faith in Digital Culture (Engaging Culture), Grand Rapids 2016.

[31] Vgl. Campbell, Garner, Networked Theology (s. Anm. 30), 64–77.

„Digital ‚signs of the times'"[32], die es heute aus christlicher Sichtweise zu erforschen, zu deuten und zu nutzen gelte. Grundsätzlich lässt sich festhalten: Wenn für die Konstitution einer christlichen Gemeinschaft und deren ritueller Feier normativ das Kriterium aus Mt 18,20 gilt, dass Christus dort anwesend sei, wo sich zwei oder drei Menschen in seinem Namen versammelt haben, kann diese kriterielle Vorgabe offenkundig nicht allein auf die physisch-materielle und ortsspezifische Kopräsenz der Gläubigen bezogen werden, sondern erschließt sich auch für jede Form christlicher Versammlung im ontologischen Spektrum zwischen Realität und Virtualität. Diese Auffassung könnte man an zahlreichen Beispielen von neuen und innovativen Online-Gottesdiensten, bei denen Gläubige in aktiver Form partizipieren, weiter ausfalten und belegen. Darauf möchte ich hier nicht weiter eingehen, da dies primär eine liturgiewissenschaftliche Aufgabe darstellt.[33]

3 Grenzen und Problemanzeigen von Online-Liturgie

Die grundsätzlich positive Beurteilung der Entstehung und Entfaltung liturgischer Feiern in den Neuen Medien schließt natürlich nicht aus, dass es auch Grenzen und Problemanzeigen für solche Rituale zu bedenken gilt, die theologisch zu diskutieren sind. Aus systematisch-theologischer Perspektive bedürfen nicht nur liturgiewissenschaftliche, sondern auch ekklesiologische, fundamentaltheologische und philosophische Fragen weiterer Reflexion. Eine ausführliche Analyse ist an dieser Stelle nicht möglich; ich verweise exemplarisch nur auf drei Problemkreise.

---

[32] Berger, @ Worship (s. Anm. 28), 2.

[33] Vgl. etwa T. Berger, *Participatio Actuosa* in Cyberspace? Vatican II's Liturgical Vision in a Digital World, in: http://www.saintjohnsabbey.org/files/6513/8306/2879/Berger_Participatio_Actuosa.pdf (Download: 20.1.2020); S. Böntert, „Surfst du noch oder betest du schon?". Online-Gottesdienste als Bestandteil der kirchlichen Internetpräsenz, in: εὐangel. Magazin für missionarische Pastoral 4 (1/2013) [http://www.euangel.de/ausgabe-1-2013/internetseelsorge/surfst-du-noch-oder-betest-du-schon (Download: 2.10.2019)].

3.1 Zur Frage nach der Legitimität und Autorität von liturgischen Erfahrungen in Online-Gottesdiensten

Oben wurde bereits die Unterscheidung zwischen *religion online* und *online religion* vorgestellt, verbunden mit der Prognose von Medientheoretiker(inne)n, dass aufgrund ihrer partizipativen Autoritätsstrukturen nur Versionen von *online religion* in Zukunft eine Überlebenschance in entwickelten Gesellschaften haben würden. Zahlreiche mediensoziologische Untersuchungen betonen in genereller Hinsicht die antihierarchische Eigendynamik und dezentrale Kommunikationskultur von Gruppenprozessen in den Neuen Medien.[34] Da diese hierarchiekritischen und autoritätspluralisierenden Dynamiken sich natürlich auch im Kontext von Online-Gottesdiensten auswirken, wird die Frage nach der Genese und Rückkopplung von liturgischer Autorität in jüngster Zeit vermehrt diskutiert. Dabei berühren die Begriffe „Legitimität" und „Autorität" die sensible Frage, ob es in Bezug auf digitale Liturgien, die sich im Rahmen eines konfessionellen Kontextes eigendynamisch mit partizipativen Versammlungsstrukturen und Interaktionspraktiken entwickelt haben, überhaupt noch externe Instanzen geben kann, die in irgendeiner Form darauf kritisch, normierend oder gar korrektiv einwirken können. Solche externen Instanzen können etwa kirchliche Autoritäten oder der theologische Diskurs sein.

Mir erscheint die in vielen Beiträgen zu diesem Thema angeführte rezeptionsästhetische Legitimationsstrategie von liturgischen Online-Erfahrungen als *alleiniges* Beurteilungskriterium einseitig zu sein. So wird immer wieder darauf verwiesen, dass Online-Gottesdienste bis hin zu sakramentalen Feiern schon deshalb liturgisch berechtigt seien, weil die Mitfeiernden sie als berechtigt *empfänden*. So heißt es etwa bei dem evangelischen Theologen Christian Grethlein (* 1954) in Bezug auf Online-Mahlfeiern:

> „Aus rezeptionsästhetischer Perspektive sind für Liturgie nicht theologische Normen, sondern die jeweils empfundene Bedeutung des Vollzugs entscheidend. Und für die Rezeption dürften

---

[34] Vgl. etwa F. Stalder, Kultur der Digitalität (Edition Suhrkamp 2679), Berlin 2016, 92–94; A. Nassehi, Die letzte Stunde der Wahrheit. Kritik der komplexitätsvergessenen Vernunft, Hamburg ^{2}2018, 122–124.

die bisherigen Erfahrungen der Menschen mit dem Mahlfeiern prägend sein."[35]

Die Rezeption der Feiernden ist fraglos ein wichtiger Aspekt, den es im theologischen Diskurs zu berücksichtigen gilt, vor allem für Gottesdienste im digitalen Raum; er entpflichtet die Theologie jedoch nicht von normativen Überlegungen zur Geltung und Legitimität solcher Formen von Mitwirkung. Als wenig hilfreich erscheint es mir in dieser Hinsicht, wenn kritischen Nachfragen zu Online-Ritualen sofort ein statisch-konservativer Liturgiebegriff unterstellt wird, demgegenüber ein dynamisch-offenes Verständnis von Liturgie ins Spiel gebracht wird, das sich durch eine tendenziell vorbehaltlose Anerkennung aller Formen liturgischer Online-Feiern auszeichnen soll. Unabhängig von einem bestimmten Liturgiebegriff wäre theologisch beispielsweise zu fragen, ob ein Avatar, der für Online-Feiernde im Cyberspace stellvertretend die Kommunion empfängt, eine „aktive Teilnahme" dieser Feiernden schon deshalb erwirkt, weil diese das in Bezug auf die Erlebnisqualität so verstehen und darauf insistieren.[36] Allgemeiner gefragt: Kann es unter rezeptionsästhetischen Voraussetzungen überhaupt noch ein Korrektiv gegen Rituale im digitalen Raum geben, die sich vom Anspruch her in der Tradition einer bestimmten konfessionellen Prägung verorten, sich aber faktisch-performativ in ihrer inhaltlich-theologischen Ausrichtung von deren Grundannahmen oder Lehrgehalten erkennbar absetzen?

Wie auch immer die Antwort auf diese Frage lautet, die Theologie sollte einerseits sorgsam und lernbereit auf die Erfahrungen von Online-Feiernden achten, sie ernst nehmen und als rituell-kreativen Ausdruck einer lebendigen Glaubensbindung und „aktiven Teilnahme" begrüßen; sie sollte aber andererseits nicht zu einem Positivismus in Bezug auf die liturgischen Entwicklungen in den Neuen Medien neigen und auf einer theoretischen Metaebene durch Ab-

---

[35] C. Grethlein, Liturgia ex machina. Gottesdienst als mediales Geschehen, in: A. Deeg, C. Lehnert (Hg.), Liturgie – Körper – Medien. Herausforderungen für den Gottesdienst in der digitalen Gesellschaft (BLSp 32), Leipzig 2019, 45–64, hier: 55.

[36] Zum klassischen Begriff „aktive Teilnahme" vgl. W. Haunerland, Tätige Teilnahme aller. Liturgiereform und kirchliche Subjektwerdung, in: StZ 231 (2013) 381–392.

wägung und Kritik auch die Möglichkeit einer kritischen Reflexion gegenüber diesen Erfahrungen wahren, und zwar unabhängig davon, ob und wie ihre Intervention rezipiert wird. Die Haltung einer wechselseitigen kritischen Offenheit schiene auch vorteilhaft für das Verhältnis von Online-Liturgie und kirchlichen Gemeinschaften, die verstanden haben, dass der digitale Raum mehr ist als bloß ein nutzbares Medium für neue Verkündigungspraktiken.

Zur genaueren Bestimmung des Verhältnisses zwischen Theologie, Kirche und Liturgie im virtuellen Raum wäre zu klären, ob sich in Bezug auf die Medialität des christlichen Glaubens und seiner liturgischen Vollzüge legitime und angemessene gottesdienstliche Formen von illegitimen digitalen Inszenierungen und religiös kaschierten Sozialhappenings unterscheiden lassen. Dazu wäre eine spezifische Kriteriologie erforderlich, die allgemeine Merkmale zu benennen hätte, die trotz aller historischen Veränderungen für jede Form eines christlich-katholischen Gottesdienstes gelten würden und insofern notwendig und hinreichend wären für dessen authentischen liturgischen Vollzug. Ob sich eine solche Kriteriologie für das christliche Ritual formulieren lässt, muss hier offen bleiben. Zumindest vier Ansatzpunkte scheinen mir dafür wichtig zu sein:[37] erstens die Bestimmung der *Repräsentanz* des Heiligen, mit deren Hilfe zu prüfen ist, ob der Glaube an die Präsenz Gottes in den Sakramenten und der gemeindlichen Zusammenkunft im liturgischen Vollzug gewahrt wird, oder ob die Feier primär als Form von Sozialität ohne jedes theonome oder transzendenzbezogene Versammlungsmotiv verstanden werden muss. Zweitens die Bestimmung der *Partizipation* der Feiernden, wodurch angemessene Formen der Anwesenheit und Mitwirkung von Teilnehmenden in einer physisch-realen oder virtuellen Gemeinschaft an einem bestimmten Ort von monologisch bleibenden und exkludierenden Versammlungstypen unterschieden werden können. Drittens die Bestimmung der *Aktualität* des Ritus, die auf die – um Benjamins Begriff noch einmal zu nutzen – besondere „Aura" des Gottesdienstes abhebt, den Kairos als besonderen, einmaligen Moment der Feier, ihre Exponiertheit gegenüber dem alltäglichen Umfeld von kausal vernetzten oder sozial habitualisierten Ereignissen. Viertens die Bestimmung der *Transformation* des

---

[37] Vgl. Irlenborn, Kopp, Der *Media Turn* als Herausforderung für die Liturgie (s. Anm. 26), 371–373.

Weltlichen, die darauf verweist, dass die grundlegende Bereitschaft zur je eigenen Erneuerung der Feiernden im Ritual auch die Bereitschaft für eine Verwandlung der Welt aus der gottesdienstlichen Praxis heraus bedeuten muss. Trotz aller Vorläufigkeit und Ergänzungsbedürftigkeit scheinen mir diese Bestimmungen unverzichtbare Bedingungen für jede Form von christlichem Gottesdienst zu sein, gleich, ob er physisch-real in einem Kirchenbau oder virtuell ohne die unmittelbare räumliche Kopräsenz von anderen Feiernden vollzogen wird.

3.2 Zur Frage nach Sakramenten im virtuellen Raum

Eine zentrale Herausforderung vor allem für die katholische Tradition betrifft die Feier der Sakramente in den Neuen Medien. Das Thema von Online-Sakramenten markiert einen Brennpunkt für theologische, philosophische und soziologische Problemanzeigen von Liturgie in der digitalen Welt. Die Krise der Corona-Pandemie 2020 mit ihrer temporären Einschränkung der physischen Teilnahme an Messfeiern hat die Brisanz dieses Themas noch verstärkt. Die Rezeption zur Frage von Online-Sakramenten ist im theologischen und kirchlichen Diskurs äußerst kontrovers: Sie reicht von grundsätzlicher Ablehnung, beispielsweise bei dem in Princeton lehrenden presbyterianischen Theologen Gordon S. Mikoski,[38] aber auch durch das Lehramt der katholischen Kirche im Dokument „Kirche und Internet“ von 2002,[39] über eine situativ-gegenwärtige Infragestellung, beispielsweise bei dem Jesuiten Antonio Spadaro (* 1966),[40] weiter zu einer kritischen Offenheit, wie etwa bei Teresa Berger,[41] bis hin

---

[38] Vgl. G. Mikoski, Über die Mediation der Mediation der Mediation: Die (Un-)Möglichkeit von Online-Abendmahl, in: LiKu 9 (1/2018) 12–18.

[39] „Virtuelle Realität ist kein Ersatz für die wirkliche Gegenwart Christi in der Eucharistie, die sakramentale Realität der anderen Sakramente und den gemeinsamen Gottesdienst in einer menschlichen Gemeinschaft aus Fleisch und Blut. Es gibt keine Sakramente im Internet […].“ (Päpstlichen Rat für die sozialen Kommunikationsmittel, Kirche und Internet [22. Februar 2002], in: http://www.vatican.va/roman_curia/pontifical_councils/pccs/documents/rc_pc_pccs_doc_20020228_church-internet_ge.html [Download: 1.12.2019], Nr. 9)

[40] Vgl. A. Spadaro, Cybertheology. Thinking Christianity in the Era of the Internet, übersetzt von M. Way, New York 2014, 73–76.

[41] Vgl. Berger, @ Worship (s. Anm. 28), 75–100.

zu affirmativen Einschätzungen von *virtual sacraments*, wie bei dem baptistischen Theologen Paul S. Fiddes (* 1947), bei dem es – in einer immer wieder zitierten Passage – heißt:

> „An avatar can receive the bread and wine of the Eucharist within the logic of the virtual world and it will still be a means of grace, since God is present in a virtual world in a way that is suitable for its inhabitants.“[42]

Online-Kommunion entweder mit physischen oder virtuellen Elementen gibt es bereits im digitalen Raum bei einigen evangelischen Freikirchen.[43] *Life Church* etwa hat seine Teilnehmer(innen) einmal im Jahr eingeladen, bei einem *communion event* mit Online-Pastor und Gemeinde selbst Brot und Wein oder Saft vor den Monitor mitzubringen, die dann während der Feier verwandelt würden. Zudem finden sich mit dem Anspruch *virtual sacraments* Online-Taufen, bei denen Spender und Empfänger(in) über miteinander verbundene Webcams kommunizieren.[44] Die Rechtfertigung für ein solches Verständnis von Sakramenten lautet dann zumeist, Gott sei allmächtig und könne insofern in Bezug auf Abendmahl und Eucharistie die Verwandlung der Gaben der im virtuellen Raum verbundenen und damit nicht an ein und demselben physischen Ort versammelten Gemeindemitglieder bewirken. So betont beispielsweise der evangelisch-methodistische Pastor Andy Langford:

> „We believe that God is not bound by space and time. We believe that when we bless the bread and the cup in one place, if there are others who are worshiping with us, God will bless that bread and cup wherever they are.“[45]

---

[42] P. S. Fiddes, Sacraments in a Virtual World?, in: https://www.frsimon.uk/paul-fiddes-sacraments-in-a-virtual-world (Download: 1.10.2019). – Als weiterer Befürworter von Online-Kommunion gilt Neal Locke; vgl. N. Locke, Virtual World Churches and the Reformed Confessions, in: PTR 17 (2011) 55–66, hier: 62.

[43] Vgl. dazu die Übersicht bei: Hutchings, Creating Church Online (s. Anm. 27), 35–40, hier: 37–39.

[44] Etwa die *Prixton Church* oder die *Virtual Reality Church*. – Als Video einer virtuellen Taufe vgl. Anime Mädchen wird von echtem Pfarrer in VR getauft (19. Mai 2019), in: https://www.youtube.com/watch?v=N_88DBmdnNA&app=desktop (Download: 2.12.2019).

[45] Zit. nach: V. Bauerlein, Church's Online Communion: Sacrament or Sacrilege? North Carolina Church's Virtual Plans Run Afoul of the United Methodist Hierar-

Ähnlich heißt es bei dem anglikanischen Theologen Michael Moynagh:

> „If the presence of the Spirit makes the sacrament effective, is there a need for worshippers to be physically in the same place? Can the Spirit not be powerfully at work through communion even though the community is scattered?“[46]

Die Corona-Pandemie hat in der evangelischen Kirche die Befürwortung von Online-Abendmahlfeiern verstärkt, auch wenn die Rezeption weiterhin umstritten bleibt.[47]

Um die Herausforderung des Themas „Online-Kommunion“ für die katholische Kirche deutlich zu machen, führe ich eine instruktive Geschichte von Teresa Berger an. Sie berichtet in „@ Worship“ von orthodoxen Syrern, die sich in einer gefahrvollen Situation im Syrienkrieg im Hause eines muslimischen Nachbarn befinden und dort über dessen Webcam in Echtzeit die Göttliche Liturgie einer orthodoxen syrischen Gemeinde in den Vereinigten Staaten mitfeiern und bei der Kommunion das vor ihnen liegende Brot verzehren. „Did they receive the body and blood of Christ?“, so Bergers suggestive Frage im Anschluss.[48] Die Frage ist gut gestellt und legt theologisch eine bejahende Antwort nahe. Bei aller Empathie für die Betroffenen gäbe es aus katholisch-dogmatischer Perspektive jedoch auch Gründe, differenzierend zu sagen: Nein, die Syrer empfangen nicht *sacramentaliter* den Leib und das Blut Christi, wohl aber *spiritualiter*, im Sinne der „geistigen Kommunion“, also eines echten Verlangens nach dem Sakrament.[49] Gegen diese Auffassung könnte

---

chy (15. November 2013), in: https://www.wsj.com/articles/no-headline-available-1384367121 (Download: 3.12.2019).

[46] M. Moynagh, Church for Every Context. An Introduction to Theology and Practice, London 2012, 377.

[47] Als Überblick zur Debatte vgl. F. Hein, J. Kubitscheck, K. Packeiser, Evangelische Theologen debattieren über das Online-Abendmahl (8. April 2020), in: https://www.evangelisch.de/inhalte/168406/08-04-2020/evangelische-theologen-debattieren-ueber-das-online-abendmahl (Download: 18.4.2020).

[48] Vgl. Berger, @ Worship (s. Anm. 28), 77. – Vgl. dazu auch ihren Beitrag in diesem Band.

[49] Genauer unterscheidet das Konzil von Trient (1545–1563) drei Arten, zu kommunizieren: *sacramentaliter*, *spiritualiter* und *sacramentaliter simul et spiritualiter* (vgl. DS 1648). – Vgl. dazu P. Fonk, Geistliche Kommunion, in: LThK^3 4 (1995) 390; J. Auer, Geistige Kommunion. Sinn und Praxis der *communio spiritualis* und ihre Bedeutung für unsere Zeit, in: GuL 24 (1951) 113–132.

man – in Rekurs auf die gerade zitierte Aussage des methodistischen Pastors Andy Langford – einwenden, dass die Unterscheidung verschiedener Typen von Kommunion an dieser Stelle künstlich und unangebracht sei, da Gott gerade nicht an Raum und Zeit gebunden sei und insofern durchaus als real präsent in den Gaben der Syrer gedacht werden könne. Darauf kann ich hier nur kurz eingehen. Bei diesem Einwand besteht meiner Ansicht nach die Gefahr einer magischen Gottesvorstellung. Magisch wäre die undifferenzierte Vorstellung, Gott könne alles und wirke überall, weil dadurch die göttlichen Attribute der Allmacht und Omnipräsenz gegen Grundlinien der theistischen Offenbarungstheologie missverstanden und überinterpretiert würden. Obwohl Gott offenbarungslogisch zwar an sich nicht an Raum und Zeit gebunden ist, hat er sich schöpfungstheologisch und christologisch jedoch faktisch an Raum und Zeit gebunden. Man kann es als *inkarnatorisches Prinzip der Materialität* bezeichnen, dass Gott sich in Jesus Christus ganz konkret an die damit auch ihn limitierenden Vorgaben von Raum und Zeit bindet und ausliefert. Dies geschieht nicht erst durch die Inkarnation von Jesus Christus, sondern schöpfungstheologisch bereits durch die Erschaffung endlicher Materie in evolutiver Dynamik und soteriologisch mit der Auswahl des Volkes Israel als einem ganz konkreten physischen Kollektiv in einem spezifischen geschichtlichen Zeitraum. Die von Gott selbst in seiner Schöpfungsordnung gewählten Vorgaben für sein Wirken in Raum und Zeit gelten ebenso für den liturgischen Kontext sowohl im ortsabhängigen physischen Raum als auch im ortsunabhängigen virtuellen Raum. Wenn man daran glaubt, dass Gott in der Materie der verwandelten Gaben von Brot und Wein an einem ganz bestimmten Ort, Zeitpunkt und Versammlungskontext real präsent ist, muss man gemäß der Rationalität der göttlichen Schöpfungsordnung auch davon ausgehen, dass er nicht *gleichzeitig* in anderen Gaben an einem anderen Ort, Zeitpunkt und Versammlungskontext in *derselben* Weise real gegenwärtig ist und sein will. Genau diese Auffassung müsste man bestreiten, wenn man für die Möglichkeit von Online-Kommunion plädiert. Unter dieser Voraussetzung wären im Übrigen nur noch wenige Priester für den Vorsitz bei Eucharistiefeiern nötig. Ein einzelner Bischof oder Priester könnte zu einer vereinbarten Zeit eine Messfeier zelebrieren, zu der andere Gemeinden ohne Priester in Echtzeit per Streaming zugeschaltet wären, und dabei die Gaben von Brot und

Wein, die auf dem Altar vor ihm, aber auch auf allen Altären in den mitfeiernden Versammlungsräumen vorhanden wären, synchron und ohne räumliche Restriktionen konsekrieren. Selbst diachron scheint hier eine Grenzziehung kaum möglich, wenn Gott nicht nur nicht an den Raum, sondern auch nicht an die Zeit gebunden wäre.

In dieser Hinsicht scheint mir in der Debatte um Liturgie im digitalen Raum häufig eine Tendenz der Relativierung physisch-materieller Präsenz und damit auch der *materia sacramentorum* als Grundlage für die Wirkung des Göttlichen im Endlichen greifbar zu sein, vor allem bei Autor(inn)en, die von einem dezidiert pneumatologischen Hintergrund geprägt sind. Sicherlich bedeutet die Bindung Gottes an Materialität initial schon in der Schöpfung und deren evolutiver Entwicklung zum *Homo sapiens*, dann in einem bestimmten Volk und einem spezifischen Menschen aus diesem Volk natürlich nicht, dass Materialität als stets endliche und begrenzte auch die finale Formation des göttlichen Handelns, die *eschata*, prägen müsste. Materialität ist der *terminus a quo* der Schöpfungsordnung, nicht aber der *terminus ad quem* der Heilsordnung. Als solche kann sie jedoch nicht einfach übersprungen oder spiritualisiert werden, als wären Glaubensbezüge ohne alle materiellen Voraussetzungen möglich und allein oder primär auf immaterielle Sachverhalte ausgerichtet. Das heißt: Bei aller Wertschätzung von Online-Gottesdiensten scheint mir beim Thema von Sakramenten im digitalen Raum eine Grenze vorhanden zu sein, die schon bei Eucharistiefeiern im Kontext von Fernsehübertragungen nicht überschritten worden ist.

3.3 Zur Frage nach der Präsenz und Kopräsenz der Feiernden in der liturgischen Versammlung

Die gerade beschriebene Relativierung des Physischen gilt nicht nur für den Aspekt der Materialität der eucharistischen Gaben, sondern auch für die Einschätzung der Präsenz der Online-Feiernden. Auch wenn, wie zitiert, die Passage in Mt 18,20 als Kriterium für die Konstitution einer christlichen, von Gottes Anwesenheit bestimmten Gemeinschaft nicht auf die physische Präsenz der Versammelten reduziert werden kann, bedeutet das nicht zwangsläufig, dass ontologisch jede Form der Präsenz und Kopräsenz von Feiernden gleichwertig wäre. Hier, so scheint mir, wird in der Literatur zumeist die Dimension der Leiblichkeit unterschätzt und mit der Dimension der Körperlichkeit identifiziert, vor allem in englischsprachigen Publikationen, die diese Differenzierungsmöglichkeit der deutschen Sprache nicht kennen. Es würde zu weit führen, nun im Detail auf phänomenologische Analysen zur Bedeutung der Leiblichkeit in der Tradition von Edmund Husserl (1859–1938), Martin Heidegger (1889–1976) und Maurice Merleau-Ponty (1908–1961) einzugehen.[50] Zu beachten für den liturgiewissenschaftlichen Diskurs wäre aber der Ausgangspunkt dieser Analysen: Leiblichkeit setzt Körperlichkeit voraus, lässt sich aber nicht auf diese reduzieren. Immer wieder zitiert wird Merleau-Pontys Hinweis, dass der Mensch zwar einen Körper hat, aber Leib *ist*. Die Leiblichkeit des Menschen eröffnet erst die Dimensionalität des physischen Raumes und der Kopräsenz des Mitmenschen.[51] Der Leib ist für Heidegger und Merleau-Ponty nicht wie der Körper im Raum, sondern umgekehrt, erst durch den Leib ergibt sich so etwas wie Raum für die intersubjektive Fremderfahrung. Leiblich präsent zu sein in einer Versammlung an einem bestimmten physischen Ort bedeutet phänomenologisch nicht dasselbe wie körperlich-medial präsent zu sein in einer virtuellen Versammlung. Ein fiktives Beispiel aus dem liturgischen Kontext: Erst durch die leibliche Präsenz in einer ortsgebundenen Feiergemeinde kann mir ein neuer intersubjektiver Erfahrungsraum eröffnet werden zu einer fremden Mitfeiernden, bei der ich – lange vor einer verbalen Kommunikation – spüre, dass sie vielleicht in Not ist und meiner Hilfe bedürfen könnte. Erst durch die Möglichkeit, diesen eröffneten Raum auszufüllen, wird aus dem physischen Beieinander ein leibliches Miteinander und vielleicht sogar Füreinander der Versammelten. Natürlich hätte die hilfsbedürftige Person theoretisch auch die elektronische Nachricht an Mitfeiernde übermitteln können, dass sie Hilfe braucht. Aber genau dies hat sie im Beispiel der

---

[50] Zum Thema „Leiblichkeit" in verschiedenen Facetten vgl. E. Alloa u. a. (Hg.), Leiblichkeit. Geschichte und Aktualität eines Konzepts (UTB 3633), Tübingen ^{2}2019.

[51] Vgl. M. Merleau-Ponty, Phänomenologie der Wahrnehmung (PPF 7), Berlin 1966, 127. – Vgl. auch M. Heidegger, Vorträge und Aufsätze, Pfullingen ^{6}1990, 148; dazu B. Irlenborn, Was sind sakrale Orte? Skizze einer theologischen Topologie, in: IKaZ 47 (2018) 276–289, bes. 277–279.

leiblichen Kopräsenz nicht einmal machen müssen und wurde doch in ihrer besonderen Situation wahrgenommen. Das heißt, die virtuelle Versammlung setzt allein die körperliche Präsenz der Teilnehmenden als Interaktionsmedium voraus und erlaubt aufgrund der Gebundenheit an das technologische Medium keine leibliche Präsenz und Kopräsenz. Das gilt unabhängig davon, dass man bei der Interaktion in einer Netzgemeinde natürlich auch körperlich empfinden kann, etwa von der gehörten Musik sinnlich berührt wird oder sogar schwitzt, wenn man online ein Bußgeständnis ablegt.[52] Die Körperlichkeit digitaler Interaktion ist von der Leiblichkeit räumlicher Interaktion zu unterscheiden. Der Präsenzstatus bei einer physisch-leiblichen Versammlung ist nicht derselbe wie bei einer virtuellen Versammlung. Der Leiblichkeit kommt eine grundlegende Ausrichtung auf die Materialität der Lebenswelt und Mitleiblichkeit der Anderen zu, die in dieser Form nicht bei einer Kommunikation über das technologische Medium möglich ist. Vielleicht entspricht dies auch unser intuitiven Wahrnehmung, nach der wir das leibliche Mit-uns-Sein eines Menschen an einem gemeinsamen Ort anders einschätzen als das körperliche Mit-uns-Sein eines Menschen, mit dem wir in einem Gespräch über Webcams über verschiedene Orte verbunden sind.

Ich behaupte also gerade nicht, dass bei virtuellen Versammlungen kein bindender Präsenzstatus oder kein Wir-Gefühl möglich ist, im Gegenteil. Ich behaupte allein, dass die leibliche Präsenz und Kopräsenz in Ritualen einen anderen, existenziell bedeutsameren Präsenzstatus besitzt als die körperliche Präsenz und Kopräsenz in Ritualen und deshalb nicht einfach ohne Verlust ersetzt werden kann. Von dieser Erfahrung der Leiblichkeit ausgehend könnte man mit Benjamins Begriffen also durchaus sagen, dass in digitalen Liturgien etwas von der „Echtheit“ oder „Aura“ von physisch orts- und zeitgebundenen Gottesdiensten verloren geht.

---

[52] Zum Thema vgl. A. Chalmers, Level of Realism: Feel, Smell, and Taste in Virtual Environments, in: Grimshaw (Hg.), The Oxford Handbook of Virtuality (s. Anm. 19), 602–614.

4 Ausblick

Trotz der kritischen Diskussion möchte ich als Fazit festhalten: Auch wenn es weiteren Reflexionsbedarf bei einigen Formen von Online-Gottesdiensten gibt, können die digitalen Technologien aus theologischer Perspektive als eine große Chance für neue liturgische Feierformen und eine zeitgemäße Verkündigung in den Transformations- und Säkularisierungsprozessen des Christentums in den westlichen Gesellschaften angesehen werden. Die Entwicklung von Online-Gottesdiensten bedarf aber auch der ermutigenden Begleitung und kritischen Reflexion sowohl durch den theologischen Diskurs als auch durch die kirchliche Gemeinschaft, die immer wieder neu deren Chancen und Grenzen auszuloten haben.

Liturgie und Neue Medien

Ein kirchenrechtlicher Zwischenruf

Rüdiger Althaus

> „Unter den erstaunlichsten Erfindungen der Technik, welche die menschliche Geisteskraft gerade in unserer Zeit mit Gottes Hilfe aus der Schöpfung entwickelt hat, richtet sich die besondere Aufmerksamkeit der Kirche auf jene, die sich unmittelbar an den Menschen selbst wenden und neue Wege erschlossen haben, um Nachrichten jeder Art, Gedanken und Weisungen leicht mitzuteilen." (IM 1)

Mit diesen Worten beginnt das vom Zweiten Vatikanischen Konzil (1962–1965) am 4. Dezember 1963 als zweites Dokument verabschiedete Dekret *Inter mirifica* (IM) über die sozialen Kommunikationsmittel, um anschließend auf die Bedeutung dieser allgemein und für die Sendung der Kirche einzugehen. Das ist nun fast 60 Jahre her. Damals standen Presse und Film, Rundfunk und Fernsehen im Blick, Letzteres damals fast noch in den Kinderschuhen.

Die Zeit ist seither nicht stehen geblieben. Unterschiedlichste – wunderbarste und wundersamste – Fort- und Neuentwicklungen sind hinzugekommen, ob Informations- oder Datenaustausch via E-Mail, Twitter, Youtube, Whatsapp, Instagram oder auch das World Wide Web sowie das suspekte Darknet. Wollte man an dieser Stelle das Aktuellste nennen, wäre es zum Zeitpunkt der Veröffentlichung des Beitrages bereits veraltet. Die Entwicklung verläuft rasend schnell. Kirchlicherseits erkennt man – vielleicht nicht so sehr seitens offizieller Stellen, vor allem jedoch seitens sehr vieler Christgläubiger, Geistliche oder Laien – den großen Nutzen (und mitunter auch die Gefahren) dieser modernen Informationstechnologie als pastorale Chance oder einfach nur als simples Instrument, um Termine zu vereinbaren oder Informationen weiterzugeben. Eine Kirche ohne diese Medien wirkt gerade für die jüngeren Generationen auch diesbezüglich wie aus der Steinzeit. Und kann man, sollte man, müsste man sich diese neuen Kommunikationsmittel nicht auch im

Bereich der Liturgie zunutze machen? Welche Aktualität diese Fragestellung besitzt, haben die Wochen der sog. Corona-Krise im Frühjahr 2020 gezeigt, als die normalen sozialen Kontakte sich weitestgehend verboten und im kirchlichen Leben nicht nur Absprachen und Anordnungen der kirchlichen Autorität mittels elektronischer Medien erfolgten, sondern auch so viele Eucharistiefeiern wie nie zuvor gestreamt und damit vielen Gläubigen sowie anderen Interessierten zugänglich waren. Doch irgendwann stellt sich auch die Frage nach rechtlichen, speziell auch kirchenrechtlichen Bestimmungen zu dieser Materie, ja nach der Zulässigkeit überhaupt.

Vorliegender Beitrag – weitestgehend vor der Corona-Krise verfasst – möchte zunächst allgemein nach kirchenrechtlichen Vorgaben zu den (neuen) sozialen Kommunikationsmitteln fragen, um dann die Spektren des liturgischen Lebens und (in aller Kürze) der Pastoral schlaglichtartig zu beleuchten, wobei sich diese Ausführungen lediglich als Diskussionsbeiträge verstehen.

1 Grundlegende Aspekte und allgemeine Vorgaben

Die Kirche pflegte von ihrem Beginn an eine Kommunikation mittels Briefen; man denke nur an die im Neuen Testament enthaltenen, zumeist der Feder des Apostels Paulus entstammend oder ihm zugeschrieben. Auch Bücher – die Heilige Schrift ist ja selbst eine kleine Bibliothek – und Buchdruck waren ihr nie fremd, um den Schatz des Glaubens tiefer zu erfassen, die Botschaft des Heiles zu verbreiten und die Menschen zu Gott hinzuführen. Doch sah der Heilige Stuhl in letzterer Erfindung, weil gerade auch von den Reformatoren eifrig genutzt, zugleich eine potenzielle Gefahr für den Glauben, was in der Mitte des 16. Jahrhunderts zur Einführung der Buchzensur und des bis 1967 immer wieder aktualisierten *Index librorum prohibitorum* führte, bis man diesen vor dem Hintergrund des vom Zweiten Vatikanischen Konzil insbesondere in der Pastoralkonstitution *Gaudium et spes* (GS) vom 7. Dezember 1965 geforderten Dialoges mit der Welt und der schlichten Unmöglichkeit, alle Schriften mit religiösen Bezügen zu erfassen und zu bewerten, abschaffte.[1]

---

[1] Vgl. dazu H. Wolf (Hg.), Inquisition, Index, Zensur. Wissenskulturen der Neu-

Auch das neue Medium Radio nutzte die Kirche sehr bald nach dessen Erfindung und nach der durch die Lateranverträge von 1929 wiedererlangten Souveränität eines „Kirchenstaates“, des Staates der Vatikanstadt. Die veröffentlichte Radioansprache Papst Pius XI. (1922–1939) vom 12. Februar 1931 zur Betriebsaufnahme von Radio Vatikan[2] lässt bereits in ihren differenzierenden Zwischenüberschriften deutlich erkennen, dass es sich hierbei nicht um ein national orientiertes Nachrichtenorgan handelt, sondern dass die katholische Kirche dieses neue Kommunikationsmittel bewusst nutzen will, um ihre Sendung zu verwirklichen, die Botschaft des Evangeliums allen Menschen auf dem gesamten Erdenrund kundzutun. Auch die Medien Film und Fernsehen nutzte die Kirche relativ früh; so existiert im Internet ein fast dreistündiger Film des italienischen Staatsfernsehsenders RAI über die gesamte Krönungsfeier Papst Johannes XXIII. (1958–1963) am 4. November 1958.[3] Was – abgesehen von der für heutige Verhältnisse schlechten Bildqualität (zudem schwarz-weiß) – auffällt: Diese Dokumentation wurde nur an ganz wenigen, redundanten Stellen gekürzt, enthält aber die gesamte Eucharistiefeier einschließlich der Wandlung; eine diesbezügliche Arkandisziplin findet sich nicht. Seit den 1960er-Jahren, bald nachdem eine Liveübertragung technisch möglich war, werden regelmäßig Papstmessen aus dem Petersdom im Fernsehen übertragen, d. h. grundsätzlich die Möglichkeit eröffnet, katholische Messfeiern selbst auch in nichtkatholischen Haushalten empfangen zu können, was die Verbundenheit der Gläubigen weltweit mit dem Nachfolger Petri stärken will, aber auch den Missionsauftrag der Kirche verwirklichen soll. Seit 1983 verfügt der Heilige Stuhl über ein eigenes Fernsehzentrum (CTV) – zuvor erfolgte eine Zusammenarbeit mit der RAI[4] –,

---

zeit im Widerstreit (Römische Inquisition und Indexkongregation 1), Paderborn ²2003.

[2] Vgl. Papst Pius XI., Radioansprache vom 12. Februar 1931, in: AAS 23 (1931) 65–70.

[3] Vgl. Caeremoniale Romanum (Hg.), The Coronation of Blessed Pope John XXIII, in: https://www.youtube.com/watch?v=Qbx9l4fuRlY (Download: 26.6.2019).

[4] Vgl. L. Dorn, Vatikanische Medienpolitik seit dem 2. Vatikanischen Konzil. Und sie bewegt sich doch ein wenig, in: E. von Gemmingen (Hg.), Eine Frage der Wellenlänge. Radio Vatikan und die Kommunikation zwischen dem Vatikan und der Kirche im deutschen Sprachraum, Frankfurt a. M. 2002, 39–45.

seit 1995 über einen Internetauftritt,[5] die römischen Dikasterien sind per E-Mail zu erreichen,[6] und seit 2012 twittert der Heilige Vater gar.[7] Diese Übersicht zeigt in aller Kürze: Der Heilige Stuhl hat sich stets sehr bald neuer Medien der Kommunikationstechnologie bedient.

Fragt man allerdings nach den derzeit geltenden Vorschriften zur Nutzung dieser Medien, fällt das Ergebnis doch sehr bescheiden aus.[8] Als Kanonist würde man schnell von Regelungslücken sprechen, doch könnte eine Rechtsordnung mit den rasant verlaufenden Entwicklungen und den unterschiedlichen Standards weltweit wirklich Schritt halten? Aber was gilt es zu beachten?

Blickt man auf den *Codex Iuris Canonici* (CIC) von 1983 für die gesamte lateinische Kirche, so enthält dieser zwar im Buch über den Verkündigungsdienst der Kirche einen eigenen Titel mit der Überschrift: *De instrumentis communicationis socialis et in specie de libris* („Soziale Kommunikationsmittel, insbesondere Bücher").[9] Bei genauerem Hinsehen widmet dieser jedoch den Kommunikationsmitteln lediglich einen einzigen, sehr allgemein und grundsätzlich gehaltenen Canon (vgl. c. 822 CIC). Dieser trägt den Hirten der Kirche auf, sich bei der Erfüllung ihrer Aufgabe der sozialen Kom-

---

5 Die länderspezifische Top-Level-Domain „.va" existiert seit dem 11. September 1995.

6 Die Mailadressen sind derzeit zu finden in: http://www.vaticanhistory.de/vat/html/vatikan_e-mail-adressen.html (Download: 26.6.2019).

7 Der erste Tweet des Heiligen Vaters wurde am 12. Dezember 2012 um 11:36 Uhr veröffentlicht. – Vgl. „Gerne verbinde ich mich mit euch über Twitter". Erster Papst-Tweet, in: https://www.spiegel.de/panorama/leute/papst-benedikt-xvi-bei-twitter-erster-tweet-des-pontifex-a-872439.html (Download: 26.6.2019).

8 Hier sei nicht auf eventuell vorhandene kurieninterne Verwaltungsvorschriften eingegangen, sondern auf die Vorgaben des kirchlichen Gesetzbuches für die Gesamtkirche des lateinischen Ritus, *Codex Iuris Canonici* (CIC), geschaut. Auf den *Codex Canonum Ecclesiarum Orientalium* (CCEO) für die katholischen Ostkirchen von 1990 wird nachfolgend kein Bezug genommen, insofern dessen Vorschriften sich nicht nennenswert unterscheiden.

9 Auf Literaturverweise zu den einzelnen *Canones* sei nachfolgend verzichtet und stattdessen nur auf drei Standardwerke hingewiesen: W. Aymans, K. Mörsdorf, Kanonisches Recht. Lehrbuch aufgrund des Codex Iuris Canonici, 4 Bde., Paderborn 1991–2013 (KanR); S. Haering, W. Rees, H. Schmitz (Hg.), Handbuch des katholischen Kirchenrechts, Regensburg ³2015 (HKKR); K. Lüdicke (Hg.), Münsterischer Kommentar zum Codex Iuris Canonici (Loseblattsammlung), Essen seit 1985 (MKCIC).

munikationsmittel, auf die die Kirche ein eigenes Recht habe, zu bedienen (vgl. c. 822 § 1 CIC). Zugleich sollen sie die Gläubigen auf deren Pflicht hinweisen, mitzuhelfen, den Gebrauch der sozialen Kommunikationsmittel mit menschlichem und christlichem Geist zu beleben (vgl. c. 822 § 2 CIC). Zudem sollen alle Gläubigen, die in irgendeiner Weise an der Gestaltung dieser Mittel oder ihrem Gebrauch teilhaben, möglichst dazu beitragen, dass die Kirche auch mit diesen ihre Aufgabe wirksam erfüllen kann (vgl. c. 822 § 3 CIC). Die folgenden cc. 823–832 CIC regeln indes die Herausgabe amtlicher kirchlicher Bücher sowie die katholische Glaubens- und Sittenlehre betreffende Werke; zusammenfassend lässt sich hierzu sagen, dass erstere der Zustimmung des Heiligen Stuhles oder des Diözesanbischofs bedürfen, diese Autoritäten letztere prüfen *können*. Diese Vorschriften sind sachlogisch sicher auch auf die elektronische Publikation von Druckwerken anzuwenden.

Dieser c. 822 CIC bringt ein grundsätzliches *Ja* zu den sozialen Kommunikationsmitteln zum Ausdruck, damit die Kirche ihre Sendung erfüllen kann. Eine weitergehende Differenzierung unterbleibt an dieser Stelle, waren doch zur Zeit der Erarbeitung und der Promulgation des CIC vor rund 40 Jahren über Presse, Funk, Film und Fernsehen hinausgehende Medien noch gar nicht erfunden. Dies bedeutet aber auch: Mangels einer (nachfolgenden) Differenzierung und Konkretisierung werden zunächst alle Neuen Medien gutgeheißen und kommen grundsätzlich für den Gebrauch *der* Kirche (durch die Amtsträger) und *in der* Kirche (durch alle Christgläubigen) in Betracht.

Blickt man in das Stichwortregister des CIC,[10] begegnet in mehreren Zusammenhängen ein Bezug auf die sozialen Kommunikationsmittel:

- Die Kirche soll in Erfüllung ihres Auftrages, das ihr von Jesus Christus anvertraute Glaubensgut heilig zu halten, tiefer zu erforschen, treu zu verkünden und auszulegen, das Evangelium

[10] Vgl. dazu Index analytico-alphabeticus, in: Pontificia Commissio Codici Iuris Canonici authentice interpretando, Codex Iuris Canonici auctoritate Ioannis Pauli PP. II promulgatus, fontium annotatione et indice analytico-alphabetico auctus, Rom 1990, 531–654, hier: 587f.; Sachverzeichnis, in: Deutsche Bischofskonferenz (Hg.), Codex Iuris Canonici – Codex des kanonischen Rechtes. Lateinisch-deutsche Ausgabe mit Sachverzeichnis, Kevelaer ^{9}2018, 833–964, hier: 896.

auch unter Einsatz ihrer eigenen sozialen Kommunikationsmittel allen Völkern verkünden (vgl. c. 747 § 1 CIC).

- Bei der Verkündigung der christlichen Lehre sollen die unterschiedlichen zur Verfügung stehenden Medien, auch Presse und andere sozialen Kommunikationsmittel, verwendet werden (vgl. c. 761 CIC).
- Um die Unversehrtheit des Glaubens und der Sittenlehre zu bewahren, haben die Hirten der Kirche (einzelne Bischöfe, Bischofskonferenzen, der Apostolische Stuhl) das Recht und die Pflicht, darüber zu wachen, dass nicht durch Schriften oder soziale Kommunikationsmittel Glaube oder Sitten der Gläubigen Schaden nehmen. Sie können verlangen, dass von Gläubigen herauszugebende Schriften, die den Glauben oder die Sitten berühren, von ihnen geprüft werden, und haben solche zurückzuweisen, die diesen schaden (vgl. c. 823 CIC).
- Bei der katechetischen Unterweisung sollen alle Hilfsmittel, didaktischen Hilfen und sozialen Kommunikationsmittel verwendet werden, damit die Gläubigen entsprechend ihres Alters, ihrer Anlagen, Fähigkeiten und Lebensumstände die katholische Lehre voller erlernen und besser in die Praxis umsetzen können (vgl. c. 779 CIC).
- Der kirchlichen Autorität unterstehen der Religionsunterricht sowie die katholische Erziehung in Schulen und in den verschiedenen sozialen Kommunikationsmitteln. Die Bischofskonferenz kann hierzu allgemeine Normen erlassen; der Diözesanbischof hat diesen Bereich näher zu regeln und zu überwachen (vgl. c. 804 § 1 CIC).
- Die Bischofskonferenz hat zur Verbreitung der christlichen Lehre in Hörfunk und Fernsehen Vorschriften zu erlassen (vgl. c. 772 § 2 CIC).
- Die Bischofskonferenz hat Normen zur Mitwirkung von Klerikern und Ordensleuten in Hörfunk und Fernsehen zu erlassen, wenn es um die Behandlung der katholischen Lehre oder Sitten geht (vgl. c. 831 § 2 CIC).
- Die Seelsorgenden sollen Kindern, Jugendlichen und Erwachsenen nicht nur durch Predigt und Katechese, sondern auch mittels sozialer Kommunikationsmittel die christliche Ehelehre und die Aufgaben christlicher Ehegatten und Eltern vermitteln (vgl. c. 1063, 1° CIC).

- Die Ordensleute sollen beim Gebrauch der sozialen Kommunikationsmittel die gebotene Unterscheidung beachten und das meiden, was ihrer Berufung schaden und ihre Keuschheit gefährden kann (vgl. c. 666 CIC).
- Der Missbrauch sozialer Kommunikationsmittel stellt einen Straftatbestand dar: So sollen Christgläubige, die u. a. durch deren Benutzung eine Gotteslästerung zum Ausdruck bringt, die guten Sitten schwer verletzt, gegen die Religion oder die Kirche Beleidigungen ausspricht oder Hass und Verachtung hervorruft, mit einer gerechten Strafe belegt werden (vgl. c. 1369 CIC).

Auch wenn auf diese *Canones* hier nicht näher eingegangen werden kann, ergeben all diese (eher schlaglichtartigen) Aspekte, trotz einer fehlenden systematischen Regelung dieser Materie folgende Ergebnisse:

1. Die Kirche steht den sozialen Kommunikationsmitteln grundsätzlich positiv gegenüber und postuliert ihr Recht, auch selber solche zu nutzen.
2. Soziale Kommunikationsmittel gelten als wertvolles Instrumentarium, damit die Kirche ihre Sendung erfüllen kann; der liturgische Bereich bleibt hiervon nicht ausgenommen.
3. Die kirchliche Autorität hat auch in den sozialen Kommunikationsmitteln über die Wahrung der authentischen katholischen Glaubens- und Sittenlehre zu wachen.
4. In einigen Materien hat die Bischofskonferenz Vorschriften zu erlassen, um in Anbetracht der jeweiligen gesellschaftlichen, politischen und technischen Bedingungen in ihrem Konferenzgebiet das gesamtkirchliche (Rahmen-)Recht zu präzisieren.[11]
5. Die sozialen Kommunikationsmittel sollen für die katechetische Unterweisung in Schule und Erziehung eingesetzt werden; genannt wird die katholische Ehelehre, doch dürfte eine Eingrenzung auf diese nicht intendiert sein.

---

[11] Eine solche Normsetzung steht nicht nur im Ermessen der einzelnen Bischofskonferenz, sondern ist ihr verpflichtend aufgetragen. – Vgl. Staatssekretariat, Schreiben an die Vorsitzenden der Bischofskonferenzen vom 8. November 1983, in: H. Schmitz, F. Kalde (Hg.), Partikularnormen der deutschsprachigen Bischofskonferenzen (SICVA 2), Metten 1990, 121–125 [lateinische Fassung in: CCCIC 15 (1983) 135–139]. Die entsprechend geltenden Partikularnormen finden sich abgedruckt in: dies. (Hg.), Partikularnormen der Deutschen Bischofskonferenz. Text und Kommentar (SICVA 5), Metten 1996, 12–14.

Das gut 20 Jahre nach der Promulgation des CIC von der Kongregation für die Bischöfe im Jahre 2004 herausgegebene „Direktorium über den Hirtendienst der Bischöfe“ behandelt in einem eigenen Abschnitt: „Der Bischof und die sozialen Kommunikationsmittel“.[12] Bei diesem Dokument handelt es sich allerdings um eine Instruktion, die kein neues Recht setzen kann, sondern nur bereits geltendes hinsichtlich seiner praktischen Anwendung näher erläutern will (vgl. cc. 32–34 CIC). Dieses nennt nun auch das Internet ausdrücklich. Inhaltlich begegnet eine dreifache Dimension:

1. Die Bedeutung der Medien für die Sendung der Kirche: Die Kirche soll die Heilsbotschaft mithilfe der modernen „Areopage“ (vgl. Apg 17) „verbreiten, auf denen die Kultur bestimmt und verbreitet wird, vor allem durch die sozialen Kommunikationsmittel, darunter Periodika und Zeitschriften, Fernsehen, Rundfunk, Film und, mit wachsender Bedeutung, Internet und die übrigen Informationstechnologien.“[13] Die Hirten der Kirche müssen „im Bewusstsein der bemerkenswerten Wirksamkeit der Kommunikationsmittel für die Ausbreitung des Evangeliums diese bei der Erfüllung ihrer Sendung“ nutzen. Der jeweilige Diözesanbischof soll das Thema „Massenmedien“ im diözesanen Pastoralplan berücksichtigen, „die Art und Weise der Vermittlung der christlichen Glaubenslehre durch die Kommunikationsmittel“[14] festlegen und alle Gläubigen zu großherzigen Beiträgen ermutigen. Auch in der Ausbildung der Seminaristen dürfe der Gebrauch dieser Kommunikationsmittel nicht fehlen.[15]

---

[12] Vgl. Kongregation für die Bischöfe, Direktorium für den Hirtendienst der Bischöfe (22. Februar 2004) (VApS 173), Nr. 137–141 [lateinische Fassung in: X. Ochoa (Hg.), Leges ecclesiae post codicem iuris canonici editae, Bd. X, Rom 1980, Nr. 6177]. – Bereits die Vorgängerversion vom 22. Februar 1973 ging nur kurz auf die entsprechende Verantwortung des Diözesanbischofs ein (vgl. ebd., Bd. V, Nr. 4174, n. 74). – Der Vollständigkeit halber sei noch die Instruktion der Kongregation für die Glaubenslehre vom 30. März 1992 über einige Aspekte des Gebrauchs der sozialen Kommunikationsmittel genannt, die sich jedoch mit Druckschriften befasst (vgl. VApS 106).

[13] Kongregation für die Bischöfe, Direktorium für den Hirtendienst der Bischöfe (s. Anm. 12), Nr. 137.

[14] Wörtliche Zitate aus: ebd., Nr. 138.

[15] Vgl. ebd. – Vor über 30 Jahren (!) wurden zu diesem Zwecke bereits Leitlinien formuliert; vgl. Kongregation für das katholische Bildungswesen, Leitlinien für die Ausbildung der künftigen Priester in den Medien der sozialen Kommunikation vom

2. Das Apostolat aller Gläubigen: Die Gläubigen sollen bei jenen Kommunikationsmitteln aktiv mitarbeiten, bei denen ihre Mitarbeit moralisch möglich ist, und „in Übereinstimmung mit anderen Personen [...] selber neue Kommunikationsmittel schaffen."[16]
3. Die Aufsicht der Diözesanbischöfe: Der Diözesanbischof soll die Übereinstimmung der Inhalte katholischer Programme und Initiativen mit der Lehre der Kirche und die Beachtung der Vorschriften der Bischofskonferenz zu diesem besonderen Apostolat überwachen (vgl. c. 772 § 2 CIC; c. 831 § 2 CIC). Besondere Aufmerksamkeit soll er katholischen Zeitungen, Zeitschriften und anderen Periodika widmen.[17] Er soll sich verstärkt dafür einsetzen, dass die sozialen Kommunikationsmittel, insbesondere die Fernseh- und Rundfunkprogramme, der menschlichen Würde entsprechen und sich gegenüber der Kirche respektvoll verhalten. Schriften der Gläubigen zu Fragen des Glaubens oder der guten Sitten sollen möglichst vor ihrer Veröffentlichung seinem Urteil unterbreitet werden.[18]

In der Zusammenschau ergibt sich auch hier, dass für die Gesamtkirche keine auch nur annähernd dezidierten Vorgaben zu den neuen sozialen Kommunikationsmitteln vorliegen, sich aber aus den dargelegten Prinzipien durchaus Kriterien ableiten lassen, die einer – gesetzlich normierten oder praktisch eingedenk der *mens legislatoris* praktizierten – Anwendung auf das entsprechende Kommunikationsmittel und die jeweiligen Umstände der Herstellung, Verbreitung und Nutzung bedürfen.

---

19. März 1986, in: http://www.vatican.va/roman_curia/pontifical_councils/pccs/documents/rc_pc_pccs_doc_19031986_guide-for-future-priests_ge.html (Download: 26.6.2019).

[16] Kongregation für die Bischöfe, Direktorium für den Hirtendienst der Bischöfe (s. Anm. 12), Nr. 137.

[17] Vgl. ebd., Nr. 139.

[18] Vgl. ebd., Nr. 140f.

2 Nutzung neuer Kommunikationsmittel für liturgische Feiern

Sakramente und andere gottesdienstliche Feiern bedeuten nicht allein ein heilsindividuelles Mitteilen der Gnade Gottes, sondern sind zugleich in einer ekklesialen Dimension Feiern des Volkes Gottes selbst als ein ihm eigener Vollzug seiner Berufung durch Gott. Folglich gehört die Spendung eines Sakramentes seiner Natur nach in eine liturgische Feier. Wie aber kann sich diese unter besonderen Umständen verwirklichen, wenn eine physische Anwesenheit nicht möglich oder zumindest unverhältnismäßig schwierig ist?

2.1 Eucharistiefeier versus Priestermangel?

Technisch erfordert es heute keinen großen Aufwand mehr, gottesdienstliche und sakramentliche Feiern von einem Ort aus weltweit live zu übertragen. Seit Jahrzehnten gehört es in katholischen Krankenhäusern und Altenheimen gleichsam schon zum (Qualitäts-)Standard, dass die an ihr Zimmer gebundenen Bewohner bzw. Patienten dort die in der Hauskapelle gefeierten Gottesdienste empfangen können – erst nur akustisch, dann auch audiovisuell. Nach einzelnen Gottesdienstübertragungen in den öffentlich-rechtlichen Medien aus besonderem Anlass bietet das Zweite Deutsche Fernsehen (ZDF) seit 1987 solche in einem in der Regel vierzehntäglichen Rhythmus an. Zielgruppe sind vor allem jene, die wegen Alters oder Krankheit nicht mehr an der Eucharistiefeier ihrer Pfarrei teilnehmen können. Seit einer Reihe von Jahren halten auch Medien im privatrechtlichen Bereich ein solches Angebot vor; Domradio Köln, K-TV oder Radio Horeb seien nur beispielhaft genannt. Medientechnisch beschränkt sich dies nicht mehr nur auf das gute alte Fernsehen, sondern erfolgt mittels Livestream jeglicher Art. Gerade im Frühjahr 2020 gab es kaum eine Diözese im deutschsprachigen Raum, die nicht die Feiern des *Triduum Sacrum* und am Sonn- und vielfach auch am Werktag aus ihrer Domkirche die Eucharistiefeier für die Menschen daheim mittels dieser neuen Technik übertragen hat. Selbst die morgendlichen Messfeiern des Papstes in der Casa Santa Marta sendete Radio Vatikan vom 9. März bis 18. Mai 2020 weltweit – alles nur ein Behelf, um den geistlichen Bedürfnissen der Gläubigen in dieser angespannten Notsituation Rechnung zu tragen!? Die lateinische

Rechtssprache würde in diesem Kontext wohl von einer *necessitas* sprechen, was übersetzt ein Erfordernis bedeutet.[19]

Man kann weiterdenken und -fragen: Würde es nicht auch organisationsmäßig ausreichen, sonn- und feiertags die Messe an wenigen Orten zu feiern und von dort aus live an andere Orte zu übertragen, und zwar nicht nur in Privathäuser, sondern auch in andere Kirchen, in denen wegen des bereits vorhandenen und noch weiter zunehmenden Mangels an Priestern keine Messe gefeiert werden kann?

Doch Letzteres begegnet theologischen Bedenken, insofern das räumliche Zusammenkommen der Gemeinde und die physische Anwesenheit der Christgläubigen zur Feier der Eucharistie als zentrale Momente angesehen werden. Zudem kann es nicht darum gehen, einen Gottesdienst per Übertragung einfach nur zu verfolgen wie ein Fußballspiel, Konzert oder einen Unterhaltungsfilm, bei denen man zwischendurch, wenn es uninteressant wird, auch mal (technisch oder mental) ab- oder umschalten und nebenbei (oder hauptsächlich) etwas anderes erledigen kann. „Gott ruft sein Volk zusammen", und mitten in diesem ereignen sich dessen Lebensvollzüge von Gottesdienst, Glaubenszeugnis und christlichem Liebesdienst – letztlich gewirkt durch seinen Heiligen Geist, der im Volk Gottes und in jedem seiner Glieder wirkt.

Allerdings sei die Frage gestattet, ob sich der Geist Gottes nicht auch Neuer Medien bedienen kann. Wenn ein Zusammenkommen an einem realen Ort nicht möglich ist: Kann sich ein solches Versammeln nicht auch in einem mittels moderner Kommunikationsmittel – durch menschliche Geisteskraft mit Gottes Hilfe aus der Schöpfung entwickelt (vgl. IM 1) – virtuell geschaffenen Raum ereignen? Können diese Mittel nicht zu einer wirklich geistlichen Verbundenheit mit dem liturgischen Geschehen beitragen? Freilich setzt dies voraus, dass jemand bereit ist, den Gottesdienst nicht nebenbei zu konsumieren, sondern wirklich daran teilzunehmen, als wäre er physisch vor Ort, wobei es auch dort Gläubige geben soll, die (mitunter gar nicht beabsichtigt) mit ihren Gedanken nicht angemessen bei der Sache sind.

---

[19] Vgl. R. Althaus, *Necessitas*. Katholisch, in: H. Hallermann u. a. (Hg.), Lexikon für Kirchen- und Religionsrecht 3, Paderborn 2020 [im Druck].

Was beim ersten Hinhören wie ein liturgietheologisches Sakrileg anmutet, ist letztlich nicht völlig neu. Denn der Heilige Geist, die Taufe und auch die Eucharistie bewirken eine enge Verbindung, ja Gemeinschaft (*communio*) untereinander und miteinander – zur gleichen Zeit und durch die Geschichte der Kirche hindurch. Nur wenige Aspekte seien genannt, die zeitlich zugleich eine horizontale wie vertikale Kontinuität bzw. *communio* des Volkes Gottes symbolisieren:

1. Der Geist Gottes verbindet – so auch die Dogmatische Konstitution *Lumen gentium* (LG) des Zweiten Vatikanischen Konzils vom 21. November 1964 über die Kirche – die Christ(inn)en und bereits die Katechumen(inn)en mit Christus und untereinander (vgl. LG 14,2; c. 207 § 1 CIC): Durch das Gebet weiß man sich seit alter Zeit im Geist und im Gebet verbunden, was in förmlichen mittelalterlichen Gebetsverbrüderungen[20] und Bruderschaften zum Ausdruck kommt, oder verbunden mit entfernten Familienangehörigen, die als Missionar(inn)e(n) in der weiten, als Auswanderer(innen) in der Neuen oder als Ordensleute klaustriert in einer abgeschirmten Welt leben.
2. Der Empfang der Taufe verbindet jede(n) einzelne(n) Christgläubige(n), wer es auch sei, mit Christus (vgl. Gal 3,26–29 u. ö.; c. 204 § 1, c. 849 CIC). Die Heiligen – ob nun förmlich heiliggesprochen oder nicht – sind die älteren Geschwister der Lebenden im Glauben. Die Praxis eines Friedhofes um die Kirche, die Heiligenverehrung oder auch die Reliquientranslationen im frühen Mittelalter sowie das Bewusstsein der Verbundenheit mit den Getauften in allen Kontinenten bringen dies zum Ausdruck.
3. Die Eucharistie selbst verbindet die Christ(inn)en mit Christus und untereinander. Vor allem die spätantike stadtrömische Liturgie kannte die Praxis, Stücke der soeben konsekrierten Hostie in andere Kirchen der Stadt zu überbringen und andere für die nächste Eucharistiefeier aufzubewahren.[21] Diese Verbundenheit kommt auch zum Ausdruck, wenn im Eucharistischen Hochgebet

[20] So wurzelt die als älteste „Städtepartnerschaft“ bezeichnete Verbindung zwischen Le Mans in Frankreich und Paderborn in Westfalen in einer bereits 836 vereinbarten, wechselseitigen Gebetszusage.

[21] Vgl. J. A. Jungmann, Missarum sollemnia. Eine genetische Erklärung der römischen Messe, Bd. 2: Opfermesse, Freiburg i. Br. ³1952, 386–388.

weltweit der Papst und bistumsweit der Diözesanbischof genannt werden. Die im Mittelalter aufkommende sog. *geistliche Kommunion* erachtete man von ihrer geistlichen Fruchtbarkeit her als dem realen Empfang ebenbürtig. Während seiner morgendlichen Messfeiern im Frühjahr 2020 lud der Papst wegen der Unmöglichkeit physischer Kommunion wiederholt zur geistlichen Kommunion ein und rief deren Bedeutung in Erinnerung.

Wie kann in Anbetracht des Mangels an Priestern die Pflicht zur Mitfeier der Eucharistie an Sonn- und (kirchlich) gebotenen Feiertagen (vgl. c. 1247 CIC)[22] erfüllt werden? Das Kirchenrecht sagt: Wenn wegen Fehlens eines geistlichen Amtsträgers oder aus einem anderen schwerwiegenden Grund die Teilnahme an einer Eucharistiefeier unmöglich ist, wird sehr empfohlen, dass die Gläubigen an einem Wortgottesdienst teilnehmen, wenn ein solcher in der Pfarrkirche oder an einem anderen heiligen Ort gemäß den Vorschriften des Diözesanbischofs gefeiert wird (vgl. c. 1248 § 2 CIC). Könnte also an die Stelle der von einem Diakon oder einem Laien gehaltenen Wort-Gottes-Feier mit oder ohne Spendung der Kommunion (aus dem Tabernakel!)[23] eine Liveübertragung[24] der an zentralem Ort (v. a. in der Pfarrkirche, in der der Pfarrer ohnehin die Messe feiern und auch für das ihm anvertraute Volk applizieren soll: vgl. c. 530, 7°, c. 534 CIC) gefeierten Messe[25] mit (wegen der Entfernung

---

[22] Diese kirchlich gebotenen Feiertage – nicht identisch mit den liturgischen Hochfesten – nennt c. 1246 CIC, doch kann die Bischofskonferenz diese Auflistung für ihren Bereich modifizieren. Als Faustregel lässt sich für den Bereich der Deutschen Bischofskonferenz (DBK) sagen, dass diejenigen kirchlichen Feiertage, die nach Landesrecht staatlichen Schutz genießen, dort auch kirchlich gebotene sind (vgl. Schmitz, Kalde (Hg.), Partikularnormen der DBK [s. Anm. 11], 16f.).

[23] Diese kontrovers diskutierte Frage sei an dieser Stelle nicht vertieft. Zur Position des Verfassers vgl. R. Althaus, Wort-Gottes-Feiern am Sonntag und Kommunionspendung. Kirchenrechtliche Anmerkungen, in: ders. u. a. (Hg.), Saluti hominum providendo [FS Wilhelm Hentze] (MKCIC.B 51), Essen 2008, 31–49.

[24] Selbstverständlich sind hier die Bestimmungen von Persönlichkeits- und Datenschutz hinsichtlich des Rechtes auf das eigene Bild zu beachten, doch wäre eine Differenzierung zu erwägen hinsichtlich einer unbegrenzten Zugriffsmöglichkeit (weltweit) oder lediglich durch einzelne zugeschaltete Gottesdienstgemeinden.

[25] Hierbei sind die bisherigen Bestimmungen der Partikularnorm der DBK zu c. 772 § 1 CIC (abgedruckt: Schmitz, Kalde [Hg.], Partikularnormen der DBK [s. Anm. 11], 12f.) zu beachten: 1. Es bedarf für die Übertragung von liturgischen

anschließender) Spendung der Eucharistie aus dieser Feier treten?[26] Was wie eine radikale Neuerung anmutet, besitzt gewisse Anknüpfungspunkte:

- Bei „Großveranstaltungen" (z. B. Einführung oder Begräbnis eines Bischofs) wird die liturgische Feier oft in eine benachbarte Kirche oder Räumlichkeit übertragen und dort auch die Kommunion gespendet.
- In der DDR hatte sich seit 1965 der Dienst der sog. Diakonatshelfer entwickelt, die die Eucharistie aus der zentralen Pfarrei in die einzelnen Gemeinden brachten, um diese in einem dort gefeierten Wortgottesdienst zu spenden.[27]
- Abgesehen von der Praxis der Kommunionspendung in katholischen Altenheimen und Krankenhäusern anlässlich der übertragenen Messfeier zielte auch die Übertragung der Sonntagsmesse durch das ZDF darauf, den an das Haus gebundenen Gläubigen die Eucharistie zeitnah durch Kommunionhelfer(innen) ins Haus zu bringen.[28]

All dies geschah und geschieht in der Überzeugung, dass diejenigen, die nicht unmittelbar an der Feier (ihrer Gemeinde) teilnehmen können, dies geistlich unter Zuhilfenahme dieser medialen Übertragung tun. Würde ein solches Vorgehen der Eucharistiefeier und der Eucharistie (besser) gerecht? Es mag der Verdacht einer Priesterzentrierung aufkeimen – doch geht es nicht vielmehr um eine Eucharistiezentrierung der Kirche?

Handlungen der Erlaubnis des Diözesanbischofs (die aber allgemein erteilt werden kann); 2. Messfeiern dürfen nur live und nur vollständig übertragen werden; es muss klar sein, dass sie kein Ersatz für von den Gläubigen in räumlicher Gegenwart mitzufeiernden Messen sind; 3. die liturgischen Vorschriften sind einzuhalten.

[26] Es wäre aus dogmatischer Sicht zu reflektieren, inwiefern gar eine „Fern-Konsekration" in Betracht käme. Denkt man an die großen Papstmessen auf dem Petersplatz, beschränkt sich die Konsekration auch nicht auf die Hostien, die in den Gefäßen auf dem Altar stehen, sondern bezieht auch die mit ein, die Priester als spätere Kommunionspender in Händen halten.

[27] Vgl. dazu H. Aufderbeck, Stationsgottesdienst. Überlegungen zum sonntäglichen Wortgottesdienst, in: LJ 14 (1964) 172–184; ders., Gemeinde als Versammlung. Zehn pastorale Thesen, in: LJ 19 (1969) 65–78.

[28] Vgl. dazu R. Meyer, W. Fischer, Die Kommunion in die Wohnung bringen. Wie ein Kommunionhelferdienst aufgebaut werden kann, in: Gottesdienst 21 (1987) 97–99.

2.2 Spendung anderer Sakramente

Grundsätzlich besteht die Möglichkeit, auch andere Sakamentenspendungen zu übertragen, damit Gläubige, die an einer Feier, obgleich gewünscht, nicht physisch anwesend teilnehmen, dies aber medial tun können. Dies betrifft zunächst z. B. den Fall eines erkrankten Verwandten, was eine beschränkte Zugriffsmöglichkeit allein für diesen nahelegt, weil bei einer solchen Feier, obgleich mit ekklesialer Dimension, der Schutz der Persönlichkeitssphäre beachtet werden muss.

Die „Fernspendung“ eines Sakramentes mithilfe eines neuen Mediums dürfte in der Regel wohl kaum in Betracht kommen, weil im Kern oft ein physischer Kontakt von Spender und Empfänger(in) in der liturgischen Feier einer versammelten Gemeinde verlangt wird.[29] Dennoch könnte es Ausnahmen geben, wenn eine wechselseitige Verbindung eine wirkliche *Mit*feier ermöglicht.

2.2.1 Eheschließung

Bei einer Eheschließung nehmen die Brautleute – nach dem Verständnis der lateinischen Kirche – mit dem Austausch des Ehewillens das sakramentale Handeln selber vor (vgl. c. 1057 § 1 CIC), während dem Traugeistlichen und ähnlich den Trauzeug(inn)en nur eine gleichsam notarielle Funktion zukommt. Wäre ein mediales Zuschalten des Traugeistlichen oder der Trauzeug(inn)en (vgl. c. 1108 § 1 CIC), ja sogar eines Brautteils denkbar?[30]

Für Trauzeug(inn)en wird nach allgemeiner Auffassung für den gültigen Eheabschluss von Katholik(inn)en deren persönliche Anwesenheit unabdingbar verlangt, bei der sie bewusst den Austausch des Ehewillens durch die Brautleute wahrnehmen. Muss sich dies auf die physische Präsenz der Trauzeug(inn)en beschränken, wenn diese

---

[29] Aber auch hier könnte weitergedacht werden (auch das Setzen des sakramentalen Zeichens mittels ferngesteuerter Hilfsmittel), doch muss unabhängig vom dogmatischen Befund jeglicher Missbrauch möglichst ausgeschlossen werden.

[30] Hier stehen selbstverständlich keine Hochzeitsshows und -events vor Augen, die längst nicht immer erkennen lassen, dass es sich bei der Trauung um eine Lebensentscheidung oder gar ein Handeln mit transzendenter Dimension handelt, sondern um eine wirkliche Notwendigkeit.

von ihrer Person her sicher feststehen und den Konsensaustausch zwar virtuell, so doch gleichsam unmittelbar mitverfolgen, sodass sie ihn bezeugen können? Insofern eine solche Variante die Gültigkeit des Eheabschlusses betrifft, bedarf es um der Rechtssicherheit willen einer eindeutigen Normierung des kirchlichen Gesetzgebers.

Ähnliches gilt für den Traugeistlichen, der – so ausdrücklich – in persönlicher Anwesenheit die Kundgabe des Ehekonsenses der Eheschließenden erfragt und im Namen der Kirche entgegennimmt (vgl. c. 1108 § 2 CIC). Dafür muss er über (in der Regel territorial begrenzte) Trauvollmacht verfügen – doch betrifft dies den Ort des Ehekonsenses oder des Aufenthaltes des Traugeistlichen? Eine Dispens von der (kanonischen) Eheschließungsform – möglich, wenn nicht beide Brautleute der katholischen Kirche angehören – oder absolute Notfälle – das Kirchenrecht kennt eine sog. Noteheschließungsform, bei der die Anwesenheit allein der beiden Zeug(inn)en genügt (vgl. c. 1116 CIC) – würden das „Zuschalten" eines Traugeistlichen denkbar werden lassen. Hierfür bedürfte es jedoch einer eindeutigen Regelung, damit sich nicht das Tor für Ideenreichtum, Willkür und Rechtsunsicherheit öffnet und auch eine solche kirchliche Eheschließung Gefahr läuft, ihren geistlichen Charakter vollends zu verlieren. Der einfache Klick auf irgendeine Frage dürfte höchstens zusätzlich in Betracht kommen, vermag aber eine audiovisuelle Teilnahme nicht zu ersetzen.

Allerdings: Was wie eine „dolle" Idee wirkt, besitzt durchaus einen realen rechtlichen Anknüpfungspunkt. Denn das Kirchenrecht kennt seit dem Mittelalter die Eheschließung *per procuratorem*, wobei sich einer der (ggf. sogar beide) Brautpartner durch eine (je) andere, speziell beauftragte Person bei der Abgabe seines Ehewillens vertreten lässt. Dies hatte in früheren Jahrhunderten (obgleich nur selten, so dann doch) große Bedeutung, da man mitunter nur schwer oder gar nicht reisen konnte (v. a. wegen weiter Entfernungen, Kriegseinsatz, Gefangenschaft) und die kirchliche Eheschließung auch Folgen z. B. für die Legitimität der Nachkommen oder die Erbfolge hatte; heute kommt dies in Europa wohl nicht mehr vor. Zudem knüpft das Kirchenrecht eine solche Eheschließung, die nach heutigem Verständnis der Einheit von Ehevertrag und Sakrament unter zwei Getauften zugleich auch ein Sakrament bewirkt (vgl. c. 1055 § 2 CIC), an sehr strenge (der früheren Kommunikationstechnologie verpflichtete) Voraussetzungen, um Missbräuchen zu begegnen (vgl. c. 1071 § 1, 7°, c. 1105 CIC). Doch auch hier gilt: Ein mediales Zuschalten eines Ehepartners oder ein Übermitteln seines Ehewillens per Twitter etc. – rechtlich bisher nicht vorgesehen und wissenschaftlich nicht reflektiert – müsste an sehr enge Vorgaben gebunden werden, damit sicher feststeht, wer wen heiraten will, damit nicht jemand aus Spaß heiratet bzw. verheiratet wird.

2.2.2 Buße

Nicht so neu ist die Frage der Zulässigkeit, für den Empfang des Bußsakramentes die Hilfe Neuer Medien in Anspruch zu nehmen. Zwar besitzt auch die Feier dieses Sakramentes eine ekklesiale Dimension, doch kommt diese trotz gegenteiliger Ansätze im *Ordo paenitentiae* – dieser kennt die „Gemeinschaftliche Feier mit Bekenntnis und Lossprechung der einzelnen",[31] obgleich das eigentliche sakramentale Geschehen sich unter vier Augen ereignet – nicht wirklich zur Geltung. Zudem drängt mitunter die Gewissensnot, von als schwer und belastend empfundenen Sünden losgesprochen zu werden. Hinsichtlich der Zulässigkeit bzw. gar Gültigkeit einer Beichte per Telefon erklärte die Glaubenskongregation 1989 auf eine Anfrage aus München, hierzu gebe es „keine offizielle Meinung des Heiligen Stuhles"[32]. Sollte dieser tatsächlich schwerwiegende Be-

[31] Vgl. Die Feier der Buße nach dem neuen Rituale Romanum. Studienausgabe, hg. von den Liturgischen Instituten Salzburg, Trier und Zürich, Freiburg i. Br. 1974; Nachdruck mit den „Änderungen, die in den liturgischen Büchern gemäß den Normen des neuen Codes Iuris Canonici einzuführen sind": Trier 2008, 35–47.

[32] Kongregation für die Glaubenslehre, Note vom 25. November 1989, in: AKathKR 158 (1989) 484. Wilhelm Kursawa weist auf ein Schreiben des Bischofs von Aachen (wohl im Auftrag der Glaubenskongregation) hin: Es gebe zur Frage der Gültigkeit der Beichte und der sakramentalen Absolution per Telefon keine amtliche Stellungnahme des Heiligen Stuhles, doch zweifelten von diesem als zuverlässig angesehene Moraltheologen daran, sodass die sakramentale Beichte mittels Telefon nicht als sicher zugelassen werden könne. Hier geht es aber wohl nicht um die Frage der Gültigkeit, sondern um den Schutz des Beichtgeheimnisses. – Vgl. W. Kursawa, Zum Sakrament der Versöhnung. Grundsatzfragen und neuere Entwicklungen, in: Kirchliches Recht als Freiheitsordnung [GS Hubert Müller] (fzk 27), Würzburg 1997, 241–260, hier: 259, Anm. 69. Die Glaubenskongregation untersagte 1992 dem Engelwerk allgemein die Fernspendung von Sakramenten, nahm aber nicht zur Frage der Gültigkeit einer Telefon-Beichte Stellung (vgl. Kongregation für die Glaubenslehre, Dekret *De consociatione*

denken haben, verwundert, dass er zu dieser wichtigen Frage bislang nicht offiziell Stellung genommen hat. Auch haben sich im Frühjahr 2020 weder die Glaubenskongregation noch die Apostolische Pönitenziarie in irgendeiner Weise (nicht zur Zurückhaltung mahnend, gar warnend oder verbietend) hierzu geäußert.

Darf aus diesem Schweigen nicht vielmehr geschlossen werden, dass der Heilige Stuhl eine solche sog. Telefon-Beichte – heute schon ein antiquierter Begriff! – in Situationen eines besonderen Erfordernisses in Betracht zieht? Denn es wäre ja Pflicht der höchsten Autorität in der Kirche, auf eine grob unwürdige oder gar ungültige Sakramentenspendung deutlich hinzuweisen, wie es ja auch sonst gelegentlich geschieht.[33] Vielmehr überlässt sie es den Beteiligten, die Würde dieses sakramentalen Geschehens sicherzustellen, dass die bzw. der Anrufende selber wirklich eine lautere Absicht verfolgt und es sich beim Angerufenen tatsächlich um einen Priester mit Beichtbefugnis – diese unterliegt in der Regel keiner örtlichen Begrenzung – handelt.

Weil man das Beichtgeheimnis nicht gesichert sieht (vgl. c. 983 CIC),[34] Missbrauch befürchtet und man es den Pönitent(inn)en

---

„*Opus Angelorum*“ vom 6. Juni 1992, in: AAS 84 [1992] 805f., hier: Nr. III). – Die in der Literatur angeführten Dekrete des Heiligen Offiziums vom 20. Juni 1602 und 7. Juni 1603 zur Beichte und Lossprechung eines Abwesenden äußern sich nicht zur Frage der *Gültigkeit* und gehen von einer Übermittlung des Bekenntnisses durch Boten, nicht aber von einer zeitgleichen Kommunikation aus (vgl. DH 1994f.).

[33] Erinnert sei an die lehrmäßige Note über den Spender der Krankensalbung der Glaubenskongregation; vgl. Kongregation für die Glaubenslehre, Note über den Spender des Sakraments der Krankensalbung vom 11. Februar 2005, in: AKathKR 174 (2005) 164 [lateinische Fassung in: CCLTI 37 (2005) 175].

[34] Nach einem Dekret der Glaubenskongregation wird die missbräuchliche Veröffentlichung fiktiver Beichten, priesterlicher Ermahnungen und Bußen, jede technische Aufnahme einer Beichte oder deren Veröffentlichung mit der Exkommunikation belegt. – Vgl. Kongregation für die Glaubenslehre, Dekret vom 23. September 1988, in: AAS 80 (1988) 1367 [deutsche Fassung in: AKathKR 157 (1988) 470]. Papst Benedikt XVI. zählt in Art. 4 § 2 der „Normen über schwerwiegende Straftaten“ zu den der Glaubenskongregation zur Behandlung vorbehalten Straftaten auch, mit irgendeinem technischen Instrument aufzunehmen oder durch soziale Kommunikationsmittel in böser Absicht Dinge zu verbreiten, die in einer echten oder vorgetäuschten sakramentalen Beichte vom Beichtvater oder vom Pönitenten gesagt wurden. Wer diese Straftat begeht, soll je nach Schwere des Verbrechens bestraft werden, bei einem Kleriker die Entlassung

nicht zu leicht machen will, wird diese Möglichkeit bislang kaum von einem Priester eröffnet, doch mag die Disposition von Pönitent(inn)en (gerade auch bei einer audiovisuellen Übertragung) mitunter sogar besser beurteilt werden können als bei einer Beichte in einem (halb-)dunklen Beichtstuhl.[35] Dennoch dürfte eine Telefon-Beichte nur in einer wirklichen Ausnahmesituation in Betracht kommen, in der Beichtvater und Beichtwillige nicht zueinander kommen können – wegen physischer oder auch moralischer Unmöglichkeit.

Das Gesagte dürfte auch für eine Beichte auf schriftlichen Wege via Internet gelten; dem Faktum, dass es sich nicht um eine akustische, sondern um eine schriftliche Verständigung handelt, ist in Anbetracht der Möglichkeit der Beichte von Taubstummen auf schriftlichem Weg oder auch einer Beichte mittels Dolmetscher(in) (vgl. c. 990 CIC) keine besondere Bedeutung zuzumessen.[36]

2.2.3 Taufe

Eltern (Sorgeberechtigten) und Taufpat(inn)en kommt entsprechend den liturgischen Büchern bei der Feier der Taufe eine wichtige Aufgabe zu; ihre eigentliche Funktion erfüllen sie jedoch mit ihrem Beitrag zu einer christlichen Erziehung der Heranwachsenden. Für den Fall, dass ein Elternteil oder ein Pate aus einem wirklich schwerwiegenden Grund verhindert ist und die Tauffeier nicht verlegt oder verschoben werden soll, stellt sich die Frage, ob dieser nicht „zugeschaltet“ werden kann, um das Geschehen bei der Taufe audiovisuell

oder Absetzung nicht ausgeschlossen. – Vgl. Papst Benedikt XVI., *Normae de gravioribus delictis* vom 21. Mai 2010, in: AAS 102 (2010) 419–430.

[35] Vgl. auch C. Ohly, Das Bußsakrament, in: HKKR³ (2015) 1184–1295, hier: 1195f.

[36] Andreas Schwenzer lehnt eine solche Online-Beichte aus liturgietheologischen Gründen ab: „Die gottesdienstliche ‚Feier der Versöhnung für Einzelne‘ ist quasi Höhepunkt und Quelle des Ausrichtens des alltäglichen Lebens an dem Maßstab der Liebe Gottes, wobei die von Gott geschenkte Gnade zur Umkehr befähigt und zur Versöhnung bekräftigt. Buße ist nicht eine Sache von wenigen Mausklicks, sondern eine prozesshafte Interaktion eines Menschen mit sich, Gott und der Welt.“ (A. Schwenzer, Virtuelle Buße. Grenzen der ‚Online-Beichte‘, in: AnzSS 111 [6/2002] 5–8, hier: 8) Dem mag man grundsätzlich zustimmen, doch ist auch an Fälle besonderer Dringlichkeit zu denken, wenn ein Priester physisch nicht erreichbar ist.

mitzuverfolgen und selber auch als Mitfeiernder einbezogen zu werden, sodass seine physische Abwesenheit audiovisuell substituiert wird. Liturgietheologisch mag dies auf gravierende Bedenken stoßen, doch sei daran erinnert, dass das Kirchenrecht früher ausdrücklich die Stellvertretung eines Paten bei der Taufe vorsah (vgl. c. 765, 5° CIC/1917), was in Bezug auf das Ehehindernis der geistlichen Verwandtschaft eine Rolle spielte (vgl. c. 1079 CIC/1917). Auch wenn das geltende Recht dieses nicht mehr kennt, könnte heute in Bezug auf Elternteil oder Pate weitergedacht werden.

2.2.4 Krankensalbung

Schließlich sei noch auf das Sakrament der Krankensalbung geschaut. Mitunter begegnete aufgrund der strengen Isolierung in Krankenhäusern und Seniorenheimen die Frage, ob ein via Skype o. Ä. zugeschalteter, virtuell anwesender Priester unter Beachtung der übrigen liturgischen Vorschriften nicht mittels einer anwesenden Pflegekraft das Sakrament spenden – also die Ölsalbung vornehmen – kann. Die Rechtslage scheint jedoch eindeutig: Der Priester hat das Sakrament mit eigener Hand (*propria manu*) zu vollziehen. Allerdings folgt der Nachsatz: „wenn nicht ein schwerwiegender Grund den Gebrauch eines Instruments geraten sein läßt" (c. 1000 § 2 CIC). Klassisch wird hierunter ein Wattebausch o. Ä. gefasst.[37] Doch eröffnet dieser Vorbehalt nicht doch die Möglichkeit, dass ein Priester – er muss als Spender klar hervortreten (vgl. c. 1003 § 1 CIC) – die Spendung des Sakramentes mittels einer anderen Person vollzieht? Sicher eine Frage, die eine tiefergehende Reflexion verdient.

2.3 Weitere gottesdienstliche Feiern

Die heutigen sozialen Kommunikationsmittel eröffnen technisch die Möglichkeit, dass Gläubige oder auch lediglich Interessierte das Angebot erhalten, an anderen gottesdienstlichen Feiern teilzunehmen oder sie mitzuverfolgen, sich also mit einer betenden Gemeinschaft zu vernetzen. Dies betrifft nicht allein Andachten der Volkstradition (z. B. Rosenkranzgebet, Kreuzweg), sondern auch das Stundengebet

---

[37] Zu c. 1000 CIC vgl. R. Althaus, Kommentar des Sakramentenrecht, in: MKCIC, c. 1000 Rdn. 5.

(auch als Tagzeitenliturgie bezeichnet) als Gebet der Kirche (vgl. c. 1173 CIC) für diejenigen, die nicht physisch zusammenkommen können; man denke an abwesende Mitglieder einer Ordensgemeinschaft oder auch ein gemeinsames Gebet des Diözesanbischofs mit seinem Presbyterium. Allerdings sollte eine wirkliche Mitfeier unbedingt ermöglicht und vorausgesetzt werden; lediglich das technische Anklicken von Gebeten und Formeln, also das Erledigen verbaler geistlicher Akte auf diesem mechanischen Weg, genügt liturgietheologischem Anspruch nicht. Im Unterschied dazu wären ohnehin primär technische Handlungen, die eine innere Disposition der Verehrung Gottes oder eines Heiligen in der Regel zum Ausdruck bringen, jedoch weiter zu bedenken: virtuelle Andachtsräume, in der man eine Kerze anzünden – besser: anklicken – kann. Wäre nicht auch eine neue, eine virtuelle Form der Wallfahrt denkbar? Stellt doch schon der klassische Kreuzweg die Ermöglichung der Betrachtung des Leidens Jesu für all diejenigen dar, die nicht ins Heilige Land reisen konnten.

Auch der Empfang von Gnadengaben (Sakramentalien) durch die Teilnahme an einem liturgischen Gebet ist zu bedenken, so fürbittende Segnungen[38] jeder Art (z. B. für Kranke, werdende Mütter). Zu erinnern ist darüber hinaus an den Päpstlichen Segen *Urbi et Orbi*, der der Stadt Rom und dem Erdkreis gilt und mit dem ein vollkommener Ablass – also ein autoritativer Nachlass zeitlicher Sündenstrafen durch den Papst – verbunden ist. Eine mediale Übertragung ist seit Jahrzehnten üblich, doch ermöglicht diese nicht nur ein Zuschauen, sondern auch die aktive Teilnahme an dieser Feier einschließlich des Erlangens dieses Ablasses über Rundfunk (seit 1967), Fernsehen (seit 1985) und Neue Medien (seit 1995).[39] Erst dadurch kann dieser Segen seinem Namen wirklich gerecht werden. Die Gnadenwirkung dieser öffentlichen liturgischen Feier kann jeder privatim erhalten, ohne dass eine Verhinderung an der Teilnahme

[38] Diese sog. *benedictiones invocativae* sind von den *benedictiones constitutivae* zu unterscheiden, durch die eine Aussonderung aus dem profanen Bereich und somit eine Änderung des rechtlichen Status einer Sache erfolgt; diese darf nachfolgend nicht mehr zu einem profanen Zweck verwendet werden.

[39] Vgl. Wikipedia, Urbi et Orbi, in: https://de.wikipedia.org/wiki/Urbi_et_orbi (Download: 26.6.2019). – Erinnert sei auch an die „außerordentliche“ Spendung dieses Segens am Freitag, dem 27. März 2020.

der Feier ausdrücklich angesprochen (aber wohl präsumiert) wird. – Darüber erklärte die Apostolische Pönitenziarie 1985, ein vom Diözesanbischof erteilter Päpstlicher Segen könne von physisch abwesenden Gläubigen bei andächtiger Teilnahme über Radio und Fernsehen gewonnen werden.[40]

2.4 Elektronik in der Liturgie?

Letztlich stellen sich weitere, ganz praktische Fragen: Bedarf es künftig noch liturgischer Bücher oder kann man sich nicht auch – sollte man sich nicht gar besser – neuer sozialer Kommunikationsmittel bedienen? Sieht man von Lektionar und Evangeliar ab, die den Buchcharakter des Wortes Gottes versinnbildlichen,[41] erscheint die Verwendung gedruckter Bücher bei Missalien und Ritualien eher als eine Frage der Ästhetik, ja des gewohnheitsmäßigen Gebrauchs. Bei diesen elektronischen Werken handelt es sich gleichsam um E-Books oder Ähnliches. Aus kirchenrechtlicher Sicht ist der Zugriff auf authentische Ausgaben zu gewährleisten (vgl. cc. 828, 838 CIC), weil nur diese – dem Gesetzgeber standen im Erkenntnishorizont zur Zeit der Erarbeitung des CIC gedruckte Bücher vor Augen – bei der Feier der Sakramente Verwendung finden dürfen (vgl. c. 846 CIC). Das tägliche Stundengebet ist bereits seit einigen Jahren per Internet zu erreichen.[42]

Inwieweit lässt sich bei einer gottesdienstlichen Feier die Kirchenmusik mittels elektronischer Medien verbessern, manchmal – blickt man auf die oft geringe Zahl an Mitfeiernden oder auch auf die abnehmende Fähigkeit junger Menschen, zu singen, weil sie kirchliche Lieder nicht mehr kennen, ja nicht einmal das Singen an sich erlernt haben – überhaupt erst ermöglichen? Sicher wird man einwenden können, dass Lieder das Lob Gottes seines versammelten Volkes zum Ausdruck bringen, dass sie Ausdruck dafür sind, die Herzen zu Gott zu erheben. Der Kirchenmusik kommt aber auch eine unterstützende Funktion zu, um die Herzen besser zu Gott erheben zu

---

[40] Vgl. Apostolische Pönitenziarie, Dekret vom 14. Dezember 1985, in: AAS 78 (1986) 293f.

[41] Vgl. dazu W. Haunerland, Lektionar und Evangeliar im digitalen Zeitalter, in: Gottesdienst 52 (2018) 221–223.

[42] Vgl. https://stundenbuch.katholisch.de (Download: 26.6.2019).

können, wie es seit Jahrhunderten durch Chor- und Orgelmusik geschieht. Ein prinzipieller Verzicht auf technische und elektronische Hilfsmittel würde mitunter dazu führen, dass diese Funktion der Kirchenmusik im Gottesdienst nicht zum Tragen kommt. Selbstverständlich sind dabei urheberrechtliche Fragen zu klären.

3 Nutzung neuer Kommunikationsmittel zu pastoralen Zwecken

Auch sonst kommt den neuen sozialen Kommunikationsmitteln für die Pastoral insgesamt große Bedeutung zu. Nachfolgend seien – ohne Anspruch auf Vollständigkeit – einige Aspekte angesprochen:

1. Die Neuen Medien der Informationstechnologie haben heute eine unverzichtbare, wenngleich mittelbare, eher technische Funktion für die Abstimmung von Terminen – und wenn es nur der Ministrantenplan ist. Jugendliche werden kaum mehr über das klassische Telefon und selbst über E-Mail erreicht. Vielmehr erweisen sich Handy, Smartphone, Whatsapp etc. als Standard für die Kommunikation. Ein Ende der Entwicklung dürfte noch nicht absehbar oder gar erreicht sein.
2. Der inhaltlichen Abstimmung mit mehreren Personen dienen Telefon- oder Videokonferenzen, Chats etc. Hierbei sollte jedoch jede einzelne Person verpflichtet sein, ihren Klarnamen zu verwenden oder zu nennen.[43] Zudem muss jeder Einzelne zustimmen, seine Kontakt- und andere persönliche Daten (auch sein Bild) den anderen Mitwirkenden – aber auch nur diesen! – bekannt zu geben. Sorgfältig ist darauf zu achten, dass persönliche Informationen nicht (ggf. völlig unbeabsichtigt) weitergegeben werden.
3. Seelsorgliche Gespräche betreffen persönliche Anliegen, das private Denken, Fühlen und Handeln, alles, was unter dem *forum internum* zu fassen ist, bis hin zu einem Beichtgespräch.[44] Weil bei einer virtuellen Form individueller Pastoral der Seelsorgende und die ratsuchende Person einander nicht unmittelbar gegenüber stehen, muss die Identität wechselseitig sicher feststehen: Ein vorgeblich Seelsorgender könnte aus voyeuristischem Interes-

---

[43] Zur aktuellen Diskussion vgl. auch U. Buermeyer, Klarnamenpflicht in sozialen Medien, in: NJW-aktuell 26 (2019) 15.

[44] Vgl. dazu Abschnitt 2.2.2 in diesem Beitrag.

se ganz persönliche Lebensumstände er- oder gar ausfragen, die andere Person eine falsche Identität angeben oder aus Spaß- oder Testgründen eine frei erfundene Lebenssituation schildern. Wie bei einem Gespräch im unmittelbaren Gegenüber ist auch bei dieser teilweisen (scheinbaren) Anonymität auf die Privatsphäre gerade der Ratsuchenden zu achten. Das kirchliche Gesetzbuch schützt ausdrücklich die *intimitas propria* eines jeden Menschen, die niemand verletzen darf (vgl. c. 220 CIC); dies betrifft nicht allein den sexuellen Bereich, sondern schließt die gesamte Persönlichkeit ein. Hierbei handelt es sich nicht allein um eine positiv-rechtliche Vorschrift, sondern um einen Ausfluss der Würde der menschlichen Person und damit um einen zentralen Grundsatz jedweder freiheitlichen Rechtsordnung. So darf nicht mehr erfragt und sollte nicht mehr preisgegeben werden, als für das seelsorgliche Gespräch notwendig ist. Zudem könnte die Gefahr bestehen, dass der Seelsorgende allein aufgrund des medial vermittelten (selbst audiovisuellen) Eindrucks die bei der anderen Person vorliegende Problematik nicht in Gänze erfasst oder er seine eigene Kompetenz (gerade in psychologischen Ausnahmesituationen) nicht richtig einschätzt. Letztlich sei auch an das Seelsorgegeheimnis erinnert, sodass möglichst sicherzustellen ist, dass solche Kommunikationen nicht an Unbefugte weitergegeben oder von diesen abschöpft („gehackt") werden.

4. Ein Pfarrer hat die Pflicht, im Pfarrhaus nahe der Kirche zu wohnen, wovon der Ortsordinarius im Einzelfall aus gerechtem Grund eine Ausnahme gestatten kann (vgl. c. 535 § 1 CIC).[45] Diese Residenzpflicht soll gewährleisten, dass die Gläubigen ihren Pfarrer erreichen können, doch hat dieser sie auch zu besuchen (vgl. c. 529 § 1 CIC). Die modernen sozialen Kommunikationsmittel eröffnen neue Möglichkeiten der Erreichbarkeit und Verfügbarkeit, die den physischen Aufenthalt des Pfarrers im Pfarrhaus nicht mehr verlangen – die Telekommunikation ermöglicht heute ein gleichsam virtuelles Pfarrbüro. Eine Art „Internet-Seelsorge" vermag den Hausbesuch jedoch nicht zu ersetzen, weil dieser auch einen

[45] Zum pfarrlichen Vikar vgl. c. 550 CIC. Dabei haben Pfarrer und Vikar einen Urlaubsanspruch von 30 Tagen zuzüglich jährlicher Exerzitien (vgl. c. 535 § 2 CIC). Zur Sicherstellung der Seelsorge bei fortdauernder Abwesenheit des Pfarrers hat der Diözesanbischof Normen zu erlassen (vgl. c. 535 § 3 CIC).

Eindruck der Lebens- und Wohnverhältnisse vermittelt, der dazu beiträgt, Menschen wirklich kennenzulernen. So stellt diese neue Art der Pastoral eine wichtige Ergänzung der klassischen Seelsorge dar, vermag diese aber nicht ganz zu ersetzen.

5. In Fortführung der Print- und filmischen Medien, die der katholischen Erziehung und Bildung dienen, sollten elektronische Medien für die Information über den katholischen Glauben (einschließlich der Sakramentenkatechese) verstärkt in den Blick genommen werden. Inhalte, die authentisch den katholischen Glauben wiedergeben, wären dabei von den zuständigen Hirten zu autorisieren.

Grundsätzlich gilt: Segen und Fluch, Nützlichkeit und Gefahr liegen auch bei der Anwendung der neuen sozialen Kommunikationsmittel eng beieinander. So ist grundsätzlich der Datenschutz zu beachten, dem eine umfassende Schutzfunktion zukommt: auf die Privatsphäre, auf das Persönlichkeitsrecht bei der Datenverarbeitung, auf informationelle Selbstbestimmung sowie vor missbräuchlicher Datenverarbeitung. Ausgehend von der als höherrangiges Recht unmittelbar anzuwendenden Europäischen Datenschutz-Grundverordnung (DSGVO) vom 27. April 2016 gilt für die Bundesrepublik Deutschland das „Gesetz zur Anpassung des Datenschutzrechts an die Verordnung (EU) 2016/679 und zur Umsetzung der Richtlinie (EU) 2016/680“ (DSAnpUG-EU) vom 30. Juni 2017, das am 25. Mai 2018 in Kraft trat.[46] Für den kirchlichen Bereich gilt aufgrund des verfassungsrechtlich garantierten Rechts der katholischen Kirche, ihre Angelegenheiten innerhalb der Schranken des für alle geltenden Gesetzes selbstständig zu ordnen und zu verwalten,[47] seit diesem Tag das von den einzelnen Diözesanbischöfen Anfang 2018 erlassene einheitliche „Gesetz über den Kirchlichen Datenschutz“ (KDG),[48] das allerdings aufgrund der Fülle

---

[46] Vgl. Gesetz zur Anpassung des Datenschutzrechts an die Verordnung (EU) 2016/679 und zur Umsetzung der Richtlinie (EU) 2016/680, in: Bundesgesetzblatt. Teil 1, Jahrgang 2017, Nr. 44, ausgegeben zu Bonn am 5. Juli 2017, 2097–2132 [https://www.bgbl.de/xaver/bgbl/start.xav?start=%2F%2F*%5B%40attr_id%3D%27bgbl117s0037.pdf%27%5D#__bgbl__%2F%2F*%5B%40attr_id%3D%27bgbl117s2097.pdf%27%5D__1593866596474 (Download: 26.6.2019)].

[47] Vgl. Art. 140 des Grundgesetzes (GG) in Verbindung mit Art. 137 Abs. 3 der Weimarer Reichsverfassung (WRV).

[48] Für das Erzbistum Paderborn vgl. Gesetz über den Kirchlichen Datenschutz

seiner Einzelbestimmungen von manchem Nichtfachmann nur schwer erfasst werden kann.

4 Resümee

Die Kirche steht neuen sozialen Kommunikationsmitteln durchaus positiv gegenüber. Bei diesen lässt sich ein überaus rascher technischer Wandel und Fortschritt erkennen, denen eine Rechtsordnung im Detail kaum nachkommen oder gar hinreichend gerecht werden kann. Man kann von einem überaus reichen Potenzial sprechen, mit dem die Kirche ihre Sendung nicht nur in einer besonderen Ausnahmesituation zum geistlichen Wohl der „Kirchennahen", sondern generell in dieser Welt – wie auf einem virtuellen Areopag – besser erfüllen kann, da sie auf diese Weise mehr Menschen schneller und zeitnäher auch in sich wandelnden Lebensumständen erreicht. Dies betrifft den Bereich der Liturgie und des Erlangens der Gnadenmittel der Kirche, für den der vorliegende Beitrag aus kirchenrechtlicher Sicht einige Impulse – durchaus zu einer kontroversen Diskussion – bieten möchte, aber auch die Seelsorge insgesamt.

---

für die Erzdiözese Paderborn (KDG) vom 6. Januar 2018, in: Kirchliches Amtsblatt für die Erzdiözese Paderborn 161 (2018) 48–71 [Nr. 23].

Prozession durch den realen Raum des Digitalen

Pastoraltheologische und medienethnografische Entdeckungen bei der Suche nach einer Verhältnisbestimmung von Liturgie und Digitalität

Wolfgang Beck

1 Die Spiritualität alltäglicher Dinge

In vielen spirituellen Ansätzen gibt es das Anliegen, alle Bereiche des Lebens in das geistliche Leben einzubeziehen und damit die einfachen Dichotomien von sakral und profan zu übersteigen.[1] Die Klosterregel des Mönchsvaters Benedikt von Nursia (um 480–547) trägt den Mönchen und insbesondere dem Cellerar auf, alle Geräte und alles Werkzeug wie heiliges Altargerät zu betrachten und mit Achtsamkeit zu verwalten.[2] Im monastischen Leben wird das ganze Alltagsleben als zu durchdringendes Feld des geistlichen Lebens betrachtet. Da liegen Fragen nach einem geistlichen Umgang mit digitalen Medien nahe.[3] Doch geht es um mehr als um eine Alltagsspiritualität im Umgang mit den Instrumenten des alltäglichen Lebens.[4] Dies wird auch deutlich, wenn Angela Reinders (* 1965) das Internet in ihrer Forschungsarbeit als „Ort der Gottesnähe" mit spezifischen Möglichkeiten der liturgischen Begegnungen identifiziert.[5] Hier zeigt sich ein theologischer Ort mit neuen Ansätzen der Sozial-

---

[1] Vgl. P. van Breemen, Erfüllt von Gottes Licht. Eine Spiritualität des Alltags, Würzburg ²1996, 182.

[2] Vgl. Regula Benedicti Kp. 31.10, zit. nach: Benedikt von Nursia, Die Benediktsregel. Lateinisch/Deutsch, mit der Übersetzung der Salzburger Äbtekonferenz hg. von U. Faust (Reclams Universal-Bibliothek 18600), Stuttgart 2009, 88: *Omnia vasa monasterii cunctamque substantiam ac si altaris vasa sacrata conspiciat.*

[3] Vgl. B. Müller, Medienaskese. Zum benediktinischen Umgang mit digitalen Medien, in: ComSoc 47 (2014) 328–337.

[4] Vgl. B. Müller, Klosterleben 2.0. Digitalisierung in den benediktinischen Klöstern des deutschen Sprachraums, Stuttgart 2018.

[5] Vgl. A. M. T. Reinders, Zugänge und Analysen zur religiösen Dimension des Cyberspace (Literatur, Medien, Religion 16), Berlin – Münster 2006, 298–300.

förmigkeit[6] und spezifischen Erscheinungsformen religiösen Lebens, wie sie von Kristin Merle (* 1974) als „Hybrid-Identitäten“[7] bestimmt werden.

Wenn in kirchlichen und theologischen Kontexten Medien in den Fokus der Aufmerksamkeit rücken, geschieht dies in der Regel mit einer Ausrichtung des Diskurses auf Fragen der Verkündigung oder gar der Missiologie. In der Hochphase der Pandemie-Maßnahmen des Jahres 2020 rückten insbesondere Streaming-Projekte von liturgischen Feiern in den Blick, erst nachrangig auch andere diakonische und seelsorgerische Angebote. Das Interesse an Medienfragen ist dabei meist von einem einfachen Medienverständnis geprägt, christliche Glaubensbotschaften an die Menschen zu bringen und dabei nach Möglichkeiten zu suchen, die je aktuellen Instrumente der Medienlandschaft zu nutzen. Dabei kommt es im Verlauf des 20. Jahrhunderts immer wieder auch in lehramtlichen Stellungnahmen einerseits zu einem mutigen Einlassen auf neue mediale Errungenschaften, wie dies etwa mit den Massenmedien Film, Rundfunk und Fernsehen zu beobachten war. So entstehen im 21. Jahrhundert auch ethnografisch ausgerichtete Ansätze für eine Katechetik in und mit virtuellen Räumen.[8] Zugleich kommt es aber auch immer wieder zu Rückfällen in eine restriktiv-vormoderne Haltung, die den kirchlichen Autoritäten eine Sonder- und Vormachtstellung in der Gestaltung der Prozesse religiöser Kommunikation vorbehalten will.[9] Dazu gehört dann der Anspruch der Zensur oder doch zumindest der kirchlichen Empfehlungen für wertvolle Medienangebote.

---

[6] Vgl. K. Kopjar, Kirche 2.0 – zwischen physischer, virtueller und geistlicher Gemeinschaft, in: C. Costanza, C. Ernst (Hg.), Personen im Web 2.0. Kommunikationswissenschaftliche, ethische und anthropologische Zugänge zu einer Theologie der Social Media (Edition Ethik 11), Göttingen 2012, 146–165, hier: 161.

[7] K. Merle, Religion im Internet: Von neuen Erfahrungsräumen und Hybrid-Identitäten, in: I. Nord, S. Luthe (Hg.), Social Media, christliche Religiosität und Kirche. Studien zur Praktischen Theologie mit religionspädagogischem Schwerpunkt (PopKulT 14), Jena 2014, 115–142, hier: 140.

[8] Vgl. A. Menne, L. Ricken, Katechese in virtuellen Räumen? Skizze einer ethnographisch motivierten Haltung, in: S. Altmeyer, G. Bitter, R. Boschki (Hg.), Christliche Katechese unter den Bedingungen der „flüchtigen Moderne“ (PTHe 142), Stuttgart 2016, 215–224, hier: 220.

[9] Vgl. W. Beck, Die katholische Kirche und die Medien. Einblick in ein spannungsreiches Verhältnis, Würzburg 2018, 152.

Die Erwartung, eine kirchliche Bewertungs- und Kontrollposition im Leben der Menschen eingeräumt zu bekommen, verliert bereits bis zur Mitte des 20. Jahrhunderts an Plausibilität. Hier zeigt sich ein heilsamer Verlust institutioneller Gestaltungsmacht, der sich im Kontext digitaler Medien und ihrer dezentralen Grundstruktur vollendet.[10]

Längst sind digitale Medien nicht mehr nur eine neue Spielart der Massenmedien, wie sie im 20. Jahrhundert öffentliche Kommunikation und die gesellschaftlichen Entwicklungen geprägt haben. Im 21. Jahrhundert haben die digitalen Medien mit dem Web 2.0 und den Social Media eine eigene gesellschaftsprägende Kraft entfaltet. So analysiert Felix Stalder (* 1968) Elemente der Gegenwart als „Kultur der Digitalität"[11] und Roberto Simanowski (* 1963) beobachtet unter dem Schlagwort der „Facebook-Gesellschaft"[12] markante Prozesse der postmodernen Gemeinschaftsbildung.

In der Vergangenheit haben Diskussionen um die Form von Sakramenten in Massenmedien, wie die Mitfeier von Fernseh- und Rundfunkgottesdiensten oder von Beichten über digitale Medien, zu kaum überraschenden Klärungen geführt. Zugleich ist der Stellenwert von Telefonseelsorge und Internetseelsorge unbestritten.[13] Auf der einen Seite bringen sich immer wieder die Bedenkenträger(innen) in Stellung, die um Würde und Gültigkeit von Sakramenten[14] und Liturgie

---

[10] Vgl. T. H. Böhm, Religion durch Medien – Kirche in den Medien und die „Medienreligion". Eine problemorientierte Analyse und Leitlinien einer theologischen Hermeneutik (PTHe 76), Stuttgart 2005, 157.

[11] F. Stalder, Kultur der Digitalität (Edition Suhrkamp 2679), Berlin 2016, 95.

[12] R. Simanowski, Facebook-Gesellschaft, Berlin 2016, 47: „Traditionelle soziale Gemeinschaften bilden Verbundenheit aus Erinnerung, virtuelle Gemeinschaften hingegen Erinnerung aus Verbundensein. [...] Vielmehr ist die Basis des neuen Gemeinschaftsgefühls in der phatischen Kommunikation zu vermuten; jenseits bedeutungsvoller Inhalte und Bezugspunkte in der Kommunikation *als solcher*, die nichts erinnert als ihr eigenes Geschäft. In der Konsequenz bedeutet dies eine Umformulierung der erwähnten These: Virtuelle Gemeinschaften bilden weder Verbundenheit aus Erinnerung noch Erinnerung aus Verbundensein, sondern konstituieren sich im Modus des gemeinsamen Vergessens." [Hervorhebung im Original]

[13] Vgl. die Angebote der Katholischen Arbeitsstelle für missionarische Pastoral, in: www.internetseelsorge.de (Download: 19.5.2020).

[14] Vgl. W. Fürst, Sakramentalität im Zeitalter der Virtualität. Entwirklichung und nötige Erneuerung des Sakramentalen, in: Diak. 31 (2000) 393–400, hier: 393.

besorgt sind und ihre Position in der Regel auf einer wertenden Gegenüberstellung von realen Lebenswelten mit Face-to-Face-Begegnungen zu virtuellen Lebenswelten aufbauen. Auf der anderen Seite gibt es eine forcierte lehramtliche Ermutigung zur Nutzung digitaler Medien und ihrer Integration in die pastorale Arbeit. Dieser Trend wurde durch die Corona-Pandemie erkennbar forciert und lässt anhaltende Effekte durch die Entfremdung von klassischen Gottesdienstformaten erwarten. Doch längst sind die erhofften eindeutigen Trennungslinien zwischen „realen" und „virtuellen" Lebensbereichen mit ihren offenen und verdeckten Wertungen kaum mehr zu ziehen,[15] wie etwa im Verhältnis von Mediensozialisationsforschung und *Game Studies*[16] sichtbar wird. So ringen Philosoph(inn)en, Ethiker(innen) und Moraltheolog(inn)en in ihren Positionsbestimmungen gegenüber den Ansätzen des Transhumanismus vor allem damit, für ihre Vorbehalte keine eindeutigen Trennlinien bestimmen zu können.

Wie real das Virtuelle längst auch in kirchlichen Kontexten ist, veranschaulicht einerseits die gängige Medienpraxis wie auch die gesellschaftliche Breite des Zugangs zum Internet und seiner selbstverständlichen Nutzung in praktisch allen Alterskohorten. Die Sorge dieser Entwicklung gegenüber, dass mit ihr eine „Agonie des Realen"[17] verbunden sei, erweist sich als unbegründet. Die dichotome Rede vom Realen im Gegenüber zum Virtuellen wirkt überkommen und verkürzt.

Anna-Katharina Lienau (* 1980) hat in ihrer Studie zur Gebetspraxis im Internet gezeigt, dass hier Menschen in großer Selbstbestimmung ihre persönliche Form der Spiritualität entfalten und individuelle religiöse Erfahrungen erleben.[18] Das digitale Umfeld ist

---

[15] Vgl. M. Hermann, „Aber das ist doch nicht echt!". Komplexität und Virtualität als Impulse gegenwärtiger Kirchenbildungsprozesse, in: ZPTh 39 (2019) 19–31, hier: 21.

[16] Vgl. S. Piasecki, Credere et ludere. Computer- und Videospiele aus religionspädagogischer Perspektive (Wissenschaftliche Beiträge aus dem Tectum-Verlag, Reihe Medienwissenschaften 34), Baden-Baden 2017, 367–369.

[17] M. Rautzenberg, Medium, in: ders., D. M. Feige, S. Ostritsch (Hg.), Philosophie des Computerspiels. Theorie – Praxis – Ästhetik, Stuttgart 2018, 11–26, hier: 21.

[18] Vgl. A.-K. Lienau, Gebete im Internet. Eine praktisch-theologische Untersuchung (Studien zur christlichen Publizistik 17), Ingolstadt 2009, 390.

also nicht nur der Ort, um sich zu informieren, sondern ein realer Ort individuell gelebter Religiosität, der eigene Autoritäten entwickelt und traditionelle institutionelle Religionsautoritäten tendenziell ignoriert. Am deutlichsten wird diese digital-religiöse Praxis vielleicht in den Trauerportalen, in denen Menschen Kerzen entzünden und mit dem persönlichen Gedenken verbinden, wie auch auf individuell-biografisch gestalteten Seiten an konkrete Menschen erinnert wird und sie gewürdigt werden.

Es geht um Beschäftigung mit biblischen Texten. Und es geht um Fragen der Verkündigung, die dem Anliegen verpflichtet ist, aus den Quellen von Schrift und Tradition Impulse für die individuelle und kollektive Lebensgestaltung zu gewinnen. Nun gehört es zu den Belastungen konfessionell-katholischer Engführungen, das Zusammenspiel dieser drei sehr elementaren Bestandteile christlichen Lebens und christlicher Gottesdienste immer dann als defizitär wahrzunehmen, wenn nicht ein Sakrament gefeiert, die Kommunion empfangen oder die Lossprechung zugesagt wird. Hier wird also in den Fokussierungen auf die Vollformen sakramentalen liturgischen Feierns eine Deformation sichtbar, mit der sich Gemeinden ohne eigene sonntägliche Eucharistie in ihren Diskussionen oder Krankenhausseelsorger(innen) in ihrer Suche nach Priestern als Sakramentenspendern schon lange mühen.

Hier werden bei der Frage nach dem Verhältnis von Gottesdiensten und digitalen Medien also sakramententheologische Konfessionsspezifika sichtbar, wie dies Gordon Mikoski im Umgang mit dem Abendmahl gezeigt hat.[19] Außerdem wird unübersehbar, dass eine weitere Steigerung der kirchlichen Ressentiments[20] gegenüber den Social Media dem christlichen Auftrag zu Seelsorge, Verkündigung und Inkulturation im Weg stehen kann. Gerade wenn insbesondere Social Media nicht nur zur Informationsgewinnung genutzt, sondern vor allem als Möglichkeit der Beziehungspflege be-

---

[19] Vgl. G. Mikoski, Über die Mediation der Mediation der Mediation: Die (Un-) Möglichkeit von Online-Abendmahl, in: LiKu 9 (1/2018) 12–18, hier: 15.

[20] Als markantes Beispiel vgl. K. Müller, Endlich unsterblich. Zwischen Körperkult und Cyberworld, Kevelaer 2011, 99: „Wenn – vorsichtig gesagt – ontologische Intuitionen nicht unabhängig sind von der Struktur des Daten-Inputs der Erkennenden, Daten aber immer eine Emissionsquelle haben, dann folgt daraus, dass Ontologie im Sinn von Annahmen über das, was wirklich ist, unmittelbar unter gesellschaftlichen, damit auch politischen Bedingungen steht."

trachtet werden, erscheinen sie als selbstverständlicher Bestandteil des kirchlichen und gemeindlichen Lebens und werden zunehmend zu einer Voraussetzung für klassische Gottesdienstformate. Es gilt also nach Anknüpfungspunkten wie der „niedrigschwelligen Kontaktmöglichkeit"[21] und auch der Vielschichtigkeit der theologischen Rede der Sakramentalität[22] zu suchen, um die Potenziale je neu auszuloten und problematische Facetten kritisch begleiten zu können. Auf Matthias Sellmann (* 1966) geht das Bild zurück, dass die kirchliche Pastoral in die „Gewölbekeller"[23] menschlichen Lebens selbst herabsteigen muss, anstatt sich nur über die Sinnsimulationen der Gesellschaft zu empören. Dies wäre ein guter Anfang, es wäre aber doch auch darüber hinaus zu konstatieren, dass nicht nur die Pastoral, sondern die gesamte Theologie diese Bewegung zu vollziehen hat und sich in den pluralen Lebensorten selbst als plurale[24] vorfindet. Theologie ist also nichts, was sich an diese Orte tragen, sondern was sich dort finden ließe.

2 Digitale Partizipationsofferten: ein doppelter Blick auf Populismen

Zu den verbreiteten und recht plausiblen Thesen im Umgang mit den Social Media gehört die Annahme ihrer verstärkenden Wirkung für Populismen. Wo Redaktionen und Formate des Qualitätsjournalismus ihre *Gatekeeper*-Funktion immer weiter verlieren,[25] bekommen alle die Möglichkeit, sich an öffentlichen Diskursen zu beteiligen.[26] Das ist die Grundlage dafür, von Demokratisierungseffekten

---

[21] K. Henning, Medien – Kommunikation und der Durst nach Leben, in: R. Jacobi (Hg.), Medien – Markt – Moral. Vom ganz wirklichen, fiktiven und virtuellen Leben, Freiburg i. Br. 2001, 129–134.

[22] Vgl. Reinders, Zugänge und Analysen (s. Anm. 5), 306.

[23] M. Sellmann, „Beten mit Benetton, Lobpreisen mit Schalke und Auferstehen mit Schwarzenegger". Theologie und Kirche in der Mytheninflation. Eine Skizze, in: Journal der Thomas-Morus-Akademie, Nr. 11 von August 2003, 7.

[24] Vgl. H.-J. Sander, Glaubensräume. Topologische Dogmatik 1, Ostfildern 2019, 43.

[25] Vgl. B. Pörksen, Die große Gereiztheit. Wege aus der kollektiven Erregung, München 2018, 62.

[26] Vgl. R. Reichert, Die Macht der Vielen. Über den neuen Kult der digitalen Vernetzung (Edition Medienwissenschaft), Bielefeld 2013, 185.

der Social Media zu sprechen. Doch handelt es sich vor allem um eine optionale Partizipation. Die meisten Menschen beschränken sich auf die passive Rolle, nur die kurzen Postings und Blog-Texte zu lesen, Dinge zu teilen oder zu liken. Ansonsten genügt den meisten Menschen in einem kommunikativen Umfeld der „Sensation"[27] das Gefühl, sie könnten sich theoretisch auch selbst zu Wort melden. Es fällt auf, dass nur wenige Menschen aus der Optionalität wirklich eigene Aktivität entstehen lassen. Dies wäre hinsichtlich des Aufgabenprofils pastoraler Berufsbilder eigens zu thematisieren und zu problematisieren. In diesem Missverhältnis von optionaler Beteiligung und faktischer Lethargie bekommen populistische Akteur(inn)e(n) große Bedeutung.[28] Diese steigert sich, wenn sie in der Art ihrer Veröffentlichungen die Mechanismen der Social Media berücksichtigen. Hier sind vor allem drei Mechanismen wichtig:

1. Geschwindigkeit vor gewissenhafter Recherche;
2. Archivierung statt Erinnerung;
3. prägnante Kürze statt detaillierter Differenzierung.

Gerade die Kommunikationsphänomene während der Corona-Pandemie des Jahres 2020 mit der starken Verbreitung von Verschwörungstheorien lassen erkennen, dass diese Facetten des Populismus nicht mehr als gesellschaftliches Randphänomen fungieren, sondern in nahezu allen gesellschaftlichen Milieus zu finden sind.

Nun wäre es leicht, eine – auch theologisch begründete – Kritik des Populismus in seinen digitalen Ausformungen zu formulieren. Diese ist wichtig und wird vielfach unternommen. Doch wäre zu fragen, ob sich daraus nicht auch eine Sensibilisierung für die eigenen theologischen und kirchlichen Populismen ergeben müsste.[29] Diese ereignen sich und werden forciert, wenn vorschnell auf Phänomene der Gegenwartskulturen mit einer abwertenden Beurteilung reagiert wird, wenn die vielschichtigen und pluriformen Traditionsströme der Theologie- und Kirchengeschichte zugunsten einer linea-

---

[27] C. Türcke, Erregte Gesellschaft. Philosophie der Sensation, München ^{2}2010, 175.

[28] Vgl. B. Pörksen, H. Detel, Der entfesselte Skandal. Das Ende der Kontrolle im digitalen Zeitalter, Köln 2012, 124.

[29] Vgl. W. Beck, Verirrt und nicht gescheitert? Predigt als Beitrag zu „kooperativer Kompetenzaneignung", in: U. Roth, J. Seip, B. Spielberg (Hg.), Geforderte Rede. Konstellationen, Kontexte und Kompetenzen des Predigens (ÖSP 11), München 2018, 57–71, hier: 62.

ren und als kontinuierlich fortentwickelten Tradition der Kirche reduziert werden, wenn die komplexen Biografien, Lebensentwürfe und Lebenssituationen mit einem knappen Urteil vom Tisch gewischt statt gewürdigt werden. In diesen Fehlformen kirchlichen Lebens lassen sich also durchaus auch die maßgeblichen Elemente der Populismen identifizieren. Das gesellschaftliche Ringen um den angemessenen Umgang mit den Social Media und ihren gesellschaftlichen Effekten könnte also zu einem wichtigen Impuls für eine selbstkritische Wahrnehmung der kirchlichen und theologischen Praxis werden.

3 Dialogizität

Digitale Medien eröffnen in unterschiedlichen Spielarten die Möglichkeiten zu Reaktion und eigenen Initiativen. Auch wenn dies nur in reduzierten Formen genutzt wird, erhalten alle Nutzer(innen) doch immer wieder und an allen Stellen die Gelegenheit, zu liken, zu disliken und zu kommentieren. Selbst in den am stärksten reduzierten Varianten, der Nutzung von Icons, haben alle die Möglichkeit zur Beteiligung an Kommunikationsprozessen – unabhängig von Stand, Geschlecht, Ort und fachlicher Qualifikation. Daraus kann positiv sehr viel kritisches Potenzial gegenüber amtlichem Betrug und Unehrlichkeit erwachsen. Es kann daraus aber natürlich auch ein Shitstorm mit den bekannten Formen des *Hate Speech* werden. Dennoch gibt es bislang kein anderes Medienformat, das auf eine ähnlich umfassende Weise alle Teile der Gesellschaft in die Debattenkultur integrieren kann. Zwar entstehen durch Algorithmen, „Blasenbildung" und die Milieuverengungen einzelner Social Media auch Exklusionsmechanismen. Doch ist der Grad der Beteiligungsofferten so hoch, dass daraus auch Erwartungen an klassische Veranstaltungsformate erwachsen.[30] Es kann davon ausgegangen werden, dass Veranstaltungen ohne die Möglichkeit der Meinungsäußerung und aktiven Beteiligung aufgrund ihrer Defizite in einer dialogischen Struktur immer weniger Akzeptanz finden.

---

[30] Vgl. R. Abdelhamid, Die Unübersichtlichkeit der Demokratie. Ein Dilemma spätmoderner Politik (Edition Politik 49), Bielefeld 2017, 293–295.

Das berührt die in der liturgiewissenschaftlichen Debatte der zweiten Hälfte des 20. Jahrhunderts so wichtige Frage der *participatio actuosa*, aus der sich auch eine Gegenwartssensibilität liturgischer Entwicklung ergibt.[31] Vor allem aber folgt aus der Erwartung an Möglichkeiten zur Meinungsäußerung und dialogisch ausgerichteten Kommunikation auch eine Erwartung an die Form der Verkündigung innerhalb der Liturgien.[32] Diese lediglich als Mitteilung kirchlicher Grundpositionen oder der einen und häufig absolut gesetzten Meinung von Prediger(inne)n zu gestalten, dürfte zunehmend problematisch sein und als fragwürdig empfunden werden. Stattdessen wären bei einer dialogisch ausgerichteten Verkündigung auch dann, wenn sie als Predigtmonolog erfolgt, unterschiedliche theologische Ansätze und Meinungen, geschichtliche Akzentuierungen und persönliche Suchprozesse[33] und Entwicklungen der Theolog(inn)en in die Predigten einzuspielen.[34]

4 Von der Grenzziehung zur Brücke: „heiliger Raum" im Digitalen?

Gerade die wiederkehrende Diskussion um die Zulassung zu den Sakramenten hat in der jüngeren Vergangenheit die Frage nach dem Liturgieverständnis aufgeworfen, sodass gnadentheologische Deformationen durch bloße Zulassungsdiskurse problematisiert werden konnten.[35] Um aus pastoraltheologischer Perspektive Pfade aus verhär-

---

[31] Vgl. B. Jeggle-Merz, Krise des Gottesdienstes? Gesellschaftliche Transformationsprozesse und die Notwendigkeit von Neujustierungen im liturgischen Leben, in: U. Schumacher (Hg.), Abbrüche – Umbrüche – Aufbrüche. Gesellschaftlicher Wandel als Herausforderung für Glauben und Kirche (StOeFr 93), Münster 2019, 243–258, hier: 254.

[32] Vgl. W. Beck, Das schnelle Urteil, oder: Homiletische Lerneffekte in modernen Medien, in: M. E. Aigner, J. Pock, H. Wustmans (Hg.), Wo heute predigen? Verkündigung an bekannten und ungewöhnlichen Orten, Würzburg 2018, 251–263, hier: 257.

[33] Vgl. K. Müller, Gottes Schule unterm Rizinus-Strauch, in: ders., B. Stubenrauch (Hg.), Geglaubt – Bedacht – Verkündet. Theologisches zum Predigen, Regensburg 1997, 125–133, hier: 127.

[34] Vgl. C. Bauer, Predigt als Ereignis? Anmerkungen zum theologischen Nicht-Ort eines Sprechaktes, in: M. E. Aigner, J. Pock, H. Wustmans (Hg.), Wie heute predigen? Einblicke in die Predigtwerkstatt, Würzburg 2014, 243–273, hier: 257.

[35] Vgl. O. Fuchs, Sakramente – immer gratis, nie umsonst, Würzburg 2015, 46.

teten Konfrontationen zu suchen, scheinen Bezugnahmen zur Raumsoziologie hilfreich zu sein.[36] Aus dieser ergeben sich wichtige Impulse für die Frage nach dem Verhältnis von Digitalität und Liturgie.

Die Raumsoziologie dürfte für die Liturgiewissenschaft schon deshalb eine wichtige Gesprächspartnerin sein, weil gerade in der Pluralität ihrer raumkonstituierenden Konzepte Aspekte bearbeitet werden, die für das Verständnis „heiliger Räume" wichtige Irritationen liefern. Die Fragestellung baut auf der Vorstellung auf, dass sich Liturgie (zumindest vorrangig) an geweihten und als „heilig" hervorgehobenen Räumen ereignet. In dieses Konzept und seine kirchenrechtliche Absicherung sind Vorstellungen heiliger Orte eingeflossen, die von starken Dichotomien und separierenden Konzepten getragen sind.[37] In ihnen stehen sich nicht nur heilig und profan, sondern gerade auch rein und unrein, würdig und unwürdig – und meist eben auch männlich und weiblich – gegenüber. Dass diese Binaritäten jedoch vor allem als unterkomplexes Schema zur Handhabung einer überfordernd unübersichtlich empfundenen Wirklichkeit plausibel sind, wurde im Verlauf des 20. Jahrhunderts deutlich.[38] Nun kommt jedem Ritus immer auch die Funktion der Sicherheitsgenerierung zu: Die überfordernde Grenzerfahrung des Schicksalsschlags wird im Ritus bearbeitbar. Den Liturgiewissenschaftler(inne)n sind diese Themen aus dem Kontext der „Riskanten Liturgie"[39] nach Großschadensereignissen[40] besonders vertraut. Sie prägen als öffentliche Ereignisse die kirchliche Verkündigung[41] und revitalisieren damit das Bewusstsein für deren Charakter als Teil öffentlicher Kommunikation. Doch nicht nur das, auch die Annähe-

---

[36] Vgl. O. F. Bollnow, Mensch und Raum, Stuttgart ^{10}2004, 268.

[37] Vgl. Sander, Glaubensräume (s. Anm. 24), 44.

[38] Vgl. N. Knapp, Kompass neues Denken. Wie wir uns in einer unübersichtlichen Welt orientieren können, Reinbek bei Hamburg 2013, 66.

[39] Vgl. K. Fechtner, T. Klie (Hg.), Riskante Liturgien. Gottesdienste in der gesellschaftlichen Öffentlichkeit, Stuttgart 2011.

[40] Vgl. B. Kranemann, B. Benz (Hg.), Trauerfeiern nach Großkatastrophen. Theologische und sozialwissenschaftliche Zugänge (Evangelisch-katholische Studien zu Gottesdienst und Predigt 3), Neukirchen-Vluyn – Würzburg 2016; speziell: B. Kranemann, Liturgie in der Öffentlichkeit. Trauerfeiern nach Großkatastrophen, in: ebd., 21–39.

[41] Vgl. G. Waßweiler, Katastrophen und Hoffnung. Riskante Liturgien und ihre Predigten angesichts Krisensituationen, Stuttgart 2019, 34.

rung an das Absolute und die Hinwendung zu einem überfordernd fremdartigen Gott, dessen Perspektive dem Menschen unzugänglich bleibt,[42] wird im Rituellen in Kategorien bearbeitet und handhabbar. So wird die mit dem Ritus verbundene Detailregelung zum Ort der Stabilisierung, des Sicherheitsgewinns, der nicht selten gegenüber dem sprachlosen Staunen angesichts des Unverfügbaren an Dominanz gewinnt. Zu diesen Detailregelungen als Sicherheitsgeneratoren gehört auch das vermeintliche Wissen, was an welchem Ort erlaubt sein soll und was gerade an heiligem Ort als ungebührlich zu bewerten ist. Die Bestimmungen zur Ordnung des Raums und seinen Dualismen von heilig und profan sind wirkmächtig. Vor allem die philosophischen Konzepte von Michel Foucault (1926–1984) und sein Verweis auf „Heterotopien"[43] haben in der Pastoraltheologie zu einem Bewusstsein für die Prägekraft von Orten geführt. Mit dem französischen Philosophen wäre immer wieder zu fragen, ob Menschen, die in die Position von Aufseher(inne)n zum Schutze des heiligen Raumes gelangen, nicht auf tragische Weise selbst demontieren, was sie zu schützen hoffen. Die wohlmeinenden Heiligkeitswächter(innen) erzeugen ein spezifisches Paradoxon: Was sie zu schützen versuchen, ist mit ihrem Auftreten schon verloren (ähnlich einem lautstarken Ruf zur Stille). Auch der heilige Raum wird deshalb nicht durch Separation, sondern durch Kommunikationsgeschehen konstituiert. Wo dieser Impuls der Raumsoziologie – etwa von Benno Werlen (* 1952) vertreten[44] – aufgegriffen wird, entsteht ein Verständnis des Raumes, das insbesondere vom menschlichen Beziehungsgeschehen konstituiert wird.

Denn gerade eine Gesellschaft, die sich am Ende des 20. Jahrhunderts zunehmend als „Netzwerkgesellschaft"[45] verstehen lässt, entwickelt auch Neuformationen ihrer Raumkonzepte, wie dies etwa in der Wandlung des Büros von Statussymbol und Machtinsignie

---

[42] Vgl. Sander, Glaubensräume (s. Anm. 24), 101.

[43] M. Foucault, Die Heterotopien. Der utopische Körper, Frankfurt a. M. [2]2005.

[44] Vgl. B. Werlen, Sozialgeographie. Eine Einführung (UTB 1911), Bern [3]2008, 277.

[45] J. Steinbicker, Zur Theorie der Informationsgesellschaft. Ein Vergleich der Ansätze von Peter Drucker, Daniel Bell und Manuel Castells, Wiesbaden [2]2011, 101; M. Malirsch, Digitale Netzwerkgesellschaft. Realutopische Szenarien zur Zukunftsfähigkeit, Remscheid 2015, 26.

zur *Co-Working-Area* vergleichbar zu beobachten ist. Im Rückgriff auf den Stadtsoziologen Manuel Castells (* 1942) lässt sich für die Netzwerkgesellschaft eine gegenseitige Wirkung von physischer und sozialer Raumkonstituierung beobachten.[46] In ihr entstehen also neue Räume. Am anschaulichsten wird das in den Räumen, die durch „Migration“ entstehen. So entwickelt sich das ICE-Großraumabteil zum Arbeitsraum, und manche Fahrgemeinschaft konstituiert die Autobahn am Ende der Arbeitswoche in Anlehnung an Arnold van Gennep (1873–1957) als Ort der *rites de passage*[47] zum Start in die Wochenendkultur. Wie jede Epoche und jeder kulturelle Kontext generiert auch die „Netzwerkgesellschaft“ neue Räume – allerdings mit einem veränderten Bezug zum Lokalen mit dessen theologischer Würdigung ohne Bestimmung.[48] Um sie zu erkunden, verweisen Andreas Menne (* 1988) und Lukas Ricken auf die Instrumente der Ethnografie,[49] vor allem die „teilnehmende Beobachtung“, wie sie in der Forschung von Gilles Reckinger (* 1978) mit der Bestimmung von „Erfahrungswissen“[50] konkretisiert und von Christian Bauer (* 1973) im Kontext einer Explorativen Pastoraltheologie aufgegriffen werden.

Doch auch dafür gibt es Vorläuferprozesse, wie sich an der Frankfurter Frauenfriedenskirche von 1929, die auf Initiative und in Verantwortung von Frauenverbänden nach dem Ersten Weltkrieg (1914–1918) entstanden war, ablesen lässt. Unter dem programmatischen Wort im Stil der Zeit „Und wer den Tod im heil’gen Kampfe

---

[46] Vgl. M. Castells, Das Informationszeitalter. Wirtschaft, Gesellschaft, Kultur, Bd. 1: Der Aufstieg der Netzwerkgesellschaft (Neue Bibliothek der Sozialwissenschaften), Wiesbaden ^{2}2017, 501.

[47] A. von Gennep, Übergangsriten – Les rites de passage, übersetzt von K. Schomburg, S. M. Schomburg-Scherff, Frankfurt a. M. – New York – Paris 1999 [Erstausgabe: 1909].

[48] Vgl. G. Spallek, Die Stadt als Anderswo Gottes? Von Orten, Nicht-Orten und Nichtorten, in: C. Bauer, M. A. Sorace (Hg.), Gott anderswo? Theologie im Gespräch mit Michel de Certeau, Ostfildern 2019, 373–394, hier: 390.

[49] Vgl. Menne, Ricken, Katechese in virtuellen Räumen? (s. Anm. 8), 221: „Räumlich lässt sich der ethnographische Erkenntnisweg zweifach fassen: Als ‚Reise‘ in fremde Kulturen und Lebensräume und als Hinwendung zu Milieus innerhalb der eigenen Gesellschaft, die erforscht werden, *als ob* sie fremde Kulturen seien.“ [Hervorhebung im Original]

[50] G. Reckinger, Bittere Orangen. Ein neues Gesicht der Sklaverei in Europa, Wuppertal 2018, 28.

fand, ruht auch in fremder Erde im Vaterland" wurde hier nach dem Ersten Weltkrieg von katholischen Frauenverbänden ein Ort des Gedenkens geschaffen – fernab der Gräber und Sterbeorte an der Front, als Zentralort aber auch fernab der Wohnorte, die allerdings in Inschriften repräsentiert sind.[51] Der Lokalbezug des eigentlichen Grabes wie auch des Wohnortes wird hier in einem zentralen Erinnerungsort aufgehoben und damit auch von seiner bloßen Lokalität befreit. Es entsteht ein neuer (Gedenk-)Ort des Überlokalen, ein das Örtliche übersteigendes Orts- und Raumverständnis. Wäre hier jemandem in den Sinn gekommen, dass der Ort der Trauer, des Gedenkens kein realer ist?

Doch wie sehen neue Räume in einer „Netzwerkgesellschaft" aus und wie konstituieren sie sich? Wenn sich in digitalen Medien, insbesondere in Social Media, mehr abzeichnet als bloß eine neue Spielart schon vertrauter Kommunikation, dann hat dies weitreichende Konsequenzen für die Gestaltung religiöser Kommunikation im Raum der Kirchen und ihr Verständnis von Verkündigung. Daniel Miller (* 1954) hat am Beispiel der gemeinschaftsbildenden Effekte von Facebook Mechanismen nachgewiesen, die Rückschlüsse sowohl auf die Eigenarten der entsprechenden Netzwerke als auch auf die Bildung ihrer Räume zulassen.[52]

Insofern die Sozialgeografie und andere Disziplinen der Raumsoziologie von der sozialen Konstituierung und Konstruiertheit des Raumes ausgehen,[53] kann angenommen werden, dass gerade auch das Agieren von User(inne)n im Feld der Social Media soziale Räume konstituiert.[54] Aufbauend auf sozialräumlichen Handlungstheorien[55]

---

[51] Zur Darstellung der Geschichte und sozialgeografischen Bedeutung der Frauenfriedenskirche in Frankfurt-Bockenheim vgl. R. Heyer, Heterotopie, Heiliger Raum, Erinnerungsort – Frauenfrieden in Frankfurt am Main, in: A. Kaupp (Hg.), Raumkonzepte in der Theologie. Interdisziplinäre und interkulturelle Zugänge, Ostfildern 2016, 89–112, hier: 94.

[52] Vgl. D. Miller, Das wilde Netzwerk. Ein ethnologischer Blick auf Facebook (Edition Unseld 42), Berlin 2012, 10.

[53] Vgl. P. Weichhart, Entwicklungslinien der Sozialgeographie. Von Hans Bobek bis Benno Werlen (Sozialgeographie kompakt 1), Stuttgart 2008, 326.

[54] Vgl. K. Woznicki, Wer hat Angst vor Gemeinschaft? Ein Dialog mit Jean-Luc Nancy, Berlin 2009, 30.

[55] Am profiliertesten wird eine handlungszentrierte Sozialgeografie derzeit vertreten von Benno Werlen: „Um räumlichen Kontexten und Bezügen sozialen

konstituiert also auch die digitale Interaktion Räume[56] – auch heilige Räume.[57]

Roberto Simanowski sieht im Digitalen vor allem auch ein „Experimentierfeld einer neuen Ästhetik“[58], was zwar die Ahnung ausdrückt, hier müsse es mehr als eine „Technikästhetik“ geben, allerdings auch im recht Ungefähren verbleibt. Was jedoch auf der Grundlage der Netzwerkgesellschaft und der gesellschaftlichen Effekte der Social Media sichtbar wird, ist eine zentrale Eigenart dieser postmodernen Raumkonstituierung: Sie relativiert das Lokale weiter zugunsten der Verbindung von Entferntem. Und dies lässt sich eben nicht nur geografisch begreifen, insofern Menschen über weite Entfernungen hinweg intensive Beziehungen pflegen können. Es lässt sich auch in der Verbindung von Dualismen identifizieren. Hier entstehen Orte, an denen Distanz und Nähe, Fremdheit und Vertrautheit als Bestandteile sozialer Zugehörigkeiten[59] neu miteinander in Beziehung gesetzt werden. Die im Digitalen konstituierten Räume werden mit dieser Brückenfunktion zu einer Chance, bisherige Binaritäten zu überwinden und Heiliges und Profanes in ein neues Verhältnis zu setzen, das nicht auf dem allzu simplen Muster der Separation von beidem aufbaut.

Ausgehend von dem Negativ-Personenbegriff des anthropologischen Konzeptes von Wolfhart Pannenberg (1928–2014),[60] bei dem

Handelns angemessen Rechnung tragen zu können, sind diese [...] jedoch selbst als Elemente sozialer Praxis zu begreifen und nicht als physisch-materielles Behältnis.“ (B. Werlen, Gesellschaftliche Räumlichkeit, Bd. 2: Konstruktion geographischer Wirklichkeiten, Stuttgart 2010, 254)

56 „In praxiszentrierter Perspektive leben wir nicht *in* der Welt, nicht in Räumen, sondern wir leben *die* Welt in unterschiedlichen Praktiken des Geographie-Machens.“ (Werlen, Gesellschaftliche Räumlichkeit [s. Anm. 55], 263) [Hervorhebung im Original]

57 Vgl. M. Haas, Religion und Neue Medien. Eine Untersuchung über (quasi-)religiöses Verhalten von Jugendlichen in ihrem gegenwärtigen Mediengebrauch, München 2015, 229.

58 R. Simanowski, Interfictions. Vom Schreiben im Netz (Edition Suhrkamp 2247), Frankfurt a. M. 2002, 141.

59 Vgl. R. Reichert, Partizipative Überwachungskultur, in: R. Simanowski, R. Reichert, Sozialmaschine Facebook. Dialog über das politisch Unverbindliche (Fröhliche Wissenschaft 157), Berlin 2020, 18–32, hier: 26.

60 Vgl. W. Pannenberg, Was ist der Mensch? Die Anthropologie der Gegenwart im Lichte der Theologie (KVR 1139), Göttingen [8]1995, 60.

das Personsein einerseits ganz in seiner Hinordnung zur/zum anderen und andererseits ganz in deren/dessen bleibender Entzogenheit konstituiert ist, arbeitet Christina Costanza (* 1977) mit dem kommunikationstheoretischen Phänomen der „Fernanwesenheit“[61]. Diese verstärkt sich mit den Social Media im 21. Jahrhundert und beschreibt nicht nur die erlebte Anwesenheit der fernen, nicht lokalen Kommunikationspartner(inne)n. Die Fernanwesenheit konstituiert auch neue Räume des Beziehungsgeschehens. Inwieweit das Erleben der Fernanwesenheit auch die Neigung zu einer Entpersonalisierung verstärkt, also nach Martin Buber (1878–1965) zu einer „Ich-Es-Beziehung“[62] reduziert, und damit eine Erklärung zu spezifischen Social-Media-Phänomenen wie *Hate Speech* und Populismen liefert, kann hier offenbleiben. Im Phänomen der Fernanwesenheit der Abwesenden wird nicht nur ein wichtiges Verständnis des Personseins abgebildet, sondern auch eine Parallele und Analogie zur Liturgie erkennbar: Wo sie als kommunikatives Geschehen verstanden wird, in dem Gott selbst als Entzogener gegenwärtig erlebt wird und diese Entzogenheit gerade im vertrauten rituellen Handeln als nah, tröstend und bestärkend erfahrbar wird, zeigt sich eine Parallele zwischen modernen Kommunikationsstrukturen und liturgisch-rituellem Geschehen. Diese Parallele ist sicherlich nicht vorschnell gewinnbringend für eine Verhältnisbestimmung von Social Media und Liturgie zu nutzen. Es wird aber erkennbar, dass sich hier Ansätze für theologische Deutungen von Alltagswelten zeigen und Liturgie in einer Kultur der Digitalität möglicherweise dort besonders anschlussfähig wird, wo sie der Versuchung zu selbstverständlicher Handhabung des Göttlichen widersteht[63] und stattdessen die Gegenwart Gottes als „Fernanwesenheit“ lediglich anzudeuten versucht.[64]

---

[61] C. Costanza, Fernanwesenheit. Personsein im Social Web im Lichte der Theologie, in: dies., Ernst (Hg.), Personen im Web 2.0 (s. Anm. 6), 127–145, hier: 137.

[62] Vgl. M. Buber, Ich und Du, Stuttgart 2008, 3f. [Erstausgabe: 1923].

[63] Vgl. Costanza, Fernanwesenheit (s. Anm. 61), 145.

[64] Vgl. C. Lehnert, Der Gott in einer Nuß. Fliegende Blätter von Kult und Gebet, Berlin [3]2017, 20: „Die Wirklichkeit Gottes liegt ja auch jenseits des Wortpaares anwesend – abwesend. Das ist eine Erfahrung vieler gläubiger Menschen, dass Gott ihnen gerade dort am stärksten gegenwärtig sein kann, wo er schmerzlich vermisst ist. Die Frage nach ‚Gott‘ ist vielleicht bereits die deutlichste Form seiner Gegenwart, und wo er vollmundig bekannt wird, kann er ferner sein denn je.“

5 Körperlichkeit – ungeliebt und strategisch übersteigert?

Die postmoderne Raumkonstitution, mit welcher auch bei digitalen Kommunikationen in den Social Media von einem realen Raumgeschehen gesprochen werden kann, lässt eine binäre Rede von virtuellem zu realem Raum überkommen wirken. In der im kirchlichen Spektrum (noch) weithin etablierten Kontrastierung von Virtualität und Realität ist das zentrale grundierende Ordnungsschema für eine Grenzziehung von Liturgie und Digitalität in bisherigen Diskursen zu identifizieren. Es ist bemerkenswert, dass damit gerade eine Kategorie zum entscheidenden Marker dieser Segmentierung und zum Anker einer zentralen Argumentationsfigur avanciert, mit der sich christliche Theologie insbesondere in ihrer katholischen Konfessionalität in der Moderne besonders schwertat, der Körperlichkeit des Menschen. Bis in die Gegenwart ordnen selbst engagierte Gläubige der katholischen Kirche und Theologie kaum Autorität in eben diesem Feld zu. So lässt sich konstatieren: Obwohl es im katholischen Spektrum vor allem unter moraltheologischen Vorzeichen über lange Zeit zu einer tendenziellen Abwertung des Körperlichen gegenüber den geistigen und geistlichen Elementen des Personseins kam, baut das Liturgieverständnis gerade auf diesem Element, also dem körperlichen Agieren in Raum und Zeit, auf.

6 Digitalekklesiogenese – die drängende Frage nach den Sozialformen

Der evangelische Theologe Karsten Kopjar (* 1997) hat markant analysiert, dass sich in und aus einer Kultur der Digitalität massive Effekte auf kirchliche Sozial- und Gemeinschaftsformen ergeben.[65] Es kann davon ausgegangen werden, dass die fortschreitende Krise der Gemeinde wie auch der Gemeindetheologie damit verbunden ist. Ekklesiogenetische Prozesse des Digitalen sind deshalb von der Ambivalenz geprägt, bestehende Gemeindestrukturen scheinbar zu destabilisieren, sie gesellschaftlich wie kirchlich zu marginalisieren und zugleich aufgrund ihrer Netzwerkstruktur neue Sozialformen zu generieren. So könnte eine Liturgie im Kontext einer Digital-

[65] Vgl. Kopjar, Kirche 2.0 (s. Anm. 6), 161.

ekklesiogenese zumindest eine Kombination aus klassisch-örtlicher und digitaler Gebets-, Spiritualitäts- und Dialoggemeinschaft sein. In dieser Kombination wird nicht nur eine bestehende Gemeinde ihre Öffentlichkeitsarbeit auf digitale Medien ausweiten – diese Strategie ist bislang bestimmend –, sondern beide Segmente auf neue Weise austarieren. So wäre denkbar, dass eine Gemeinde einen monatlichen Gottesdiensttermin mit Livestream und digitaler Vor- und Nachbereitung etabliert, zugleich aber im Verlauf des Monats liturgische Elemente innerhalb der Social Media anbietet und entwickelt. Die Struktur dürfte insbesondere im 21. Jahrhundert nicht nur hinsichtlich ihrer digitalen Konstitution, sondern auch vor dem Hintergrund von Urbanitätsprozessen und den analysierten Strukturen der Singularitäten ohne eindeutige Zugehörigkeitskonturen und Mitgliedschaften[66] auskommen und damit auch die Liturgie von ihrer bislang mit letzter Kraft aufrechterhaltenen Funktion als Konfessionsmarker befreien. Insbesondere das katholische Sakramentenverständnis ist stark auf die *communio*-Erfahrung ausgerichtet und wurde darin seit dem Zweiten Vatikanischen Konzil (1962–1965) – vor allem in Gestalt der *communio*-Theologie – weiter entfaltet. Die Krise der Gemeindetheologie hat dabei ein eklatantes Missverhältnis von theologisch-kommunialem Anspruch und tatsächlichem Erleben sichtbar gemacht, das häufig von den Defiziten des Gemeinschaftlichen bestimmt ist oder – wie in der Darstellung des Philosophen Krystian Woznicki (* 1972) – Gemeinschaft gar als „Bedrohung“[67] ausmacht. Wer als Bedenkenträger(in) gegenüber digitaler Sozialförmigkeit auf die Bedeutung einer realen, körperlich erfahrbaren Gemeinschaft verweist, reanimiert nicht nur klassische, weitgehend überwundene Di-

[66] Vgl. M. Perniola, Vom katholischen Fühlen. Die kulturelle Form einer universellen Religion (Batterien 19), Berlin 2017, 35f.: „Gegen Ende des Jahrtausends wird immer deutlicher, dass die Ideologien die Institutionen eher schwächen als stärken. Allzu rigide dogmatische Inhalte geben doktrinäre Kohärenz vor und erweisen sich aber dennoch als untauglich, um die Intelligenzen tiefgreifend zu formen und zu Handlungen anzuleiten. […] In diesem Kontext erweist sich sogar der Begriff ‚glauben‘ als unzureichend, weil er Verflochtensein und intellektuelle Partizipation, Teilhabe in einer Weise voraussetzt, die es in der Art längst nicht mehr gibt. An ihre Stelle ist ein neuer Gefühlsstatus eingetreten, der zwischen Gefallen und Frustration, zwischen Erregtheit und Depression hinüber und herüber gleitet.“

[67] Woznicki, Wer hat Angst vor Gemeinschaft? (s. Anm. 54), 12.

chotomien von virtuell und real, sondern sieht sich ohnehin schnell der kritischen Gegenfrage ausgesetzt, wo und wie denn diese vermeintlich reale Gemeinschaft auch ein tatsächliches Interesse an ihren Zeitgenoss(inn)en erkennen lässt. Hinzu kommt, dass im Hintergrund unterschiedliche Mechanismen der Ausbildung kollektiver Identitäten stehen.[68] Theologisch dominiert im Christentum die klassische Vorstellung der Formierung des Kollektiven durch Erinnern. Dieser Rückbezug auf das gemeinsame Erlebnis oder das gemeinsame Narrativ findet eine Ergänzung in der Analyse transnationaler Kollektivbildung durch Vergessen oder „Verblassen der Erinnerung".[69]

Wie bedeutsam für das gesellschaftliche Leben Fragen des Erinnerns sind, bildet Johann Baptist Metz (1928–2019) mit dem Konzept der „anamnetischen Vernunft"[70] ab. Mit ihr lasse sich die „fortschreitende Amnesie"[71] verhindern und als Rückschritt entlarven. Es handelt sich um die Vorstellung von einem „gnädigen Vergessen", das für Gemeinschaft unerlässlich zu sein scheint. Der Medienwissenschaftler Roberto Simanowski hat in Anlehnung an Jean-Luc Nancy (* 1940)[72] an diesem Konstitutiv des Vergessen-Könnens angeknüpft und in digitalen Sozialformen deshalb anhaltende, nie abgeschlossene Vergewisserungsprozesse analysiert.[73] Wer an den Gemeinschaftsformen des Digitalen teilhaben möchte und an ihrem Netzwerkcharakter partizipiert, wird sich permanent im Rahmen phatischer Kommunikation sichtbar machen müssen und kontinuierliche Beziehungspflege zu betreiben haben. Es ist nicht verwun-

---

[68] Vgl. K. A. Appiah, Identitäten. Die Fiktionen der Zugehörigkeit, Berlin 2019, 105.

[69] Vgl. T. Benkel, Gedächtnis – Medien – Rituale. Postmortale Erinnerungs(re) konstruktion im Internet, in: G. Sebald, M.-K. Döbler (Hg.), (Digitale) Medien und soziale Gedächtnisse, Wiesbaden 2018, 169–196.

[70] J. B. Metz, Anamnetische Vernunft. Anmerkungen eines Theologen zur Krise der Geisteswissenschaften, in: A. Honneth u. a. (Hg.), Zwischenbetrachtungen. Im Prozeß der Aufklärung [FS Jürgen Habermas], Frankfurt a. M. 1989, 733–738, hier: 736.

[71] H. R. Schlette, Erinnern– Zweifel – Affirmation. Anmerkungen zur „anamnetischen Vernunft", in: P. Petzel, N. Reck (Hg.), Erinnern. Erkundungen zu einer theologischen Basiskategorie, Darmstadt 2003, 203–210, hier: 204.

[72] Vgl. dazu F. Schiefen, Öffnung des Christentums? Eine fundamentaltheologische Auseinandersetzung mit der Dekonstruktion des Christentums nach Jean-Luc Nancy (RaFi 64), Regensburg 2018, 81.

[73] Vgl. Simanowski, Facebook-Gesellschaft (s. Anm. 12), 147.

derlich, dass in einer Kultur der Digitalität die Prägekraft dieser Mechanismen so ausgebildet ist, dass sie Effekte für traditionelle Sozialformen hervorbringt und z. B. die Erwartung der permanenten Beziehungspflege auch auf konkrete kirchliche Gemeinschaftsformen übertragen wird. Eine Pfarrei etwa, die sich nicht selbst im Leben von Menschen durch unterschiedliche Formen ihrer Medienarbeit sichtbar macht, wird kaum als schlechte, defizitäre oder als unprofessionelle Pfarrei wahrgenommen, sondern als eine, die nicht existiert! So formuliert Ilona Nord (* 1966):

> „Der Grad sozialer Präsenz wird im Bereich von Social Media daran gemessen, inwiefern der Einzelne bzw. einzelne Personen eines Netzwerkes bereit und fähig sind, in Kontakt mit anderen Individuen oder eine Community insgesamt zu treten.“[74]

Die Facetten der gegenwärtigen Kirchenkrise mit ihrem Personal- und Klerikermangel wie auch den Herausforderungen neuer Diasporaerfahrungen infolge massiver Säkularisierungsprozesse dürften für die Entstehung solcher Strukturen, sofern sie nicht durch die Mechanismen vormoderner Sanktionierungen verhindert werden, förderlich wirken.

Im Kontext einer Kultur der Digitalität ergeben sich dementsprechend für die Kirche und insbesondere für ihr Wirken in Liturgie und Verkündigung aus der religiösen Praxis im Digitalen zahlreiche Impulse. Als Voraussetzung ist dafür jedoch zuallererst wahrzunehmen, dass sich bereits jetzt die Kultur der Digitalität auf das Handeln der Kirche auswirkt, die Gesellschaft schon lange im digitalen Raum angekommen ist. Eine Kirche, die in der Welt handelt und Menschen erreichen will, kann und darf sich diesem Raum nicht verschließen, wenn sie ihren eigenen Idealen nahekommen will. Digitale Kommunikation und digitales Erleben haben eine eigene Dynamik und Sprache. Die kirchliche Affinität für Inszenierung bietet gerade in der Postmoderne nach dem *Pictorial Turn* Chancen, die noch wahrzunehmen wären. Grundlegende Voraussetzung dafür wäre, auch im kirchlichen Kontext den digitalen Raum als real anzuer-

---

[74] I. Nord, Kirche als Netzwerkorganisation: Das Beispiel Kirchen und Gemeinden in Netzwerken für Nachhaltigkeit, in: R. Rosenstock, I. Sura (Hg.), Mediatisierung und religiöse Kommunikation. Herausforderungen für Theologie und Kirche (Religiöse Kommunikation heute), Hamburg 2018, 99–115, hier: 106.

kennen. Die Digitalisierung und die breite Nutzung von Social Media hat Demokratisierungseffekte, welche vorhandene hierarchische Strukturen in Gesellschaft und Kirche weiter aufweichen.[75] Dies erzeugt Konsequenzen auch für kirchliches Handeln: Mit der Kultur der Digitalität werden die bereits vorhandenen Erwartungen an Dialogizität und Partizipationsofferten noch verstärkt.

Neben der Kommunikation hat sich mit der Digitalisierung auch die Wahrnehmung des Raumes verändert. Auch hier erfolgen Effekte für Kirchengemeinden, beispielsweise indem bestehende Raumkonzepte dynamisiert werden. Die mit der Kultur der Digitalität einhergehenden ekklesiogenetischen Impulse führen zu der Notwendigkeit einer neuen, risikofreudigen Sichtbarkeit von Kirche. Nur wer im digitalen Raum sichtbar wird und aktiv auftritt, wird als existent wahrgenommen. Damit verbunden ist die Erwartung an, aber auch die Chance für Beziehungsangebote.

Vor allem ergibt sich aus diesen sicher nicht abgeschlossenen und ergänzungsbedürftigen Impulsen die vorrangige Frage, wozu es die Kirche mit ihrer Praxis überhaupt gibt. Es geht also immer wieder darum, sich und die zentralsten Selbstvollzüge in Dienst nehmen zu lassen. Es ginge darum, kirchliche Selbstvollzüge in ihrer gesellschaftlichen Relation zu würdigen, christliche Theologie zu weiten und die Institution in ihrer Neigung zu Dominanz zu schwächen,[76] um das zentrale Anliegen wirklicher Inkulturation der christlicher Glaubensverkündigung zu stärken: in digitalen Lebenswelten wie in allen aktuellen gesellschaftlichen Fragestellungen Evangelium und Existenz in Beziehung zu setzen.

---

[75] Vgl. B. Pörksen, Entzauberte Gurus. Religiöse Führer, in: Die Zeit, Nr. 24 vom 7. Juni 2017, 50.

[76] Vgl. P. Ebert, Kirche als entwerkte Gemeinschaft, in: F. D. Rass, A. S. Horn, M. U. Braunschweig (Hg.), Entzug des Göttlichen. Interdisziplinäre Beiträge zu Jean-Luc Nancys Projekt einer „Dekonstruktion des Christentums", Freiburg i. Br. – München 2017, 100–120, hier: 116.

Digital Community und liturgische Gemeinschaft

Gedanken zur Bedeutung der *communio* und der *participatio actuosa* im Internet

Cornelius Roth

Das digitale Zeitalter stellt die Kultur und die Theologie vor vollkommen neue Herausforderungen.[1] Dies hat sich auch in der Krise der Corona-Pandemie neu gezeigt. Bezogen auf die Liturgie kann man feststellen, dass die zahlreichen Angebote über Livestream oder neue Formen interaktiver Liturgie in einer Zeit, in der analoge, öffentliche Gottesdienste nicht möglich waren, nach Rückmeldung vieler Menschen als eine große Hilfe und Bereicherung erfahren wurden, wenn auch über die Fokussierung der Livestreams auf Eucharistiefeiern durchaus gestritten werden kann. Das Für und Wider digitaler liturgischer Formate wurde in dieser Zeit kontrovers diskutiert – u. a. auf katholisch.de –, sodass die folgenden Gedanken sich auch vor dem Hintergrund dieser Debatte lesen lassen können.

Schon vor der Corona-Krise hat man in der Liturgiewissenschaft die Digitalität als ein theologisches Feld entdeckt, dem man sich stellen muss.[2] Dabei besteht – auch in der derzeitigen Diskussion –

---

[1] Vgl. F. Stalder, Kultur der Digitalität, Berlin ^{3}2017.

[2] Als Themenhefte vgl. Liturgy 30 (2015), H. 2: Liturgy in the Digital Age; HlD 69 (2015), H. 2: liturgie@internet; LiKu 8 (2018), H. 1: Liturgie in der digitalen Welt. Liturgy goes digital. – Vgl. auch T. Berger, @ Worship. Liturgical Practices in Digital Worlds (Liturgy, Worship and Society), London – New York 2018 [derzeit die umfassendste Studie]; A. Deeg, C. Lehnert (Hg.), Liturgie – Körper – Medien. Herausforderungen für den Gottesdienst in der digitalen Gesellschaft (BLSp 32), Leipzig 2019; B. Irlenborn, S. Kopp, Der *Media Turn* als Herausforderung für die Liturgie, in: ThGl 108 (2018) 356–373; S. Böntert, Gottesdienste im Internet. Perspektiven eines Dialogs zwischen Internet und Liturgie, Stuttgart 2005 [noch vor der Einführung des Web 2.0 geschrieben, aber weiterhin wichtig hinsichtlich der ekklesiologischen Implikationen]; ders., Jenseits aller Kirchenbänke – Gottesdienst zwischen medialer Zivilisation und kirchlicher Grundgestalt. Theologischer Zwischenruf zu Ritualen und Elementen des christlichen Gottesdienstes im Internet, in: LJ 57 (2007) 39–60; ders., Liturgical Migration into Cyberspace: Theological Reflections, in: T. Berger (Hg.), Liturgy in Mi-

weitgehend Einigkeit darüber, dass das Internet als liturgisches Feld weder rundherum abzulehnen noch kritiklos alles anzunehmen ist, was im digitalen Bereich an Gebeten, Gottesdiensten und Sakramentsfeiern angeboten wird. Ebenso kann als Konsens gelten, dass das Internet eine eigene (liturgie-)theologische Dignität besitzt und als solche tiefer reflektiert werden muss, also nicht einfach nur als ein pastorales Feld der Mission betrachtet werden kann, als Mittel, um mehr Menschen im digitalen Zeitalter zu erreichen.[3]

Wenn man die (liturgie-)theologischen Herausforderungen an Gottesdienste im Internet genauer in den Blick nimmt, so stellen sich m. E. vor allem drei Aufgabenfelder: die Frage nach der Leiblichkeit bzw. Körperlichkeit von Liturgie, die Frage nach der Gemeinschaft und der Partizipation (*participatio actuosa*) und die Frage nach der Sakramentalität.[4] In diesem Beitrag soll vor allem auf die zweite Frage näher eingegangen werden, die insofern von Bedeutung ist, als die Liturgie im Internet neue Formen der Vergemeinschaftung generiert, die z. T. auf alte traditionelle Formen aufbauen können, aber doch etwas qualitativ Neues bedeuten. Theologisch gefragt: Wie zeigt sich der *communio*-Gedanke, der seit dem Zweiten Vatikanischen Konzil (1962–1965) in Theologie und Liturgie wesentlich geworden ist, in den heutigen liturgischen Feiern der *Digital Community?* Dabei möchte ich in drei Schritten

---

gration. From the Upper Room to Cyberspace, Collegeville, ME 2012, 279–295; B. Jeggle-Merz, Gottesdienst und Internet. Ein Forschungsfeld im Zeitalter des Web 2.0, in: M. Durst, H. Münk (Hg.), Zwischen Tradition und Postmoderne. Die Liturgiewissenschaft vor neuen Herausforderungen, Fribourg 2010, 139–192; B. Jeggle-Merz, Gottesdienst und mediale Übertragung, in: M. Klöckener, A. Häußling, R. Meßner (Hg.), Theologie des Gottesdienstes (GDK 2,2), Regensburg 2008, 455–487.

[3] Vgl. dazu auch den Beitrag von S. Böntert in diesem Band.

[4] Vgl. dazu C. Roth, Liturgie im Internet. Chancen und Herausforderungen für Theologie und Spiritualität, in: A. Findl-Ludescher, M. Rosenberger (Hg.), Spiritualität@Digitalität. Spirituell-theologische Wahrnehmungen der digitalen Medien (Studien zur Theologie der Spiritualität 3) [https://theologie-der-spirituali taet.de/wp-content/uploads/2019/09/Studien-3-Spiritualitaet-Digitalitaet.pdf (Download: 8.5.2020)], 49–61. Dieser Beitrag stützt sich in einigen Teilen auf den genannten online erschienenen Aufsatz. – Zur Diskussion im Rahmen der Corona-Pandemie vgl. C. Roth, Liturgie in Zeiten von Corona. Sind Livestream-Gottesdienste per se zu begrüßen oder zu verdammen? Weder – noch! Eine differenzierte Betrachtung ist notwendig, in: Gottesdienst 54 (2020) 106f.

vorgehen: Zunächst soll kurz der *communio*-Gedanke in Verbindung mit dem Formalprinzip der tätigen Teilnahme (*participatio actuosa*) in der Theologie seit dem Zweiten Vatikanischen Konzil in Erinnerung gerufen werden, sodann werden geistliche bzw. „virtuelle“ Formen liturgischer Gemeinschaft in der Geschichte in den Blick genommen, um schließlich die neuen Formen virtueller Vergemeinschaftung darzustellen und adäquat theologisch einzuordnen.

1 Der *communio*-Gedanke und das Prinzip der tätigen Teilnahme in der Theologie des Zweiten Vatikanischen Konzils

In den ekklesiologischen Diskussionen des Konzils wurde immer wieder darauf hingewiesen, dass man im Hinblick auf das Verständnis der Kirche eigentlich von zwei Ekklesiologien sprechen muss.[5] Neben der klassischen juridisch-hierarchischen Ekklesiologie, die mit dem biblischen Bild des „Leibes Christi“ (vgl. 1 Kor 12,12–31a) zum Ausdruck gebracht wird, gibt es in den Dokumenten des Konzils auch viele Stellen, an denen die *communio*-Ekklesiologie zum Tragen kommt. Diese zeigt sich z. B. in der kollegialen Gemeinschaft von Bischöfen und Priestern oder in der theologischen Idee des „gemeinsamen Priestertums“, die den „garstig breiten Graben“ zwischen Klerus und Laien (der auch heute noch nicht überwunden ist) zu überbrücken helfen kann. Häufig wird dafür das Bild vom „Volk Gottes auf dem Weg“ benutzt. Beide Ekklesiologien prägen die Kompromisstexte des Zweiten Vatikanischen Konzils. Im Hinblick auf die *Digital Community* bietet sich heute aber stärker eine dritte ekklesiologische Spielart an, die in gewisser Weise eine Weiterentwicklung der *communio*-Ekklesiologie ist, auch wenn sie selbst schon in der Heiligen Schrift begegnet und auf eine lange Tradition zurückblicken kann, nämlich die pneumatisch-charismatische Sicht. Danach versteht sich die Kirche vor allem als „Gemeinschaft der Heiligen“, als *communio Spiritum Christi habentes*, eine Gemeinschaft von Individuen, die vom Heiligen Geist beseelt sind. Mehr

[5] Vgl. A. Acerbi, Due ecclesiologie. Ecclesiologia giuridica ed ecclesiologia di comunione nella „Lumen gentium“, Bologna 1975.

noch als vor 50 Jahren spielt diese Sicht von Kirche im digitalen Zeitalter eine herausragende Rolle.[6]

Schauen wir auf die Kennzeichen der klassischen *communio*-Theologie,[7] so zeigt sich, dass das Verständnis der Kirche als Gemeinschaft sein Urbild im dreieinen Gott hat.[8] Gott ist in sich selbst Gemeinschaft in Vater, Sohn und Geist – und er ist Beziehung, weil er Liebe ist. In der westlichen Theologie sind die Trinitätslehre und Ekklesiologie aber im Lauf der Geschichte christomonistisch überlagert worden, was zu einer „Geist-Vergessenheit" geführt hat. *Communio*-Theologie setzte in der Folge des Zweiten Vatikanischen Konzils also einen Schwerpunkt auf eine *pneumatologische Neubesinnung*. Des Weiteren ist wesentlich, dass „Communio sowohl die vertikale wie die horizontale Dimension, also die Beziehung zwischen Gott und Mensch wie die der Menschen untereinander meint"[9], was für die Liturgie eine entscheidende Prämisse ist, hat sie doch immer beide Dimensionen im Auge zu behalten. Schließlich ist in der *communio*-Theologie auch das Prinzip der *Einheit in der Vielfalt* maßgeblich, die sich in verschiedenen Grundspannungen ausdrückt wie z. B. Institution und Charisma, Sichtbares und Unsichtbares, Tradition und Inkulturation, Frau und Mann, Laie und Priester, Säkularität und Sakralität.[10] Wir werden noch sehen, dass die meisten dieser Spannungen auch in der Bewertung des ekklesiologischen Wesens der *Digital Community* eine wichtige Rolle spielen.

Aus der theologischen Idee der *communio* erwächst für die liturgische Praxis gesehen das Prinzip der aktiven Teilnahme (*participatio actuosa*), das gerne als „Programmwort" der liturgischen Erneuerung bezeichnet wird.[11] Dabei ist zu beachten, dass es gleichsam eine Außenseite und eine Innenseite dieses „Formalprinzips" der Liturgie

---

[6] Vgl. Böntert, Gottesdienste im Internet (s. Anm. 2), 169–175.294. Teresa Berger plädiert daher für eine neue Theologie des Heiligen Geistes im Internet und nennt dies eine „digitally attentive pneumatology" (Berger, @ Worship [s. Anm. 2], 116).

[7] Vgl. dazu im Folgenden G. Greshake, Der dreieine Gott. Eine trinitarische Theologie, Freiburg i. Br. 1997, bes. 377–399.

[8] Vgl. ebd., 384.

[9] Ebd., 389.

[10] Vgl. ebd., 389–393.

[11] Vgl. W. Haunerland, Participatio actuosa. Programmwort liturgischer Erneuerung, in: IKaZ 38 (2009) 585–595.

gibt. Die Außenseite bezieht sich auf die tatsächliche aktive Teilnahme in der Liturgie durch die liturgischen Dienste – Lektor(inn)en, Kantor(inn)en, außerordentliche Kommunionspender(innen) – sowie auf die Gesänge, Akklamationen und andere verbale und leibliche Äußerungen der Gemeinde, bei denen einzelne Personen oder die ganze Feiergemeinde bewusst und aktiv am Gottesdienst beteiligt sind. Von der Idee steht dahinter,

> „dass nicht mehr der Priester allein, sondern dass die Gemeinde als ganze Subjekt und Trägerin des liturgischen Handelns ist, weil alle Glaubenden am Priestertum Christi teilnehmen."[12]

Insofern kann dies schon als eine „kopernikanische Wende" im Liturgieverständnis bezeichnet werden.[13] Andererseits ist nicht zu Unrecht geltend gemacht worden, dass die tätige Teilnahme auch eine Innenseite hat. Liturgische Partizipation bedeutet danach „wesentlich Interiorisierung der liturgischen Actio bei allen an ihr Teilnehmenden."[14] Es wäre zu wenig, wenn sich die Teilnahme der Gläubigen in verschiedenen Diensten oder rein äußerer Beteiligung durch Antworten erschöpfen und nicht auch die mystagogische „Integration" der Feiernden in den Gottesdienst fördern würde (was u. a. durch das Verständnis der Texte geschehen kann, aber auch durch andere Formen wie Stille, sinnenhafte Zeichen und bewusste Christusausrichtung). Bei der Betrachtung der *participatio actuosa* ist es wichtig, beide Seiten zu sehen und nicht die eine gegen die andere auszuspielen. Und auch bei der Frage, welche Bedeutung die liturgische Partizipation in den Online-Gottesdiensten hat, spielen beide Seiten eine Rolle.

---

[12] K. Richter, Liturgiereform als Mitte einer Erneuerung der Kirche, in: ders. (Hg.), Das Konzil war erst der Anfang. Die Bedeutung des II. Vatikanums für Theologie und Kirche, Mainz 1991, 53–74, hier: 66. – Zum gemeinsamen Priestertum im Internet vgl. auch S. Luthe, Priestertum aller Glaubenden? Digitale Formen von Andacht und Partizipationsmöglichkeiten, in: PrTh 52 (2017) 31–38.

[13] Vgl. E. J. Lengeling, Liturgie – Dialog zwischen Gott und Mensch, Freiburg i. Br. 1981, 13–15.

[14] M. Kunzler, Die Liturgie der Kirche, Paderborn 1995, 253 – mit Bezug auf: J. Ratzinger, Das Fest des Glaubens. Versuche zur Theologie des Gottesdienstes, Einsiedeln 1981, 65.79f.; ders., Zur Frage nach der Struktur der liturgischen Feier, in: IKaZ 7 (1978) 488–497.

2 Formen liturgischer *communio* in der Geschichte

Bevor wir uns der Frage stellen, welche Formen die liturgische Gemeinschaft und die *participatio actuosa* im Internet heute annehmen, ist ein Blick in die Geschichte der Liturgie hilfreich. Dabei wird deutlich, dass es immer schon liturgische Feiern gab, in denen die physische Präsenz der Mitfeiernden nicht zwingend notwendig war. Schon die Einführung der Schriftlesungen in den Gottesdienst bedeutete ja, dass „die Äußerungen von nicht korporal in der Gemeinschaft Anwesenden eine wichtige Rolle spielen.“[15] Hatte man in den urkirchlichen Zusammenkünften noch eine Face-to-Face-Kommunikation, so wurden mit der Zeit immer mehr Medien in die Gottesdienste miteinbezogen, sei es das Buch, das Kirchengebäude oder Kunstwerke, die nicht anwesende Akteure im liturgischen Geschehen präsent machten. Die Einführung von liturgischen Feiern im Rundfunk und Fernsehen, die von lehramtlicher Seite durchaus als Mittel zur Mission gefördert wurde, zeigte vollends, dass die physische Anwesenheit der Feiernden keine Conditio sine qua non von Gottesdiensten ist. Gerade bei den Fernsehgottesdiensten, die für ältere Menschen bis heute eine willkommene Alternative zum analogen Gottesdienst in der Gemeinde sind, den sie aufgrund von Krankheit und Gebrechlichkeit nicht mehr besuchen können, zeigen sich kommunikationstheoretisch schon viele Gemeinsamkeiten mit den digitalen Gottesdiensten der gegenwärtigen Zeit. Zumindest findet hier wie dort eine Entgrenzung der Feiergemeinschaft statt und die Prinzipien, die als Charakteristikum für die *Digital Community* gerne genannt werden – Unverbindlichkeit, Intimität, Anonymität –, funktionieren auch bei den klassischen Fernsehgottesdiensten. Den Unterschied könnte man mit Teresa Berger (* 1956) eher an den Stichworten „portable, mobile, open access“[16] festmachen. Die User(innen) eines Online-Gottesdienstes müssen nicht mehr daheim

---

[15] C. Grethlein, Liturgia ex machina. Gottesdienst als mediales Geschehen, in: Deeg, Lehnert (Hg.), Liturgie – Körper – Medien (s. Anm. 2), 45–64, hier: 48.

[16] Berger, @ Worship (s. Anm. 2), 106. Für Anna-Katharina Lienau (* 1980) ist ein Kennzeichen der Liturgie im Web 2.0 die „Verbindung von Mobilität, Synchronität und Backchannel-Funktion“. – Vgl. A.-K. Lienau, Unterwegs und zwischendurch statt nur in der Kammer – internetbasiertes Beten, in: LiKu 8 (2018) 25–31, hier: 31.

vor dem Fernseher sitzen, sondern können sich an allen Orten (Bus, Zug, Warteraum) „einklicken" und sich direkt interaktiv beteiligen.

In der Entwicklung des christlichen Gottesdienstes gab es in der Geschichte darüber hinaus immer schon Sonderformen, die eine „virtuelle" Teilnahme an der Liturgie zum Ausdruck brachten, virtuell freilich nicht im technischen, sondern im geistlichen Sinn. Teresa Berger nennt in diesem Zusammenhang z. B. den Kommuniongang zu den abwesenden kranken (und anderen) Brüdern und Schwestern bei Justin (um 100–165), die geistige Anwesenheit der ganzen Kirche bei den eremitischen Privatmessen Petrus Damianis (1007–1072) und die mystischen Erfahrungen der hl. Klara von Assisi (1193/94–1253), die sich visionär in eine gefeierte Messe in der Basilika von St. Franziskus in Assisi hineinversetzt sah, was übrigens Papst Paul VI. (1963–1978) veranlasste, Klara zur Patronin des Fernsehens zu erheben.[17] Alexander von Hales (1185–1245) spricht in diesem Zusammenhang von Partizipationsweisen, die *sacramentaliter*, *spiritualiter* und *carnaliter* geschehen können. Für die heutige Zeit müsste man fragen: Warum dann nicht auch *digitaliter*?[18]

Das alles sind Beispiele, dass liturgische *communio* in der Geschichte immer *auch* schon „virtuell" stattgefunden hat und es in der Tradition immer *auch* schon verschiedene Formen der Teilnahme gegeben hat.[19] Und dennoch bleibt die Frage – gerade im Hinblick auf die letztgenannten Beispiele –: Sind alle Formen „virtueller" Gemeinschaft und Partizipation in der Geschichte eigentlich der Ideal- oder Normalfall? Sind sie nicht vielmehr Notfälle bzw. Ausnahmen, die auf die geistliche Dimension der Liturgie als raum- und zeitübergreifende Feier der Kirche aufmerksam machen und nicht die körperliche Anwesenheit der Feiernden generell infrage

---

[17] Vgl. Berger, @ Worship (s. Anm. 2), 24f.; Roth, Liturgie im Internet (s. Anm. 4), 54f.

[18] Vgl. A. Deeg, Liturgie – Körper – Medien. Herausforderungen für den Gottesdienst in der digitalen Gesellschaft. Eine Einführung, in: Deeg, Lehnert (Hg.), Liturgie – Körper – Medien (s. Anm. 2), 9–28, hier: 25.

[19] Vgl. K. Wiefel-Jenner, „Betet heute jemand die #twomplet vor?" oder warum man Tagzeitengebete im Netz nicht allein betet, in: Deeg, Lehnert (Hg.), Liturgie – Körper – Medien (s. Anm. 2), 95–112, hier: 95: „Da sich die Gemeinde schon immer als virtuelles Netzwerk verstanden und dieses seit den Tagen des Paulus gepflegt hat, stellt der digitale Wandel, der die Gegenwart prägt, die Gemeinde nicht vor Probleme, die ihrem Wesen widersprechen."

stellen? Diese Überlegungen sind nicht zuletzt auch in der Folge der Corona-Krise virulent. Damit soll die ekklesiologische Bedeutung einer Gemeinschaft im Internet, die im folgenden Abschnitt dargestellt wird, in keiner Weise angezweifelt werden. Zu bedenken ist nur, ob diese in allen Belangen der leibhaftigen Begegnung von miteinander Liturgie feiernden Menschen gleichkommt.[20]

3 Die theologische Bedeutung der *Digital Community*

„Gemeinschaft" wird in der *Digital Community* anders gedacht als in der nachkonziliaren, inzwischen schon wieder traditionellen Vorstellung der physischen *communio* der Liturgiefeiernden. Teresa Berger spricht von der „simultaneity without spatial proximity".[21] Ohne räumliche Nähe findet eine Art Gleichzeitigkeit statt, die eine eigene liturgietheologische Qualität hat. Denn gegenseitiger Austausch, Konzentration auf einen Text der Heiligen Schrift, das Hören der Predigt, die gemeinsame Ausrichtung auf Gott im Gebet – all das kann im Internet ebenso stattfinden wie in analogen Gottesdiensten in der Kirche. Durch das Web 2.0 kommt hinzu, dass der Austausch durch die Möglichkeit der Interaktivität noch viel intensiver sein kann. Neben den klassischen Kriterien einer Gemeinschaft haben Online-Communitys darüber hinaus – zumindest in den Augen vieler ihrer Nutzer – noch einige andere Vorteile: Sie haben fließende Grenzen, sind also grundsätzlich offen, lösen traditionelle Hierarchien auf, auch wenn es weiterhin eines Leiters eines Online-Gottesdienstes bedarf, und garantieren vor allem weitestgehende Anonymität.

Aufschlussreich sind dabei neue Koalitionen, die sich in der Anfrage an das Gemeinschaftsverständnis der Liturgie bilden: Während die Liturgische Bewegung und die nachkonziliare Liturgiereform nämlich sehr großen Wert auf die Gemeinschaft im Sinn der physi-

---

[20] Vgl. auch Jeggle-Merz, Gottesdienst und Internet (s. Anm. 2), 485: „Es bleibt zu reflektieren, ob tatsächlich von der Bedingung räumlicher Kopräsenz der Feiernden als Bedingung gemeinsamen Gottesdienstfeierns abgesehen werden kann." – Von einer „Bedingung" würde ich allerdings nicht sprechen, sondern von der bleibenden „Bedeutung" räumlicher Kopräsenz.

[21] Vgl. Berger, @ Worship (s. Anm. 2), 37–40.

schen Präsenz legten,[22] kritisieren Befürworter digitaler Liturgie ebenso wie etwa Joseph Ratzinger (* 1927), dass in der heutigen Liturgie zu einseitig die menschliche Gemeinschaft im engeren (physischen) Sinn betont wird (die Ortsgemeinde, die für sich Liturgie „macht"), was zur Folge hat, dass das „Ganze", d. h., das Bewusstsein einer weltweiten *communio* aus dem Blick gerät.[23] So ist „die Einheit mit dem Papst, mit den Bischöfen, mit den Gläubigen aller Orte und Zeiten"[24], wie sie etwa im Eucharistischen Hochgebet zum Ausdruck gebracht wird, für Teresa Berger Ausdruck einer Gemeinschaft „beyond spatial proximity and physical co-presence."[25] Die theologische Idee der ewigen Kirche als Gemeinschaft, die über alle Orte und Zeiten hinweg existiert, feiert also im Internet fröhliche Urständ und fügt sich gut in das digitale Zeitalter ein. Mit Stefan Böntert (* 1969) könnte man auch von der „Anwesenheit der Abwesenden"[26] sprechen.

Paul Post (* 1953), der mit seinen *Ritual Studies* auch im Internet aktiv und bewandert ist, geht im Blick auf das Gemeinschaftsverständnis im Internet noch einen Schritt weiter und stellt den Begriff „Gemeinschaft" als Bezeichnung für die Internet-Communitys generell zur Disposition:

> „Wir müssen uns von der Idee ritueller Repertoires in festen rituellen Räumen, getragen von einer begrenzten, festen und engen Gemeinschaft [...] verabschieden. Aktuelle rituelle Orte und Praktiken kennen fließende spontane Gruppen, verbunden durch den

---

[22] Das Messbuch von 1975 beginnt bezeichnenderweise nicht mehr mit den Worten: „Der Priester tritt an den Altar", sondern mit der Rubrik: „Die Gemeinde versammelt sich." Vgl. Die Feier der Heiligen Messe. Messbuch. Für die Bistümer des deutschen Sprachgebietes. Authentische Ausgabe für den liturgischen Gebrauch, Freiburg i. Br. ^{2}1988, 323. Freilich kann eine Versammlung der Gemeinde auch online geschehen.

[23] Vgl. Ratzinger, Fest des Glaubens (s. Anm. 14), 128.

[24] Ebd.

[25] Berger, @ Worship (s. Anm. 2), 38.

[26] Böntert, Gottesdienste im Internet (s. Anm. 2), 304: „Der Begriff der Versammlung im ekklesiologischen Sinn geht über alle Koordinaten einer rein physischen Präsenz hinaus. Dementsprechend ist angesichts der ‚Anwesenheit der Abwesenden' im Internet dem Missverständnis entgegenzuwirken, jeder Gottesdienst verlange zunächst und primär und konstitutiv nur die physische Anwesenheit der Versammelten."

> [...] *flow* sakral-ritueller Felder. Sie werden durch Kommen und Gehen bestimmt, durch den Wechsel der Zusammensetzung."[27]

Daher gelte es in Zukunft weniger in Gruppen und Gemeinschaften zu denken als vielmehr in offenen Räumen, wobei *affinity spaces* als Räume verstanden werden, in denen Interaktion, verschiedene Formen der Partizipation, durchlässige Führung, die Wertschätzung aller Beiträge und vieles andere mehr stattfindet.[28]

Exemplarisch kann diese Form der Gemeinschaft an der Feier der *#twomplet* deutlich gemacht werden, die seit Januar 2014 im Netz angeboten wird und inzwischen über 3 400 Follower hat.[29] Sie ist mit Abstand die beliebteste Form des Tagzeitengebets im Internet. Das Charakteristische an der *#twomplet* ist die Tatsache, dass eine traditionelle Form des Gebets (Komplet) für eine neue *Digital Community* zugänglich und an einigen Stellen modifiziert wird. Das wichtigste Prinzip ist die Interaktivität, die vor allem zu Beginn, bei der Begrüßung der Anwesenden und der Rückbesinnung auf den Tag, bei den Fürbitten, den liturgischen Akklamationen und am Ende bei der Verabschiedung durch Tweets, Retweets, Likes u. Ä. deutlich wird. Es entsteht so eine wirklich erfahrbare Gemeinschaft, „obwohl asynchron und ohne räumliche Nähe miteinander kommuniziert wird."[30] Die Beter(innen) der *#twomplet* verstehen sich als eine Zusammenkunft in einer Kapelle („Twapelle") mit jemandem, der der Feier vorsteht und jeweils die einzelnen Teile vorbetet. Diesem wird auch am Ende gedankt.[31] Vergleicht man den Ablauf mit der klassischen Komplet (in der katholischen Form[32]), so spielen besonders die Psalmen und der Segen eine wichtige Rolle, während

---

[27] P. Post, Cyberspace als Ritual Space, in: A. Gerhards, K. de Wildt (Hg.), Der sakrale Ort im Wandel (Studien des Bonner Zentrums für Religion und Gesellschaft 12), Würzburg 2015, 269–282, hier: 281 [Hervorhebung im Original].

[28] Vgl. ebd., 281f.

[29] Vgl. Wiefel-Jenner, „Betet heute jemand die #twomplet vor?" oder warum man Tagzeitengebete im Netz nicht allein betet (s. Anm. 19). – Vgl. dazu auch den Beitrag von S. Böntert in diesem Band.

[30] Wiefel-Jenner, „Betet heute jemand die #twomplet vor?" oder warum man Tagzeitengebete im Netz nicht allein betet (s. Anm. 19), 99.

[31] Wiefel-Jenner benennt es als „digitales Händeschütteln an der Kapellentür" (ebd., 105).

[32] Je nach Vorbeter(in) hat die *#twomplet* ihr eigenes konfessionelles Gepräge.

Kurzlesung, Responsorium, *Nunc dimittis* und marianische Antiphon Elemente sind, die eher ausfallen können. Andere liturgische Elemente werden eingefügt, die in der Komplet normalerweise nicht vorgesehen sind, etwa das Vaterunser, vor allem aber die Fürbitten, die einen breiten Raum einnehmen können. Eine ganz wichtige Rolle spielt darüber hinaus die Musik, die meist mittels Videos eingespielt wird und z. B. die Funktion des Hymnus in der Komplet übernimmt.[33] Tatsächlich wird – nach der Rückmeldung der User(innen) – die Musik als etwas erfahren, was ganz besonders Herz und Seele anspricht, aber auch den Leib, insofern die Teilnehmer mitsingen oder eventuell die Hände am Bildschirm dazu erheben.[34] In manchen Punkten erinnert die *#twomplet*-Gemeinde an freikirchliche Gruppen, was z. B. an Akklamationen wie „Amen", *Kyrie eleison* u. Ä. deutlich wird, die als Tweets bzw. Retweets abgesetzt werden. Wichtig ist, festzuhalten, dass die Gemeinschaft, die sich bei der *#twomplet* zusammenfindet, nicht einfach nur „virtuell" ist, sondern als wirkliche Gemeinschaft erfahren wird, weil man die anderen Teilnehmer durch die Beiträge, die sie einstellen, als reale Akteure wahrnimmt und sich mit ihnen auch innerlich verbunden fühlt, besonders durch die persönlichen Fürbitten. Die traditionelle Gestalt der Komplet wird dabei aufgenommen, aber an verschiedenen Stellen auch kreativ verändert bzw. ergänzt.

Was ergibt sich aus diesem Beispiel für die theologische Einordnung einer *Digital Community*? Legen wir die Kennzeichen der *communio*-Ekklesiologie an,[35] kann man mit guten Gründen von einer kirchlichen Gemeinschaft sprechen. Die Gemeinschaft der Internetbeter(innen) ist in gewisser Weise Abbild der trinitarischen *communio*, und zwar aus zwei Gründen: zum einen wegen des Charakters der Relationalität. Das Internet ermöglicht eine intensive relationale Gemeinschaft,[36] insofern durch die persönlichen Anliegen eine tiefe

---

[33] Vgl. aber als marianische Antiphon auch eine Adaption des *Salve Regina* auf die Melodie des Pachelbel-Kanons, in: https://youtu.be/6k9HzC3ij-k (Download: 8.5.2020).

[34] Vgl. Wiefel-Jenner, „Betet heute jemand die #twomplet vor?" oder warum man Tagzeitengebete im Netz nicht allein betet (s. Anm. 19), 106.

[35] Vgl. dazu Abschnitt 1 in diesem Beitrag.

[36] Vgl. Böntert, Gottesdienste im Internet (s. Anm. 2), 294: „Versammlung ist in ihrem Kern ein Relationsgeschehen."

Verbindung untereinander erfahrbar wird. Durch die Leitung des Gottesdienstes (z. B. bei der *#twomplet*) wird aber auch ein Minimum an hierarchischer Gemeinschaft deutlich, auch wenn diese Leitung eher dialogisch angelegt ist und viel Raum für die Partizipation der anderen Gottesdienstteilnehmer(innen) lässt. Zum anderen zeigt sich die trinitarische *communio* in der Bedeutung des Heiligen Geistes. Das geistgewirkte persönliche Gebet hat hohen Wert, die Teilnehmer(innen) verstehen sich als Menschen, die im Heiligen Geist miteinander kommunizieren (*Spiritum Christi habentes*). Dadurch wird auch die doppelte Ausrichtung des Gebetes bzw. Gottesdienstes – vertikal und horizontal – deutlich. Es geht in den *Digital Communities* eben nicht nur um eine horizontale Gemeinschaft der Internetnutzer(innen), sondern viele erfahren in dieser Gemeinschaft Gott auf neue Weise. Der Einschätzung Teresa Bergers zu Gotteserfahrungen im Internet ist also voll und ganz zuzustimmen: „We do not need to ask *whether* God can be present and active in Cyberspace […] the answer, theologically, must be ‚yes'"[37].

Interessant ist vor diesem Hintergrund, wie sich die klassischen Spannungen der Kirche als Gemeinschaft einer Einheit in Vielfalt im Internet widerspiegeln. Hier ist eine Tendenz zum Charismatischen (gegenüber dem Institutionellen), zum Unsichtbaren (gegenüber dem Sichtbaren), zum Geistigen (gegenüber dem Leiblichen), zur Säkularität (gegenüber der Sakralität) und zur Moderne (gegenüber der Tradition) durchaus festzustellen. Es ist aber nur eine Tendenz. Denn umgekehrt spielt das Institutionelle in der Notwendigkeit der Vorsteherrolle auch bei Online-Gottesdiensten weiterhin eine Rolle,[38] das Sichtbare bleibt auch in Online-Liturgien wichtig (durch Bilder, Livestreams, Videos etc.), das Leibliche hat ebenso weiter Bedeutung (etwa im Hören von Musik, im Berühren des Touchscreens, in Einladungen, mit dem Körper zu beten), das Sakrale wird auf vielen liturgischen Internetseiten bewusst zelebriert und die Tradition zeigt sich u. a. in der oben genannten Vorstellung

---

[37] Berger, @ Worship (s. Anm. 2), 95.112 [Hervorhebung im Original].

[38] Vgl. Böntert, Gottesdienste im Internet (s. Anm. 2), 287: „Jeder Internetgottesdienst benötigt einen Vorsteher, dem analog zu den basalen Formen der Liturgie im Dialog zwischen Gott und Mensch eine leitende Funktion innerhalb des Gottesdienstgefüges zukommt". Böntert knüpft an dieser Stelle auch bewusst an die *communio*-Ekklesiologie an.

der weltweiten Vernetzung im Geist und der „Abwesenheit der Anwesenden“, die in der Liturgiegeschichte von Anfang an zum Wesen des Gottesdienstes gehörte.

Und wie sieht es mit der *participatio actuosa* im Internet aus? Auch in der digitalen Welt gibt es hier eine Außen- und Innenseite. Die äußere, aktive Seite zeigt sich in der Möglichkeit des (lauten) Mitsingens und -betens, das vor dem Bildschirm des Computers oder des mobilen Endgeräts ebenso möglich ist wie schon seit langer Zeit vor den Fernsehapparaten, besonders aber in der interaktiven Beteiligung durch die Formulierung persönlicher Fürbitten und Gebetsanliegen oder durch Kommentare zur Predigt, die zeitgleich (wie bei den sog. Sublan-Gottesdiensten[39]) oder am Ende des Gottesdienstes (wie bei manchen Facebook-Gottesdiensten) ins Netz gestellt werden können. Insofern haben sich die Beteiligungsmöglichkeiten erweitert, sind autonomer, persönlicher und ggf. intensiver als bei analogen Gottesdiensten, bei denen sich vor allem die liturgischen Dienste aktiv einbringen, während die übrigen Gläubigen in der Gemeinde – im Normalfall[40] – auf die vorgesehenen Akklamationen und das gemeinsame Singen und Beten beschränkt sind.

An diesem Punkt muss allerdings auch noch einmal auf die Leiblichkeit als wesentliche liturgische Feierdimension verwiesen werden. Wenn man sie als ein Konstitutivum der *participatio actuosa* begreift, ist sie bei Online-Gottesdiensten zwar nicht ganz ausgeblendet, aber doch eingeschränkt. Das gilt besonders bei Sakramentenfeiern wie Tauf- und Krankensalbungsgottesdiensten, bei denen Versuche aus den USA – etwa zu Taufen via Skype – nicht wirklich überzeugen können.[41] Aber auch bei gemeinsamen Gebeten während des Gottesdienstes ist es etwas anderes, wenn man die an-

---

[39] Vgl. dazu C. Rudolff, Sublan-Gottesdienste, in: LiKu 8 (2018) 32–36; K. Merle, Kulturelle Adaptionen im (Medien-)Wandel, in: Deeg, Lehnert (Hg.), Liturgie – Körper – Medien (s. Anm. 2), 77–94, bes. 83–86. – Unter „Sublan-Gottesdiensten“ versteht man interaktive Online-Gottesdienste, die in ihrem Ablauf Twitter- oder Facebook-Gottesdiensten gleichen, aber auf einer eigenen Software basieren (entwickelt als LAN-Party-Projekt 2004 und unterstützt von der Evangelischen Kirche in Hessen und Nassau).

[40] Natürlich hat der Zelebrant immer auch die Möglichkeit zu einer dialogischen Predigt o. Ä.

[41] Vgl. die als „first online baptism“ deklarierte Taufe in Florida und Georgia 2008, in: https://www.youtube.com/watch?v=qThUe1-RvXU (Download: 8.5.2020) oder

deren Mitfeiernden neben sich spürt und hört und sich so als Gemeinschaft der Singenden und Betenden erfährt, als wenn dies nur virtuell via Internet geschieht, wobei es natürlich möglich ist, sich als eine kleine Gemeinschaft auch vor dem Computer zu versammeln. Jedenfalls sollte die Bedeutung der Leiblichkeit im Zusammenhang mit der *participatio actuosa* nicht unterbewertet werden, und zwar nicht nur im aktiven, sondern auch im passiv-rezeptionellen Sinn des Empfangens, was etwa die zunehmende Bedeutung und Beliebtheit von Segnungsgottesdiensten mit Handauflegung deutlich macht.[42]

Die Verinnerlichung der liturgischen Partizipation – im Sinn einer *participatio Dei*[43] – wird in Gottesdiensten der *Digital Community* zuweilen noch intensiver erfahren als in normalen Sonntagsgottesdiensten, in denen man keine Resonanz spürt. Dies bezeugen Kommentare auf den Gebetsseiten wie *#twomplet* und ähnlichen Plattformen, die sich bisweilen wie Glaubenszeugnisse lesen. Aber auch durch die Musik werden über das Internet Resonanzachsen aktiviert,[44] die zu einer innerlichen Anteilnahme an zuweilen auch klassischen liturgischen Stücken – wie im Fall der Komplet einem Psalm, einem Hymnus oder einer marianischen Antiphon – beitragen können. Gleichwohl ist die Art und Weise der Verinnerlichung der liturgischen *actio* im Internet zu berücksichtigen. Im Sinn der spätmodernen Bricolage-Mentalität wird nicht einfach die gemeinsame Liturgie der Kirche angeeignet, sondern diese als Grundlage und Vehikel für neue Formen und Gestaltungen benutzt, um dadurch persönliche Glaubensresonanzen zu generieren. Auch die

---

die „Skype Baptism" im selben Jahr in Indiana und Alabama, in: https://www.youtube.com/watch?v=6tY_Xhb2rbM (Download: 8.5.2020).

[42] Soziologisch wird dies etwa untermauert durch Hartmut Rosa, der bezüglich der digitalen Welt schreibt: „Die Welt, mit der wir interagieren, kommunizieren, an der wir arbeiten und in der wir spielen, riecht nicht, sie hinterlässt keine Gravitationswirkungen und taktilen Empfindungen." Für ihn ist es daher „evident, [...] dass die Berührung auch des empfindlichsten Touchscreens in der *Wahrnehmung der Weltbeziehung* kategorial verschieden bleibt von der Berührung anderer Materialien oder gar anderer Menschen". – Wörtliche Zitate aus: H. Rosa, Resonanz. Eine Soziologie der Weltbeziehung, Berlin [3]2018, 157f. [Hervorhebung im Original].

[43] Vgl. Ratzinger, Zur Frage nach der Struktur der liturgischen Feier (s. Anm. 14), 493f.

[44] Vgl. Rosa, Resonanz (s. Anm. 42), 159–163.

#twomplet ist ja nicht eins zu eins aus dem Stundenbuch übernommen, sondern geht relativ frei mit der traditionellen Form um, ohne diese dabei aus dem Blick zu verlieren. Von der geistlichen Erfahrung her kann man dabei natürlich eine *participatio Dei* ebenso annehmen wie bei der traditionellen Form, allerdings ist sie nicht mehr (allein) vermittelt durch die klassische kirchliche Liturgie. Und auch der Aspekt der liturgischen Erziehung wird hier neu definiert. Es geht nicht mehr um eine Einübung im Sinn eines geistlichen Verständnisses der traditionellen liturgischen Riten der Kirche, sondern um eine neue persönliche Glaubenserfahrung, die aus der Tradition erwachsen kann, aber nicht mit ihr identisch ist.

4 Fazit

Die Vorstellungen von Gemeinschaft und Partizipation, die in der Liturgie eine so zentrale Rolle spielen und im Zug der Liturgiereform erst wieder richtig entdeckt wurden, werden im digitalen Zeitalter einerseits radikal infrage gestellt, andererseits neu definiert. Dies hat sich auch in den Zeiten der Corona-Pandemie gezeigt, insofern die neue Gottesdienstgemeinschaft, die in vielen Gemeinden via Livestream entstand, von vielen Gläubigen durchaus als eine hilfreiche Form erfahren wurde, in einer Zeit der erzwungenen physischen Distanz sich als Gemeinschaft der Glaubenden zu erleben. Einmal mehr wurde hier deutlich, dass sich im Internet eine *andere* Form von Gemeinschaft und Partizipation zeigt, die in manchem traditionellen Formen ähnelt, aber doch ihre Eigenart darin hat, dass sich in ihr Virtualität und Realität mischen.[45] Dass Gotteserfahrung auch in dieser neuen „mixed-reality world“[46] möglich ist, steht außer Frage. Liturgisch vermittelte geistliche Erfahrungen sind im Internet nicht nur möglich, es spricht vieles dafür, dass sie von den Digital Natives gerade dort gesucht werden. In Zukunft kann man davon ausgehen, dass gerade die täglichen Gebetspraktiken – moderne wie traditionelle – im Unterschied zu den Sonntagsgottesdiensten in erster Linie online geschehen werden.[47] Aufgabe der Li-

[45] Zum Folgenden vgl. Roth, Liturgie im Internet (s. Anm. 4), 58f.

[46] Berger, @ Worship (s. Anm. 2), 94.

[47] Vgl. ebd., 104.

turgiewissenschaft wird es sein, die vielen Formen digitaler Liturgiefeiern zu sichten, ihre Kontinuität zu traditionellen Formen zu erkennen, aber auch liturgietheologische Kriterien zu entwickeln, wie es hier für die Bereiche der liturgischen *communio* und der *participatio actuosa* versucht wurde.

Festzuhalten ist, dass es in der Einordnung der *Digital Community* ekklesiologisch gesehen viele Parallelen und Kontinuitäten zur *communio*-Ekklesiologie des Zweiten Vatikanischen Konzils gibt, aber zugleich auch Chancen im Bereich neuer Formen der Vergemeinschaftung, die sich durch die gesteigerte Form der Interaktion und die grundsätzliche Offenheit (*open access*) der Gottesdienste ergeben. Das Gleiche gilt hinsichtlich der *participatio actuosa*, wobei hier bleibende Grenzen virtueller Beteiligung im Hinblick auf die leiblich-haptische Dimension liturgischer Partizipation zu konstatieren sind (auch dies hat sich in der Corona-Krise gezeigt). Insgesamt lässt sich aber die liturgische Gemeinschaft und Partizipation im Internet – trotz all ihrer Eigenheiten – durchaus im Rahmen der klassischen *communio*-Ekklesiologie denken und liturgietheologisch begründen, und man darf es als Kirche begrüßen, dass Gott sich immer wieder neue Wege sucht, um den Menschen zu begegnen.

3. Einblicke in Praxisfelder und eine Reflexion zu aktuellen Diskussionen als Ausblick

Eine Show mit Tiefgang

Wahrnehmungen eines Fernsehregisseurs zur katholischen Liturgie

Matthias Schwab

Kann ein katholischer Gottesdienst Menschen vor dem Bildschirm fesseln? Sind die Menschen mit ihren heutigen Sehgewohnheiten überhaupt bereit, sich auf diese Form der „Unterhaltung“ einzulassen? Und wie können die Macher vor und hinter der Kamera ein attraktives Angebot machen, das die Zuschauer nicht ablehnen können?

In diesem Beitrag aus der Praxis soll es um Möglichkeiten der modernen Präsentation und Inszenierung gehen – auf neuen Wegen, mit guten Mitteln und besten Absichten. Die Suche nach Modernisierung bietet sicherlich viel Raum für Diskussion. Zu meiner Person: Ich bin seit 45 Jahren Katholik, seit 20 Jahren Fernsehregisseur (u. a. „Wer wird Millionär?“) und seit zehn Jahren Mediencoach für Moderator(inn)en, Schauspieler(innen) und Führungskräfte. Ich habe in meiner Laufbahn bei mehr als 3 000 Fernsehsendungen Regie geführt und tue dies seit über fünf Jahren auch sehr gerne bei den ZDF-Fernsehgottesdiensten. In diesem Text schreibe ich aus meiner Sicht als Regisseur über mögliche neue Formen der „Präsentation“ von Liturgie im Fernsehen.

1 Eine Liturgie ohne Schranken – also ohne Liturgie?

Zugegeben, auf den ersten Blick klingt die gewählte Überschrift paradox, geradezu nach einer radikalen Forderung an die katholische Kirche. Um es vorweg zu nehmen: Es ist überraschend, wie modern das vermeintlich altmodische Konzept ist. Die Liturgie ist das, was den katholischen Gottesdienst unverwechselbar macht und die offizielle Form der Feier festlegt.

Um neue Formen der Präsentation von Liturgie im Fernsehen zu schaffen, ist zum einen die Selbstreflexion und das damit verbundene Infragestellen des Altbekannten essenziell und zum anderen ein

Vergleich z. B. mit alternativen Gottesdienstformen bei anderen Konfessionen. Schauen wir also mal beim Nachbarn über den Gartenzaun und fragen uns, was hier richtig gemacht wird und wo es noch Optimierungspotenzial gibt: Freie evangelische Gemeinden bieten ihre Gottesdienstangebote in einer freien, nahezu „liturgiefreien" Form an. Viele dieser Gemeinden nutzen moderne mediale Präsentationsformen und bieten wie selbstverständlich oft hochprofessionelles Livestreaming an. Junge Prediger und moderne Musik sollen hier vor allem ein junges Publikum ansprechen und binden, was oft auch erfolgreich gelingt.

Gottesdienste und Predigten, die im Internet abrufbar sind, zeichnen sich besonders durch ihre junge und moderne Aufmachung aus. Mit zeitgemäßer Sprache, peppiger Musik, dem Einsatz Neuer Medien und einer sehr attraktiven Optik mit Lichteffekten und Beamer entspricht man hier im ersten Schritt den Seh- und Konsumgewohnheiten junger Menschen. Augenscheinlich macht man alles richtig, doch sollte man sich nicht auf den Holzweg einer einseitigen Betrachtung begeben. Aus meiner rein professionellen Sicht als Regisseur sind viele der Beispiele bei näherer Betrachtung erstaunlich lang und schwer konsumierbar, viele der transportierten Inhalte wiederholten sich in langen Predigten, und ich hatte oft Mühe, den Argumentationsketten zu folgen.

Diese Beispiele können eine Anregung sein; zu einer wirklichen Weiterentwicklung braucht es aber mehr: Wie transportiere ich meine Inhalte spannend und attraktiv, berücksichtige moderne Sehgewohnheiten und erzeuge einen echten Mehrwert? Um diese Frage zu klären, kann ein anderes Gebiet berücksichtigt werden, in dem ich als Fernsehregisseur und Mediencoach tätig bin.

2 Überlegungen zu gelungenen TV-Produktionen

2.1 Zwei Fernsehshows als Beispiele

Fernsehshows gehören zu den beliebtesten Unterhaltungssendungen im deutschen Fernsehen. Zu den erfolgreichsten Shows der letzten Jahre zählen „The Masked Singer" und „Wer wird Millionär?". „The Masked Singer" ist eine Musikshow auf ProSieben, in der prominente Persönlichkeiten maskiert in Ganzkörperkostümen singen und eine Jury mit den Zuschauer(inne)n rätselt, wer sich hinter den Masken versteckt. „Wer wird Millionär?“ ist hinlänglich bekannt – kurz zusammengefasst: ein mehr als 20 Jahre altes Quizformat und eine Art „Fernseh-Kindergeburtstag“.

Wo liegt die Basis für diesen anhaltenden Erfolg? „Wer wird Millionär?“ und „The Masked Singer“ weisen im Vergleich einige Gemeinsamkeiten auf, welche zugleich auch die Erfolgsgeheimnisse der beiden Shows sind: ständig wiederkehrende Elemente; ein einfach zu verstehendes Konzept; Benefit für die Zuschauer(innen) (jede[r] Einzelne kann mitmachen); eine besondere Art der Präsentation; eine vertraute Umgebung.

Beide Shows greifen auf ständig wiederkehrende Elemente zurück – seien es die von Günther Jauch (* 1956) gestellten Quizfragen oder die maskierten Promis, welche auf der Bühne ihre Performance abliefern. Diese Elemente sind unverzichtbar für die Shows und verleihen ihnen ihre Besonderheit. Zudem ist das Konzept der Fernsehshows einfach zu verstehen, die Zuschauer(innen) benötigen also kein weitreichendes Hintergrundwissen, um das Programm der Show zu begreifen. Darüber hinaus werden sie aktiviert: Bei „Wer wird Millionär?“ können sie miträtseln und mitfiebern, bei „The Masked Singer“ dürfen sie ihren Favorit(inn)en durch Abstimmung zum Sieg verhelfen. Und zu guter Letzt stellen die besondere Art der Präsentation und die vertraute Umgebung für die Zuschauer(innen) einen Wiedererkennungswert und eine Routine dar, auf die sie sich verlassen können. Diese fünf Punkte sind keine exklusiven Merkmale von Fernsehshows, sondern begegnen auch in anderen Lebensbereichen, aber sie sind gerade hier wichtig.

2.2 Formatentwicklung und Analyse

Der Film „Wie informiert das Fernsehen? Ein Indizienbeweis“ (1975) von Medienwissenschaftler Bernward Wember (* 1941) ist eine Grundlagenquelle des Fernsehregisseurs. Er stützt sich auf eine Untersuchung zur Fernsehberichterstattung und deren Wirkung auf die Zuschauer(innen). An der Untersuchung haben 850 Proband(inn)en teilgenommen. Wembers Analysen und Aussagen in gekürzter Form:

1. Der Effekt des „Augenkitzels“: In der modernen Fernsehberichterstattung kann man fast nie Einzelheiten in Ruhe beobachten,

denn die Bilder wechseln unglaublich schnell und werden in riesiger Vergrößerung dargestellt. Kurz gesagt: eine pausenlose Bombardierung mit Reizmaterial. Jedoch funktionieren diese Reizmethoden, das Auge wird pausenlos „gekitzelt" und animiert, hinzuschauen.

2. Die Text-Bild-Schere: Je dichter Bild und Text beieinander sind, desto besser können die Textaussagen eines Films aufmerksam verfolgt und im Gedächtnis behalten werden. Wenn sich jedoch Text und Bild – wie eine sich öffnende Schere – inhaltlich immer weiter voneinander entfernen, dann müssen die Zuschauer(innen) sich immer mehr anstrengen, wenn sie gleichzeitig noch zusehen und zuhören wollen. Folglich bleibt – durch diese Anstrengung – die Aufmerksamkeit der Zuschauer(innen) und damit die unerlässliche Voraussetzung, den Gesamtzusammenhang zu verstehen, auf der Strecke. Hinzu kommt die „natürliche" Dominanz des Bildes über den Text.
   Die Text-Bild-Schere, verstärkt durch den Augenkitzel-Effekt, macht es für die Zuschauer(innen) extrem schwierig, das Entscheidende im Zusammenhang zu erfassen und zu behalten. Wember beschreibt es so:

   > „Wegen der Scherenprobleme ist es oft unmöglich, gleichzeitig genau zu beobachten und genau hinzuhören. Entweder man hört zu, dann verkommt das Sehen zum Glotzen. Oder man ist von den Bildern gefesselt, dann verkommt der Text zur plätschernden Geräuschkulisse."[1]

3. Der „Durchlauferhitzer": Das Festhalten und Einprägen einer wichtigen Information im Fernsehen erklärt sich als besonders schwierig, da die Zuschauer(innen) immer nur einen Punkt erleben. Sie können weder zurückblättern noch auf Pause drücken. Der Zusammenhang ist nicht überprüfbar. Die Filme werden durch einen Ablaufzwang wie durch einen Durchlauferhitzer gejagt. Dort sollen die Filmbilder nacheinander „für einen kurzen Augen- und Ohrenkitzel erhitzt werden" – um sofort danach wie-

---

[1] Zit. nach: Forum Bürgerfernsehen, Bernward Wembers Analyse. Wahrnehmung und Gedächtnis im Härtetest. Der Fernseh-Gewöhnungs-Sog (Juni 2012), in: https://www.surf-inn.net/FernsehGebuehrenzahler/BernwardWember.htm (Download: 2.7.2020).

der vergessen zu werden. Ein Rückgriff auf den Zusammenhang endet deshalb, so Wember, „wie im Nebel“, und er sagt:

> „Das Schlimme ist, dass man diesen Vorgang meist nicht unmittelbar merkt. Der Reizkitzel (fesselnder Bilder und plätschernder Geräuschkulissen) ist nämlich angenehm und kostet keine Anstrengung. Man braucht sich nur dem Reiz zu überlassen, sonst nichts …“[2]

Zusammengefasst: Man gewöhnt sich daran, dass ein genaues aktives Zuschauen, ein verstehendes aktives Zuhören sowie ein genaues Mitdenken kaum möglich sind. Bekanntlich verkümmern Fähigkeiten, wenn man sie nicht aktiv einsetzt. Ein Arm, den man dauerhaft nicht bewegt, wird steif. Werden aktives Beobachten und mitdenkendes Zuhören nicht geübt, verkümmern sie zu passivem Reizkonsum. Mit anderen Worten: Man behält, dass man nichts zu behalten braucht.

2.3 Fazit für die Anwendung

Bernward Wember sagt:

> „Durch die ewige Wiederkehr des immer gleichen Augenkitzel-Verfahrens entsteht beim Zuschauer der *Gewöhnungs*-Effekt. [Ihm wird ein] Bild-Text-Brei serviert […], süffig und leicht eingängig. Die Sogwirkung des Augenkitzels und die Eigendynamik der Bild-Text-Schere haben Drogenwirkung auf den Zuschauer.“[3]

Die Analyse zeigt für unsere Anwendung zweierlei: Zu einem wird hier deutlich, dass die Fernsehzuschauer(innen) Sehgewohnheiten aufweisen, denen Fernsehmacher(innen) ausgesetzt sind. Dies betrifft aber nicht nur die Fernsehschaffenden, sondern auch die Macher(innen) von Events, zu denen für mich auch die Feier eines Gottesdienstes zählt. Zum anderen stellt sich aber auch heraus, dass man sich die Sehgewohnheiten der Zuschauer(innen) im positiven Sinne zunutze machen kann. Dies bildet u. a. die Grundlage einer erfolgreichen Formatentwicklung. Die goldenen Regeln für ein erfolgreiches Format lassen sich in drei Punkten zusammenfassen: ansprechende Form, besondere Präsentation und ständige Überraschung.

---

[2] Wörtliche Zitate aus: ebd.

[3] Ebd.

3 Wie baut man eine Show?

Um eine erfolgreiche Show auf die Beine zu stellen, sollte man sich mit folgenden Fragen auseinandersetzen: Was und wen möchte ich erreichen? Welche Gefühle möchte ich dabei ansprechen? Wie erreiche ich mein Ziel?

Während die ersten beiden Fragen sich nur abhängig von der jeweiligen Show beantworten lassen, gibt es zur letzten Frage eine allgemeine Herangehensweise, bestehend aus fünf Entwicklungsschritten, die sich allesamt auch in der Liturgie wiederfinden lassen: Konzept, Dramaturgie, Inhalt, Form und Präsentation.

3.1 Konzept, Dramaturgie und Inhalt

Das Konzept ist eindeutig: Wir feiern einen Gottesdienst, der möglichst viele Menschen erreichen soll. Mithilfe von Text, Musik und heiligen Handlungen wird den Mitfeiernden und Zuschauer(inne)n der Glaube nähergebracht. Dabei sollen Geborgenheit, Gemeinschaft, Erkenntnisgewinn und die Vertiefung des Glaubens im Mittelpunkt stehen – ein Konzept, das allen Gottesdienstbesucher(inne)n bekannt ist.

Jede Show weist eine bestimmte Dramaturgie auf, welche auf den Aufbau der jeweiligen Show schließen lässt. Die „Gottesdienstshow" besteht aus vier Formatbestandteilen, beginnend mit einem Opening und einer Einführung. Darauf folgt der inhaltliche Teil mit einer Vertiefung bereits bekannten Wissens. Der „Showact", also die Eucharistiefeier als praktischer Teil, bildet das dritte Element. Und die Auflösung und Verabschiedung bilden den Schluss.

Die vermittelten religiösen Inhalte variieren von Gottesdienst zu Gottesdienst. Was jedoch festgehalten werden kann, sind Elemente, die standardmäßig jeder Gottesdienst aufweist: Musik, gesprochene Worte zu den Themen des Tages, Bibeltexte, heilige Handlungen und Gebete. Die Frage ist hier nicht „Was verkündige ich?", sondern „Wie verkündige ich?".

3.2 Form und Präsentation

Um die Form genauer zu analysieren, soll ein Blick auf die drei Emotionswerkzeuge im Theater und Film bzw. Fernsehen geworfen werden: Licht, Bild und Ton. Jeder hat seine eigenen Bilder im Kopf. Die Aufgabe der Macher(innen) ist es, ein Ziel vor Augen zu haben und dieses mithilfe der audiovisuellen Werkzeuge in Szene zu setzen.

Licht als optisches Werkzeug kann ganz verschieden wirken: bedrückend oder erhellend, aktivierend oder einschläfernd, kalt oder warm. Das Wichtige hierbei ist, mehr Bewusstseinsschärfe für die Wirkung von Licht zu schaffen und das Licht unterstützend einzusetzen. Das gilt sowohl für das künstliche als auch für das natürliche Licht.

Im Bild gibt es selbstverständlich ebenfalls verschiedene Wirkungsweisen, die beachtet werden müssen. Junge Menschen sind optik-fixiert. Deswegen ist es umso wichtiger, zu wissen, welche Atmosphäre mithilfe des Bildes geschaffen werden soll: liebevoll oder beliebig, undurchsichtig oder erklärend, grau oder bunt. Fragen wie „Wie sehr spricht mich ein Raum an?“ oder „Wie attraktiv ist das optische Angebot?“ sind Schlüsselfragen für den Erfolg bei den Zuschauer(innen) oder Teilnehmer(innen).

Das wichtigste Gestaltungselement, um einen hervorragenden Inhalt zu transportieren, ist der Ton. Sprache und Musik lösen die Emotionen aus, die die Menschen zum Weiterschauen veranlassen. Ist der Klang aktivierend oder entspannend, deprimierend oder erheiternd? Um das auf den Gottesdienst zu übertragen: Welche Varianzen finde ich neben der Orgel? Welche Angebote mache ich in der Breite? Nehme ich alle mit oder mache ich nur „Events“ für spezielle Zielgruppen? Musik ist pure Emotion – dies gilt es sich zunutze zu machen!

Licht, Bild und Ton sind also die emotionalen Werkzeuge einer guten Inszenierung. Der katholische Gottesdienst bietet eine ideale „Spielwiese“. Die Frage, die Akteur(innen) im Gottesdienst sich selber stellen müssen, ist: Wo sind die Schranken?

Thomas Gottschalk (* 1950), Hape Kerkeling (* 1964), Günther Jauch: Sie alle haben einen katholischen Background, der Beruf des Showmasters scheint uns Katholik(inn)en also in die Wiege gelegt zu sein … Aber im Ernst: Die Protagonisten übernehmen eine wichtige Rolle in einer Show, sie präsentieren sie auf ihre eigene Weise.

Dabei sind Humor, Authentizität, Stimme und Stimmung die Schlüsselbegriffe der Performance.

Humor ist ein dehnbarer Begriff und sehr vielseitig; die Erfolgsformel hierbei ist wie so oft, die Sache ernst zu nehmen, aber sich selbst dabei weniger. Authentizität ist dann authentisch, wenn man den Inhalt, den man transportiert, auch so meint und er ohne Missverständnisse beim Publikum ankommt. Die Stimme und die Stimmung sind dabei zwei zweifelhafte Freunde. Sie beeinflussen sich gegenseitig. Modernes Stimmtraining kann dafür sorgen, dass nicht nur die Stimme sich zum Positiven verändert. Gleichzeitig sorgt ein passender Stimmton für die erhoffte Stimmung im Raum. Eine intensive Weiterbildung lohnt sich hier besonders. Die Teilnehmer(innen) an solchen Seminaren berichten hier durchgängig von sofortiger positiver Veränderung im selbstsicheren Auftreten und in der Wirkung nach außen. Die Präsentation ist somit die tragende Säule beim Transport des Inhalts. Die Werkzeuge hierzu sind zu einem großen Teil erlernbar. Dabei sind Wille und Persönlichkeit der Ausgangspunkt.

4 Fazit und persönlicher Ausblick

Nach diesem Exkurs in die Welt der Fernsehregie abschließend einige Ratschläge, um die neuen Formen der Präsentation von Liturgie im Fernsehen oder Internet bestmöglich umzusetzen:

- Wie am Anfang des Textes erwähnt, hat sich das Konsumverhalten der Menschen im Laufe der Jahre massiv verändert. Es ist wichtig, dies wahrzunehmen und die Menschen dort abzuholen, wo sie sind.
- Ein Großteil des heutigen Publikums hat sich im Gegensatz zu früher nicht mehr im Detail mit dem christlichen Glauben auseinandergesetzt; viele Eindrücke aus katholischen Gottesdiensten sind daher u. U. befremdlich oder unverständlich. Deshalb sollten die Inhalte so erklärt werden, dass sie auch nicht katholisch sozialisierte Zuschauer(innen) verstehen können.
- Die Themen sollten spannend und mit einem historischen Kontext aufbereitet werden – weg vom Abstrakten, hin zu einer Einordnung.
- Anstelle eines Selbstverständnisses als „verschworene Gemeinschaft", der man per Formular beitreten muss und deren Re-

geln und Gebräuche man nur als Eingeweihter versteht, empfehle ich das Angebot einer positiven Alternative.

Kommen wir nun zurück auf die Ausgangsfrage: Kann die Liturgie Raum bieten für die Konsumgewohnheiten des heutigen Publikums? Meine eindeutige Einschätzung heißt: Ja! Die Verantwortlichen sollten sich dabei folgende Fragen stellen: Wen will ich teilhaben lassen? Wem biete ich Raum? Welche Gefühle erzeuge ich mit Bildern und Optik? Wie kann dabei ein einfaches aber wirkungsvolles Lichtdesign unterstützen? Wen und was will ich mit Musik erreichen? Und der allerwichtigste Baustein zum Schluss: eine seriöse, liebevolle und humorvolle Präsentation der „Show“. Oder zusammengefasst in meinem Motto, das ich allen meinen Coaching-Klient(inn)en versuche, näherzubringen: „Ein ehrliches Lächeln verändert alles.“

Die Passion als TV-Hochamt

Erschließungen einer postmodernen Liturgie in den Niederlanden

Klaus Nelißen

Und sie fand doch statt: Trotz der Corona-Krise wurde die „Passion“ und damit das Leiden und Sterben Jesu als TV-Event übertragen und erreichte zur besten Sendezeit mit einem rekordverdächtigen Zuschauermarktanteil von 46,2 Prozent[1] fast die Hälfte der Fernsehnation. Nicht in Deutschland. Hier hatte der Privatsender RTL die Deutschlandpremiere aus der Ruhrmetropole Essen am Ende doch absagen müssen. Aber in den Niederlanden wurde das zehnte Jubiläum des TV-Events wegen der Pandemie spontan umdisponiert und auf eine besondere Weise begangen. Als öffentliche Gottesdienste untersagt waren, wurde für Millionen der Niederländer ausgerechnet eine Best-of-Fernsehshow zum österlichen Ereignis. Und diese Jubiläumsausgabe der „Passion“ zeigte unter dem Eindruck der Corona-Pandemie einmal mehr, wie sich das Format seit der Erstausstrahlung im südholländischen Gouda 2011 zu einer Art postmoderner Liturgie des Fernsehzeitalters etabliert hat.

Dieser Artikel wollte eigentlich eine umfangreiche *Relecture* der deutschsprachigen Premiere der „Passion“ sein: Wie gestaltete sich die Inszenierung? Wie war das Echo der Presse? Wie reagierte die religiöse und theologische Szene? Unter dem Eindruck der angekündigten Verschiebung der Deutschlandpremiere ins Jahr 2021 skizziert dieser Artikel nun stattdessen das Format vor dem Hintergrund der niederländischen Inszenierungen. Eigens vom Verfasser dieses Artikels geführte Interviews mit den Fernsehproduzenten Jacco Doornbos und der niederländischen Pastoraltheologin Mirella Klomp (* 1979), die diesem Artikel zugrunde liegen und immer wieder zitiert werden, halfen, ein Bild zu zeichnen über das TV-Phänomen, das die „Passion“ zum erfolgreichsten Live-Fernsehformat in

---

[1] Vgl. J. Doornbos in einem für die Erarbeitung des vorliegenden Textes geführten Interview (daraus auch alle weiteren nicht extra nachgewiesenen Zitate des Fernsehproduzenten in diesem Beitrag).

den Niederlanden gemacht hat. Dankenswerterweise stellte Klomp ihre umfangreichen Studien zur Entwicklung des TV-Formates vor deren Veröffentlichung für eine Auswertung zur Verfügung. „Playing On. Re-staging The Passion after the Death of God“[2] wird im Herbst als ihre Habilitationsschrift erscheinen und neben einer Fülle empirischer Befunde erhellende theologische Zugänge zur Deutung der Wirkung und Rezeption der „Passion“ aufbieten.

1 Erfolgsrezept „Covern“

Die Erfolgsgeschichte der Fernseh-„Passion“ beginnt mit Jacco Doornbos. „Auslöser war für mich eine Umfrage, in der es hieß, dass nur noch 27 Prozent der Niederländer den Inhalt der Ostererzählung kannten. Und ich dachte mir: Egal, ob jetzt aus historischer, kultureller oder religiöser Sicht – wir müssen um unsere Narrative wissen“, sagt der niederländische Fernsehproduzent. Als religiös überzeugter Christ suchte er nach einem Weg, um mit seinen Mitteln als TV-Produzent etwas an dieser Ausgangslage zu ändern. Dann sah er im Jahr 2006 in Manchester die TV-Produktion einer Passionserzählung der BBC,[3] die ihn in ihren Grundzügen ansprach. Doornbos kaufte die Lizenz für dieses Format, machte es fernsehtauglicher und wandelte es zu einer Art „Franchise-Produktion“.

Dabei findet sich der Kern der „Manchester-Passion“ ebenfalls in dem Format von Doornbos: die Leidensgeschichte Jesu als kontemporär erzähltes Live-Event auf einem Marktplatz unter Zuhilfenahme von Popmusik. Entscheidend ist für ihn der Einsatz von popkultureller Musik in der Nationalsprache. Selbst wenn in den Niederlanden der Fundus an muttersprachlicher Musik endlicher ist als z. B. im englisch- oder deutschsprachigen Raum, liegt für den Fernsehproduzenten der Erfolgsschlüssel im Covern von Pophits auf der Folie des christlichen Narrativs: „Dies spannt die Brücke zwischen der Tradition und den Zuschauenden.“ Den Popsongs wohne eine je eigene Emotion inne. Diese helfe, im Moment des

[2] M. Klomp, Playing On. Re-staging The Passion after the Death of God (Theology in Practice 10), Leiden 2020 [im Druck].

[3] Vgl. The Manchester Passion 2006, in: https://www.youtube.com/watch?v=UAfLCV9ZeZY (Download: 10.6.2020).

Coverns, die biblische Botschaft auf eine besondere Emotion der Passionsgeschichte hin zu kontextualisieren. Die Transformation der Sinnzusammenhänge geschieht dabei gegenseitig: Das biblische Geschehen deutet den Popsong neu und umgekehrt. Indiz, dass dies als eines der Erfolgsrezepte der „Passion" gesehen werden kann, ist für Doornbos der Erfolg mancher Coverversionen aus den vergangenen zehn „Passion"-Events. Dieser schlage sich nicht nur in verkauften CDs nieder, sondern auch in den Abrufzahlen auf Videoplattformen wie Youtube, wo die „Passion-Version" das Original-Video häufig übertreffe. „Das bedeutet eine Art Reprogrammierung der ursprünglichen Verweisungszusammenhänge dieser Popsongs."

Zehn Jahre später gibt sich Doornbos überrascht von dem Erfolg seines Konzeptes: „Als ich das startete, glaubte ich nicht, dass es ein derartiger Erfolg würde. Ich dachte nicht, dass es zu einer Tradition werden würde und derart Teil der öffentlichen Agenda. Sogar in Schulbüchern findet die ‚Passion' mittlerweile Niederschlag."

2 Günstige TV-Strukturen und eine „anatheistische" Gesellschaft

Die niederländische Fernsehlandschaft schien für die Schaffung eines Formates wie der „Passion" prädestiniert, die niederländische Glaubenslandschaft zunächst nicht. Warum? In den Niederlanden sind die öffentlich-rechtlichen Fernsehkanäle lediglich Container für ein Programm, das von einem wohlproportionierten Geflecht aus zwölf Produktionsfirmen bestückt wird. Hierzu gehören auch religiöse Firmen, der freikirchliche Evangelische Omroep (EO) und das protestantisch-katholische Netzwerk „KRO-NCRV". Diese Produktionsfirmen verfügen nicht nur über Kompetenzen im religiösen Fernsehen, sondern haben gleichwohl auch Expertise in Unterhaltungsprogrammen und verfügen über die notwendigen finanziellen Ressourcen, eine derartige Produktion anzuschieben. In ihnen fand Jacco Doornbos hochmotivierte Partner.

Während also die strukturellen Gegebenheiten für ein christlich geprägtes Fernsehformat ideal waren, schien die Ausgangslage in der Gesellschaft auf den ersten Blick alles andere als erfolgsversprechend: Die Niederlande gehören zu den säkularsten Gesellschaften Europas. Mirella Klomp zitiert eine Studie aus dem Jahr 2016, in der 71 Prozent der Befragten angaben, keinen Bezug zu irgendeiner

Form verfasster Religion zu haben; 82 Prozent gaben an, nie einen Gottesdienst zu besuchen.[4] Klomp sieht – wie sie sagt – aber gerade hierin einen paradoxen Faktor: „Die Säkularität der niederländischen Gesellschaft ist tatsächlich der Humus für den Erfolg dieses Formates."[5]

Zur theologischen Einordnung hierfür bietet die Pastoraltheologin einen Begriff an, der geprägt wurde von dem irischen Philosophen Richard Kearney (* 1954): Anatheismus. In der postmodernen Welt, die die Dichotomie der Aufklärung zwischen Theismus und Atheismus hinter sich lässt, komme, so die These Kearneys, die Gottesfrage zurück auf einem offenen Feld. *Ana-Theos* meint die Rede von Gott – nach Gott:

> „So what *is* anatheism? As the prefix *ana* suggests, anatheism is about repetition and return. Not in the sense of a reversion to an anterior state of perfection [...]. Nor, indeed, in the sense of a return to some prelapsarian state of pure belief before modernity dissolved eternal verities. There is nothing nostalgic at work here. We are, to borrow from Kierkegaard, not concerned with a ‚recollection' *backward* but with a ‚repetition' *forward.* The *ana* signals a movement of return to what I call a primordial wager, to an inaugural instant of reckoning at the root of belief. It marks a reopening of that space where we are free to choose between faith or nonfaith. As such, anatheism is about the *option* of retrieved belief."[6]

Klomp schätzt an Kearneys Begriff das Moment der Wette (*wager*):

> „Die Option ist völlig offen, ob die Gottesfrage und damit Gott zurückkommt oder nicht. Und so verhält es sich auch mit der ‚Passion'. Sie kann als neue Form von Religiosität gewertet werden und zugleich auch nicht. Es kommt vollkommen darauf an, wer gefragt wird."

---

[4] Vgl. Klomp, Playing On (s. Anm. 2).

[5] M. Klomp in einem für die Erarbeitung des vorliegenden Textes geführten Interview (daraus auch alle weiteren nicht extra nachgewiesenen Zitate der Pastoraltheologin in diesem Beitrag).

[6] R. Kearney, Anatheism. Returning to God After God, New York 2010, 6f. [Hervorhebungen im Original].

Die in dem TV-Format aufscheinende Religion begegne den meist säkularen Zuschauenden als etwas Fremdes, dem sie aber zunächst einmal neutral und nicht abweisend gegenüberstünden. Und es liege daher vollkommen in ihrer Hand, die angebotenen Sinnzusammenhänge für sich religiös zu deuten oder nicht.

3 Leichtherzige Rückkehr des Christlichen

„Meine christliche Ambition war es, Ostern zurück auf die Agenda zu holen“, formuliert Doornbos seinen Initialgedanken, der hinter der Schaffung dieses Formates liegt. Ist ihm das gelungen? Klomp deutet den empirischen Befund verhalten:

> „Ich denke nicht, dass man einfach sagen kann, dass dieses Format einen signifikanten religiösen Impuls in die Gesellschaft gibt. Dass die Niederländer tatsächlich mehr über die Passionsgeschichte wissen als vor zehn Jahren, dafür haben wir keine gesicherte Evidenz.“

In ihrer Publikation wertet sie Umfragen von 2015 aus, die von den beiden christlichen Produktionsfirmen zu einem möglichen Anwachsen von Religiosität unter der Zuschauerschaft in Auftrag gegeben wurden. Während formal höher gebildete Schichten das Format eher als kitschig bewerten, erreicht es andere, überraschend jüngere Schichten, die sich angesprochen fühlen. Dabei fällt auf, dass gerade die Generation der 30- bis 40-Jährigen überproportional oft (rund ein Drittel) ankreuzte, das Format habe ihr Interesse an Glaubensfragen geweckt.[7] Dennoch sieht Klomp darin keine ungebrochene Rückkehr zur traditionell christlich verfassten Kirchlichkeit.

> „Today, most Dutch people sleep in on Sunday morning and never go to church, yet every year on Maundy Thursday, a few million people, in their leisure time participate in this popular show that is based on a Christian narrative. The producer and broadcasting companies have transferred the annual ritual performance of the passion from the liturgy to the city square and transformed it into a media event. The ‚lightness‘ which characterizes this pas-

[7] Vgl. Klomp, Playing On (s. Anm. 2).

> sion has given it the nickname of the ‚showbiz-passion'. Its process of transformation has hardly touched the narrative [...] but lies in its fluidity and link with liquid modernity"[8].

Die Identifikation mit christlichen Motiven finde in der hochsäkularisierten Gesellschaft vielmehr kirchenfern und fluide statt:

> „Dutch culture may no longer simply be characterized as Christian, yet the Dutch do not really manage, so to speak, to get beyond Christian narratives, images and rituals. They undeniably continue to reinvent their dealings with Christian heritage, appropriating it to their liking. Insofar as it may be considered religion, *The Passion* shows that Christianity in the Netherlands is becoming light-hearted, casual, easy and flighty."[9]

Man könnte daraus schließen, dass das, was der große Attraktor des TV-Formates auf der Ebene der Musik ist, ebenso den Zugang der meisten Zuschauenden auf der Ebene der spirituellen Erfahrung ausmacht: das Covern. Weil die Erzählungen und Bilder der biblischen Geschichte gerade jenseits des geläufigen bzw. hinter sich gelassenen christlich-kirchlichen Kontextes präsentiert werden, laden sie ein zu einer je individuellen Adaption, zum Covern.

4 Kontinuität des Volksglaubens ohne christliche Deutung

Passionsspiele gehören schon seit Jahrhunderten zum Inventar der gelebten und inszenierten (Volks-)Frömmigkeit. In ihren Studien zieht Klomp einen historischen Querschnitt von den Schilderungen der spanischen Pilgerin Egeria aus dem vierten Jahrhundert von inszenierten Passionsszenen im spätantiken Jerusalem über die Passionsoratorien von Johann Sebastian Bach (1685–1750) bis hin zu modernen Inszenierungen des 20. Jahrhunderts wie dem Musical „Jesus Christ Superstar" von Andrew Lloyd Webber (* 1948).[10] Anzufügen aus katholischer Sicht sind die zahlreichen Beispiele von Passionsspielen im Volksglauben: Ob es die bald 400 Jahre alte Tra-

---

[8] Ebd.

[9] Ebd. [Hervorhebung im Original].

[10] Vgl. ebd.

dition in Oberammergau ist oder mehr oder weniger bekannte Passionsspiele wie im schwäbischen Waal oder im Kloster Chorin in Brandenburg – gerade diese Passionsspiele erfreuen sich, ähnlich dem TV-Event aus den Niederlanden, einer stetig wachsenden Beliebtheit.[11]

Und so steht die „Passion“ in Kontinuität zu vorherigen Inszenierungen des Leidens und Sterbens Jesu – mit einer Ausnahme: Das TV-Event verzichtet bewusst auf theologische Deutungen des biblischen Narrativs. Der Jargon der Verkündigung ist der Inszenierung fremd. Bewusst fehlen Formulierungen wie „Er starb für unsere Sünden“, wodurch im liturgischen Kontext das Passionsgeschehen erschlossen wird. Klomp zitiert in ihrer Arbeit die Aussage des Produktionsnetzwerks KRO-NCRV, das jeglichen Verdacht eines Missionierungsversuches ausschließen möchte: „Our goal is not an event with a strong missional message. It is just a narrative we want to pass on. We do not aim to evangelize people– that is their own business.“[12] Und so zielen die Erklärungen des Erzählers immer auf allgemein verbindliche Werte und Emotionen wie Freundschaft, Verrat, Liebe, Hoffnung, Angst und Einsamkeit.

Das TV-Format zeichnet sich daher auf eine bestimmte Weise durch seine Offenheit für unterschiedliche Rezeptionsweisen aus. Doornbos betont, dass er den Zuschauenden die Möglichkeit geben möchte, so unterschiedlich wie gleichwertig in das Geschehen involviert zu werden und eine Verbindung aufbauen zu können: zu den beteiligten Stars, zu den gewählten Musikstücken, zu den Filmaufnahmen der jeweiligen Stadt, zum je aktuell gewählten Oberthema und natürlich auch zur biblischen Geschichte.

5 Statisches Format mit fluiden Variablen

Wesentlicher Erfolgsfaktor des Formates ist in erster Linie die Professionalität der Inszenierung auf allen Ebenen: Die Musik, die Bühnenbauten, die Bildsprache, der Cast – all dieses ist ebenso aufwen-

---

[11] Als Beispiel vgl. Spiele und Zuschauer, in: https://www.ammergauer-alpen.de/oberammergau/entdecken/Die-Passion-und-die-Passionsspiele/Spiele-und-Zuschauer (Download: 10.6.2020).

[12] Zit. nach: Klomp, Playing On (s. Anm. 2).

dig wie State of the Art. Die „Passion" ist produziert nach den Gesetzmäßigkeiten eines massentauglichen Fernseh-Events, welches nicht nur eines Millionen-Budgets bedarf, sondern auch Zugeständnisse an den Geschmack einer breiten Zuschauerschaft fordert. Frei nach dem Motto des RTL-Urgesteins Helmut Thoma (* 1939) aus den 1990er-Jahren, mit dem er das Privatfernsehen groß gemacht hat: „Der Wurm muss dem Fisch schmecken, nicht dem Angler."[13] Durch die Auswahl der Popsongs und der Darsteller(innen) aus der Schauspiel-, Musik- und Influencer-Szene und nicht zuletzt durch das Bühnendesign und die Garderobe, die Jesus eher im Stil eines Hipster-Herrenausstatters als eines Sandalenfilms präsentiert, schlägt die „Passion" eine Brücke zur Populärkultur.

Vorwürfen, das Format sei zu seicht, zu kitschig und vermittle eine Art *feel-good*-Christentum, entgegnet Doornbos mit Verweis auf dessen Akzeptanz in der Zuschauerschaft. Mehr noch, er sieht in der „Passion" ein überlebenswichtiges Erfolgsrezept für den Fernsehmarkt, der im Internetzeitalter seinen *Unique Selling Point* suchen muss: „In Zeiten von Streamingdiensten und Youtube sind ambitionierte Live-Übertragungen der Schlüssel zur Daseinsberechtigung von linearem Fernsehen."

Die „Passion" gestaltet sich seit ihrer ersten Ausstrahlung als ein Format mit einem ausgewogenen Gleichgewicht von statischen Elementen und einem Set aus variablen Parametern. Die biblische Geschichte und damit der Handlungsverlauf sind ebenso gesetzt wie die Anzahl der Protagonisten. Variabel sind die Auswahl des Casts samt des Erzählers, die stets neue Auswahl von Popsongs, das je unterschiedliche Livepublikum, der je wechselnde Austragungsort (wobei in den Niederlanden auffällt, dass eher mittelgroße Städte bevorzugt werden als Metropolen) und das Motto, unter das die alljährlichen Aufführungen in den Niederlanden vor allem in den Moderationen des Erzählers gestellt werden. Hier nehmen die Macher(innen) immer Bezug zu aktuellen Themen: Aspekte wie Einsamkeit oder Gerechtigkeit bilden dann den Rahmen, in dem die Lieder zu den jeweiligen Szenen der biblischen Erzählung herausgesucht werden. Auch Bezüge zur Stadtgeschichte – beispielsweise

---

[13] H. Thoma im Interview mit P. Stolle, H. Volz unter dem Titel „Der Wurm muß schmecken" vom 15. Oktober 1990, in: https://www.spiegel.de/spiegel/print/d-13502072.html (Download: 10.6.2020).

das 15. Jahrgedächtnis der Feuerwerkskatastrophe in Enschede im Jahr 2015 – geben der jeweiligen Inszenierung eine eigene Kontur.

Das Grundgerüst der Inszenierung hat sich seit der Erstausstrahlung nur in Nuancen geändert, besonders auffällig ist dies in der Darstellung der Kreuzigung. Drei Handlungsebenen verdichten sich im Laufe der 90-minütigen Sendung auf einen Höhepunkt hin: Die präsenteste Handlungsebene ist das Livegeschehen auf einer überdimensionalen Bühne, meist am Hauptplatz der austragenden Stadt samt Erzähler, Liveband, Chor und dem Publikum, das in den Niederlanden bis zu 20 000 Menschen umfasst.

Auf die imposanten Leinwände werden vorab produzierte Einspieler übertragen, die die vom Erzähler vorgetragene Rahmenhandlung in ein fast immer gleiches Set von Spielszenen unterteilt (Einzug Jesu in Jerusalem, das letzte Abendmahl, Verrat des Judas, Verhaftung). Diese Spielszenen bilden die zweite Handlungsebene. Sie werden in Kinoqualität aufwendig gedreht an interessanten Orten der jeweiligen Austragungsstadt, wobei der Fokus darauf liegt, möglichst urbane Eindrücke zu kreieren: das Abendmahl in einem angesagten Sternerestaurant, die Verhaftungsszene in einer Industrieruine. Durch die biblische Vorlage sind die jeweiligen Charaktere bei jeder Aufführung gesetzt. Neben Jesus, den zwölf Jüngern (hier besonders Petrus und Judas) und der Gottesmutter Maria spielen Pontius Pilatus und Barrabas eine zentrale Rolle. Sie alle werden dargestellt von prominenten Schauspieler(inne)n und Sänger(inne)n, die der Inszenierung einen Star-Faktor verleihen. Seit der ersten Inszenierung ist für die Macher(innen) bewusst kein Kriterium für die Auswahl, ob die Darsteller(innen) gläubige Christ(inn)en sind. Durch die wechselnde Besetzung ergibt sich jedes Jahr ein spannungsreiches Ensemble, was mitunter bereits vor der Ausstrahlung in der Öffentlichkeit für Diskussionen sorgt. So wählten die Macher(innen) im Jahr 2015 für die Rolle des Verbrechers Barrabas mit dem jungen Sänger Dave Roelvink (* 1994) ausgerechnet einen Prominenten, der im Jahr zuvor in einen Sex-Skandal verwickelt war. Solche Diskussionen, die im Vorfeld meist im Boulevard geführt werden, sind von den Macher(inne)n einkalkuliert, um eine Erwartungshaltung auf das TV-Event hin zu steigern.

Die dritte Handlungsebene schließlich ist eine Prozession, die sich mit Beginn der Liveaufzeichnung in Gang setzt. Bei dieser schreiten mehrere Tausend Menschen mit einem überdimensionalen

Leuchtkreuz durch die Straßen der Stadt. Dieser Schweigemarsch wird begleitet von einem bzw. einer Reporter(in). Sie werden immer wieder eingeblendet – ähnlich wie bei einer Liveberichterstattung auf Nachrichtenkanälen; sie führen Interviews mit den Beteiligten und fangen die jeweilige Stimmung ein.

In den Niederlanden ist die „Passion“ neben dem TV-Erfolg längst ein Social-Media-Phänomen. Klomp hält fest, dass im Vorfeld und während der Ausstrahlung der „Passion“ im Jahr 2015 über 60 000 Tweets allein auf Twitter mit dem Hashtag *#tp15* gesendet wurden.[14] Seit 2016 wird die gesamte PR nicht mehr durch Pressekonferenzen gestaltet, sondern die Ankündigung der aktuellen Rollenbesetzung und Songauswahl findet im Vorfeld ausschließlich durch Social-Media-Kampagnen statt (z. B. durch die Debatte um *#whoisjesus*).

Sicher trägt der Prominenten-Faktor der unterschiedlichen Rollenbesetzungen zu den gesteigerten Social-Media-Aktivitäten um das Format bei. Aber einen noch verblüffenderen Anteil daran hat die Prozession. Ihr widmet Klomp in ihrer Arbeit ein gesamtes Kapitel, denn sie ist wahrscheinlich das paradoxeste Element der Inszenierung.

6 Die Prozession als „Ana-Liturgie“

Die Prozession als Teil der „Passion“ findet nicht nur physisch vor Ort und durch Einblendungen in der 90-Minuten-Show statt, sondern hat sich über die Jahre aufgrund ihrer Beliebtheit ausgeweitet. Mittlerweile kann sie über einen Second Screen die gesamte Zeit live verfolgt werden, und ebenso gibt es unter dem Hashtag *#ikloopmee* („ichgehemit“) ein virtuelle „Twitter-Prozession“.

Klomp führt dazu aus, dass das Prozessionselement historisch gesehen eines der konfliktärsten Elemente der Inszenierung darstellt: Seit sich die protestantischen Niederlande zu einer Nation formierten, waren öffentliche Bekundungen des Glaubens verpönt. Erst 1990 wurde ein Gesetz von 1848 für überflüssig erklärt, das (besonders den Katholiken) bis auf wenige Ausnahmen untersagte, öffentlich in Straßen Prozessionen abzuhalten.[15] Kurz gesagt: Bis zur TV-

[14] Vgl. Klomp, Playing On (s. Anm. 2).

[15] Vgl. ebd.

„Passion“ waren Prozessionen in der niederländischen Gesellschaft weitestgehend verdrängt, wenn nicht gar vergessen.

Schon in der „Manchester-Passion“ wurde ein Kreuz durch die Straßen getragen – daran knüpfte Jacco Doornbos an. Mit dem Design des Kreuzes als überdimensionales Neonobjekt wollte Doornbos nicht nur ein Wahrzeichen für das Event schaffen, sondern die gesamte Anmutung dieses uralten Gegenstandes der Verehrung „verheutigen“. Er wusste, er konnte in den Niederlanden noch nicht einmal an den Begriff „Prozession“ anknüpfen. Dennoch führte er diesen (christlichen) Terminus durch das Format breitenwirksam wieder ein. „Es gibt ein Bedürfnis nach Kollektivierung von gemeinsamen Emotionen, z. B. als Ausdruck von Trauer. Ein mittlerweile fast unhinterfragtes Ritual sind z. B. Schweigemärsche nach einer Katastrophe. Ich dachte, wenn ich diese neuere Tradition der Schweigemärsche verbinde mit diesem neudesignten Kreuz, dann könnte dies zu einer Revitalisierung der älteren, nahezu vergessenen Tradition der Prozessionen führen“, so Doornbos. Die am Wegesrand geführten Interviews sollen dabei dramaturgisch helfen, den Zuschauenden zu vermitteln, warum Menschen je individuell der Prozession folgen.

Für Klomp stellt die Prozession in dem ansonsten bewusst religiös zurückhaltenden Gesamtduktus der Inszenierung eine Art Trojanisches Pferd dar:

> „Die Prozession ist das Einfallstor für gelebte Religiosität. Das ist der Grund, warum sie die Prozession gewählt haben. Bei aller Offenheit der Show für unterschiedliche Weisen der Rezeption: Die Prozession bietet die Momente, in denen religiöse Zeugnisse ihren Platz haben.“

Der Erfolg der Prozession ist für Klomp ein Phänomen des Social-Media-Zeitalters. Dass Menschen niedrigschwellig teilnehmen können, sorge für die Vielzahl an Posts. „Es ist auf eine Weise ‚sicher‘, denn niemand kommt und stellt Dir Fragen oder möchte mehr von Dir – was oft die Erfahrung ist bei der Kontaktaufnahme mit kirchlichen Angeboten“, so Klomp.

Und insofern wertet sie diese Prozession als Paradebeispiel für einen neugeschaffen Ritus unter dem Vorzeichen von Richard Kearneys Begriff des Anatheismus. In ihrer Publikation schafft

Klomp – abgeleitet von Kearneys „Anatheismus“ – dafür einen eigenen Begriff: „Ana-Liturgy“[16] und definiert:

> „Ana-Liturgy, in meinem Sinne, ist eine rituelle Handlung, an die Menschen andocken können, die jenseits einer religiösen kirchlichen Praxis leben. In unserer Kultur, die das Christliche in weiten Teilen hinter sich gelassen hat, ist diese Prozession eine Hintertür, sich in aller Offenheit wieder zu assoziieren mit einem christlichen Ritus.“

Dabei sei die Prozession ebenso wie die Gesamtinszenierung eine hybride Erscheinung: Sie kann sowohl dezidiert christlich gewertet werden oder im Sinne eines allgemeingesellschaftlichen Ausdrucks von Solidarität. Die Wirkung der Prozession zeigte sich nicht zuletzt bei der Ausstrahlung im Jahr 2020 unter dem Vorzeichen der Corona-Pandemie. Gerade weil auf die Prozession in bewährter Form verzichtet wurde, schien ihre Popularität gar noch zu wachsen. Während das Kreuz im Sendezentrum in Hilversum leuchtend aufgestellt wurde und nur die Reporterin die Posts aus dem Internet kommentierte, fand die eigentliche Prozession virtuell statt. „Share your story of fear and hope“, beschreibt Doornbos den Aufruf, der zuvor durchs niederländische Internet ging. Online konnten Menschen ihre Geschichte unter dem Hashtag *#ikloopmee* bzw. *#iwalkalong* teilen. Laut dem Fernsehproduzenten erfolgten über 20 000 Posts in Form von Texten oder Video-Testimonials, die Likes und Reposts gingen in die Hundertausende. In ihrer Publikation folgert Klomp:

> „We have concluded that many people in the Netherlands no longer actively seek God, and The Passion does not arouse curiosity about Christian faith. Yet, the popularity of the procession (measured by the numbers of participants) demonstrates a certain openness towards the cross. There is a normative dimension to this openness – the normativity of participants who participate as the result of an evaluative decision.“[17]

---

[16] Vgl. Klomp, Playing On (s. Anm. 2) [Kapitel 3 „The Re-Appearance of God: Ana-Liturgy“].

[17] Klomp, Playing On (s. Anm. 2).

7 Gleichzeitigkeit als Massenerfahrung

Bei aller bewusst formatierten Offenheit der Inszenierung für eine religiös distanzierte, breite niederländische Öffentlichkeit, die sich sogar in der Prozession eines Kreuzes darstellt, hat sich die „Passion“ in den Niederlanden zugleich als TV-Event etabliert, das von Kirchgänger(inne)n in hohem Maße affirmiert wird. Wobei Doornbos zugesteht, dass die Kirchen anfangs verhalten reagierten. „Man kann doch die biblische Geschichte nicht auf so eine populäre Art erzählen und dann noch mit Darstellern, die womöglich nicht glauben“, beschreibt er den anfänglichen Einspruch. Aber dann hätten die Kirchen gesehen, wie die Menschen darauf ansprachen:

> „Sie erkannten: ‚Wenn wir die Sprache der Menschen sprechen statt unseres Kirchenjargons, dann gibt es die Möglichkeit, dass unseren Geschichten ankommen.‘ Denn es liegt nicht an den Geschichten. Es liegt an der Sprache und oft genug an Vorbehalten gegenüber der Kirche als Institution.“

Was die Inszenierung für religiös Interessierte leisten kann, lässt sich vermutlich am besten mit der theologischen Kategorie beschreiben, die der dänische Philosoph Søren Kierkegaard (1813–1855) als „Gedanken seines Lebens“ bezeichnete: Gleichzeitigkeit. Kierkegaard war davon überzeugt, dass nur derjenige die wahre Gestalt Jesu Christi erkennen kann, der mit ihm gleichzeitig wird: Quasi bereinigt vom theologischen Tand um den auferstandenen Christus forderte er die unmittelbare wie existenzielle Begegnung mit dem historischen Jesus, dem „Zeichen des Ärgernisses“, wie er es nannte. Nur wer sich diesem Ärgernis des Jesus-Ereignisses stelle, habe die Möglichkeit, in der Überwindung desselben in den Glauben zu „springen“, so Kierkegaard:

> „Denn im Verhältnis zum Unbedingten ist nur eine Zeit: die Gegenwart; wer nicht gleichzeitig ist mit dem Unbedingten, für den ist es nicht da. Und da Christus das Unbedingte ist, sieht man leicht, dass es im Verhältnis zu ihm nur eine Lage gibt: die der Gleichzeitigkeit.“[18]

---

[18] S. Kierkegaard, Werkausgabe, Bd. 2: Einübung im Christentum, hg. von E. Hirsch, H. Gerdes, Düsseldorf – Köln 1971, 71.

Zu den dichtesten Momenten im Sinne der „Gleichzeitigkeit“ gehört beim TV-Event mit Sicherheit die Szene am Ende des Verhörs durch Pontius Pilatus, wenn dieser die versammelte Menge von der Hauptbühne aus vor die Wahl stellt, Jesus oder den Verbrecher Barrabas freizulassen. In diesem Moment fallen die Zuschauer(innen) aus ihrer Rolle als Beobachter(innen), als Konsument(inn)en eines Showgeschehens, und sie werden zu Akteur(inn)en. Barrabas peitscht die Menge auf, bis der gesamte Platz ruft: „Kreuzigt ihn!“

„Es ist ein sehr komischer Moment. Das erste Mal in Gouda überkam mich Zittern“, beschreibt Klomp, die diese Szene mehrere Male live vor Ort mitverfolgt hat, ihre Wahrnehmung:

> „Jacco Doornbos persönlich probt diese Szene immer vor der Aufzeichnung mit den Zuschauenden. Und er versucht den Menschen klar zu machen, dass die Geschichte nur funktioniert, wenn die Menschen auf dem Platz ihre Rolle annehmen. Würde niemand: ‚Kreuzigt ihn‘ rufen, wäre das Ganze ein Flop.“

Die Macher(innen) wissen um die Kraft dieses Momentes, der für die Beteiligten eine Entscheidungsbekundung provoziert, die zunächst kontraintuitiv ist. Als „Freunde Jesu“ könnten sie ja auch dessen Freilassung fordern. Aber die Menge ergibt sich, dem Verlauf der biblischen Geschichte folgend, dem „Spiel“. Bei den Liveübertragungen ist zu sehen, wie mit jedem Ruf die Forderung zunächst verhalten, dann deutlicher und am Ende in gewisser Weise auch lustvoll über den Platz hallt: „Kreuzigt ihn!“ Neben dem spielerischen Aspekt, in dem die versammelte Menge zur Akteurin der Passionsgeschichte wird, deutet Klomp diese Szene als hochgradig performativ:

> „Der Moment, in dem Du der Masse folgst, diese wenigen Worte zu rufen, wirst Du Teil dieses Narrativs. Und mich überkam urplötzlich die Frage: Was ist meine Rolle beim Verrat Jesu? Und als Theologin ist das einer der Kerne dieser Geschichte: Wer bin ich in dieser Geschichte? In welchen Momenten meines Lebens verrate ich Jesus durch mein Verhalten? Was hätte ich tun sollen und was nicht? Für Christen ist genau dieser Moment der Punkt, an dem sie die Relevanz dieses Narrativs spüren.“

Und zugleich hält sie differenzierend fest, dass diese Deutung sehr wohl abhängt vom theologisch-hermeneutischen Rahmen der eigenen Biografie.

8 Drei Minuten bis zur Auferstehung

Und am Ende kommt die Auferstehung – auch bei dem TV-Event „The Passion“: nicht nach drei Tagen, sondern nach drei Minuten. Der auferstandene Jesus, meist in strahlendem Weiß, auf einem markanten Turm, singt seinen letzten Song. Zuvor verabschiedet sich der Erzähler nach der Kreuzigung mit einer letzten Moderation. Und die hat es immer in sich – unter den Vorzeichen des bisher Beschriebenen. Denn notwendigerweise ist das, was dann kommt, die Auferstehung, erklärungsbedürftig – besonders theologisch.

Klomp widmet diesen letzten Moderationen ein eigenes Kapitel ihres Buches. Und sie zeigt auf, wie Jahr für Jahr versucht wird, die Auferstehung unter der Prämisse der Rezeptionsoffenheit zu deuten und anzubieten, die Zuschauer(innen) darauf aber nicht festzulegen. Vielleicht lag es an der Corona-Krise, dass sich diese finale Moderation im Jahr 2020 im Vergleich zu den Vorjahren dann doch etwas deutlicher festlegte.[19] „Wir wollten am Puls der Zeit sein und den Menschen eine Hoffnungsperspektive geben“, sagt Doornbos. Und

---

[19] „War alles umsonst? Endet die Geschichte, die mit dem Versprechen vom ‚Besser‘ und dem Versprechen der Hoffnung begann, mit dem Gegenteil: einem einsamen Tod? – Jesus sagte seinen Nachfolgern, dass er nach drei Tagen wieder von den Toten auferstehen würde. Und genau das ist laut Bibel, dem Buch, das diese Geschichte beschreibt, passiert. Es klingt unwahrscheinlich und einfach unmöglich, aber das haben viele Menschen seit Jahrhunderten geglaubt. Dass Jesus lebt. Dass sein Opfer nicht umsonst war. In der Tat, dass dies der Kern ist. Denn wenn der Tod überwunden werden kann, ist nichts unmöglich. Plötzlich ist der Tod nicht mehr das Ende, sondern ein neuer Anfang. Dann bringt der Tod eines Mannes Hoffnung. Hoffnung, die wir alle jetzt brauchen. – Sie können glauben, dass es wirklich passiert ist, oder nicht, das liegt an Ihnen. Tatsache ist, dass diese Geschichte auch heute noch Millionen von Menschen inspiriert. – Die Ostergeschichte fordert uns heraus, Hoffnung zu leben, nicht Angst. Sie fordert uns heraus, uns für einen anderen zu opfern, anstatt an der Illusion der Kontrolle festzuhalten. – Ich würde gerne in einer Welt leben, in der es nicht beängstigend ist, anders zu sein. Wo wir ein Auge füreinander haben. Wo wir keine Maske tragen, um uns vor der bösen Außenwelt zu schützen, sondern um eine andere Person vor Kontamination zu schützen. Ich möchte in einer Welt voller Hoffnung leben. Wo wir uns ohne Angst einem anderen nähern – auch wenn vorerst, aus Liebe, bis zu eineinhalb Meter voneinander entfernt. – Wenn Jesus das meinte, dann kann ich eine solche Welt sehen. Was ist mit dir?“ (in: https://www.thepassion.nl/artikel/2020/04/kijk-hier-the-passion-terug [Download: 10.6.2020]) [Übersetzung Verf.].

so wählte er als letzten Song der Best-of-Jubiläumssendung dann auch ausgerechnet den Coversong eines in Deutschland fast vergessenen Schlagers von Udo Jürgens (1934–2014): „Geef mij je angst“[20] ist in den Niederlanden ein Evergreen und wurde bei der Premiere des Formates 2011 vom Auferstandenen auf dem Dach der Hauptkirche von Gouda gesungen:

> „Gib' mir deine Angst
> Ich geb' dir die Hoffnung dafür.
> Gib' mir deine Nacht,
> Ich geb' Dir den Morgen dafür.
> Solang' ich dich nicht verlier',
> Find' ich auch einen Weg mit dir.“

Diese Liedzeilen wurden zum Jubiläum mit den Aufnahmen aus Gouda ausgestrahlt, gemischt mit Videos von singenden Prominenten aus ihrer Quarantäne sowie mit Einspielern aus Krankenhäusern. Laut Doornbos wurde dieses hochemotionale Musikvideo[21] aus der Jubiläumssendung an den Kar- und Ostertagen über 100 Mal im niederländischen Fernsehen wiederholt und schuf damit eine österliche Präsenz in der niederländischen Fernsehlandschaft, wie sie vielleicht nicht da gewesen wäre, hätten die Kirchen regulär offen gehabt.

---

[20] Vgl. Wikipedia, Geef mij je angst, in: https://nl.wikipedia.org/wiki/Geef_mij_je_angst (Download: 10.6.2020).

[21] Vgl. Geef mij nu je angst. The Passion 2020, in: https://www.youtube.com/watch?v=0r3L6k9J_2E (Download: 10.6.2020).

Den Auftrag des Herrn erfüllen – auch in schwierigen Zeiten

Ein Blick zurück und nach vorne

Winfried Haunerland

Die Corona-Pandemie hat Erfahrungen gebracht, auf die viele gerne verzichtet hätten. Obwohl die Religionsfreiheit in Deutschland von der Verfassung geschützt ist, wurden öffentliche Gottesdienste – wie in vielen anderen Ländern Europas – verboten, weil sie unter das vom Infektionsschutzgesetz abgedeckte Versammlungsverbot fielen. Nur wenige machten den vergeblichen Versuch, auf dem Klageweg das Verbot aufzuheben. Die Kirchenleitungen der großen Konfessionen, aber auch die Vertreter anderer Religionen haben aus gesellschaftlicher Verantwortung das Verbot lange mitgetragen. Von Mitte März bis Anfang Mai 2020 fanden deshalb keine öffentlichen Gottesdienste statt.[1] Auch danach war die gottesdienstliche Praxis nicht einfach wieder „normal“, sondern es begann ein mühsamer Weg, unter Beachtung der notwendigen Hygiene- und Schutzkonzepte die Möglichkeiten verantwortlichen Handelns auszuloten und gemeinschaftlich in den Kirchen und Gemeinden Gottesdienst zu feiern.

Die Rückkehr zu einer angstfreien Praxis wird vermutlich so lange nicht möglich sein, bis die vom Corona-Virus ausgehenden Gefahren durch Impfstoff und Medikamente beherrschbar sind. Dabei ist es durchaus möglich, dass das Ergebnis nicht einfach die Rückkehr zur alten Praxis sein wird. Denn die Krisenzeit und die darin gemachten Erfahrungen haben ja nicht nur reversible Veränderun-

[1] In Thüringen waren bereits seit dem 23. April wieder öffentliche Gottesdienste erlaubt, in Sachsen-Anhalt hat Bischof Gerhard Feige (seit 2005) dies für das Bistum Magdeburg erst ab dem 15. Mai ermöglicht. Da in Deutschland die entsprechenden Verordnungen von den Ländern verfügt werden, hat es auch sonst kleinere Differenzen gegeben, die aber für die hier anstehende Fragestellung nicht relevant erscheinen. Eine differenzierte Chronik und eine Dokumentation der staatlichen und kirchlichen Erlasse können im Folgenden nicht geboten werden. Für eine umfassende Untersuchung wären sicher auch die Entwicklungen zumindest in den benachbarten Ländern mit in den Blick zu nehmen.

gen im gottesdienstlichen Leben notwendig gemacht, sondern enthalten auch das Potenzial, die handelnden Personen und damit potenziell alle Christ(inn)en und die Kirche selbst zu prägen. Welche langfristigen Konsequenzen sich daraus ergeben, wird sich seriös erst im Rückblick erheben lassen.

Abgeschlossen ist allerdings die sechs- bis zehnwöchige Phase, in der aufgrund des Versammlungsverbots alle öffentlichen Gottesdienste untersagt waren. Allein im Blick auf diese Phase und damit verbundene Entwicklungen und Herausforderungen sollen im Folgenden einige Beobachtungen zusammengetragen und reflektiert werden. Damit kann vielleicht deutlich werden, dass es lohnend sein könnte, die Erfahrungen dieser Zeit auch systematisch zu erheben und mit größerem Abstand zu untersuchen. Dabei müsste auch mehr, als es hier geschehen kann, berücksichtigt werden, dass zu dieser Zeit die Heilige Woche mit ihren im Jahreslauf einmaligen Akzenten sowohl liturgisch wie spirituell für viele den Verzicht besonders groß machte, aber auch zu teilweise kreativen Formen führte, wie Einzelne, Familien und Gruppen damit umgingen.[2]

1 Messfeiern ohne Gemeinde

Als die Bemühungen zum Infektionsschutz zur Einstellung öffentlicher Gottesdienste führten, war den Gläubigen mit wenigen Ausnahmen[3] eine Teilnahme an der Eucharistie nicht möglich. Um keine Ängstlichkeit aufkommen zu lassen, haben viele Bischöfe klargestellt, dass die Gläubigen in dieser Zeit von der Sonntagspflicht gemäß c. 1247 des *Codex Iuris Canonici* (CIC/1983) dispensiert sind. Gleichzeitig wiesen allerdings manche Bischöfe darauf hin, dass die Priester in dieser Zeit stellvertretend für die Gemeinde alleine und ohne Gläubige die Messe feiern.

[2] Vgl. z. B. G. Brüske, Hauskirche, Livestreams und offene Kirchen. Die Heilige Woche 2020 war geprägt von besonderen gottesdienstlichen Formaten. Eine persönliche Chronik, in: Gottesdienst 54 (2020) 109–111.

[3] Regelkonform konnte auch außerhalb von Klöstern in allen Wohngemeinschaften, zu denen ein Priester gehörte, weiter Eucharistie gefeiert werden. Denn durch das Versammlungsverbot waren nur öffentliche Gottesdienste untersagt.

Diese Empfehlung und eine entsprechende Praxis haben zu einer kontroversen Diskussion geführt. Programmatisch titelte katholisch.de: „Privatmessen passen nicht zum heutigen Verständnis von Eucharistie“. Die Autoren, anerkannte Liturgiewissenschaftler, erklärten kategorisch:

> „Wenn sonntags in der Pfarrei die Messe weiter gefeiert wird, so kann nicht der Priester allein, sondern nur eine wenn auch noch so kleine Gemeinde Stellvertretung sinnenhaft glaubwürdig repräsentieren. Wenn selbst dies, wonach es nach den neuesten Entwicklungen aussieht, aktuell nicht möglich sein sollte, sind *alle*, die im gemeinsamen Priestertum der Taufe verbunden sind, gefordert, nach Möglichkeiten zu suchen, sich in verantwortlicher Weise in Formen des gemeinsamen Hörens auf das Wort Gottes und des Gebets zu verbinden.“[4]

Nun spricht nichts dagegen, nach Formen zu suchen, in denen man gemeinsam auf das Wort Gottes hören und miteinander beten kann. Dass dies in der damaligen Situation nicht für alle leicht möglich war, dürfte evident sein. Vor allem aber ist damit nicht die Frage beantwortet, ob es geboten ist, auf die Feier der Eucharistie zu verzichten, wenn nicht wenigstens eine kleine Gemeinde daran teilnehmen kann.

Dass eine Messfeier ohne zumindest einen Gläubigen überhaupt erlaubt ist, ist alles andere als selbstverständlich. Schon seit dem Mittelalter finden sich einschlägige Verbote,[5] die auch im 20. Jahr-

---

[4] A. Gerhards, B. Kranemann, S. Winter, Privatmessen passen nicht zum heutigen Verständnis von Eucharistie, in: https://www.katholisch.de/artikel/24874-privatmessen-passen-nicht-zum-heutigen-verstaendnis-von-eucharistie (Download: 18.3.2020) [Hervorhebung im Original]. – Kritisch dazu vgl. u. a. W. Haunerland, Pro: Auftrag des Herrn erfüllen – auch in schwierigen Zeiten, in: https://www.domradio.de/themen/corona/2020-03-18/pro-auftrag-des-herrn-erfuellen-auch-schwierigen-zeiten-liturgiewissenschaftler-zur-debatte-um (Download: 8.5.2020); H. Hoping, Die Messe ohne Volk ist legitim – nicht nur in der Corona-Krise, in: https://www.katholisch.de/artikel/24892-die-heilige-messe-ist-auch-waehrend-der-corona-pandemie-nowendig (Download: 8.5.2020); die spätere Stellungnahme von A. Gerhards, B. Kranemann, S. Winter, Gemeinsam Gottesdienst feiern – auch im Modus der Krise, in: https://www.katholisch.de/artikel/24940-gemeinsam-gottesdienst-feiern-auch-im-modus-der-krise (Download: 8.5.2020). – Vgl. dazu auch den Beitrag von S. Kopp in diesem Band.

[5] Vgl. Codex iuris canonici Pii X Pontificis Maximi iussu digestus Benedicti Papae XV auctoritate promulgatus. Praefatione, fontium annotatione et indice ana-

hundert urgiert wurden. Noch Charles de Foucauld (1858–1916) musste lange Zeit auf die Zelebration der Messe verzichten, bis er am 31. Januar 1908 ein entsprechendes Indult erhielt,[6] und c. 813 CIC/1917 verlangte ebenso die Beteiligung eines Ministranten oder wenigstens eines Gläubigen, der die Antworten gibt. Immerhin erlaubte schon das Missale Romanum von 1970 eine Messfeier ohne wenigstens einen Ministranten *ex gravi necessitate*[7], während c. 906 CIC/1983 diese Möglichkeit schon aus einem „gerechten und vernünftigen Grund" (*iusta et rationabili de causa*[8]) eröffnet. Da dies eine sehr niederschwellige Bedingung ist, ist das Verbot öffentlicher Gottesdienste über mehrere Wochen sicher ein solcher gerechter und vernünftiger Grund. Die Kritik richtet sich in der Sache also nicht nur an die oben genannten Bischöfe und die entsprechend handelnden Priester, sondern im Kern an den kirchlichen Gesetzgeber.[9]

Um kein Missverständnis aufkommen zu lassen: Weil Liturgie ein zeichenhaftes Geschehen ist, muss auch mit den Sinnen erfahrbar sein, dass die Feier der Liturgie eine Feier der Kirche ist, zu der alle Getauften gehören. Deshalb ist die Feier der Liturgie in Gemeinschaft der vom Einzelnen allein vollzogenen natürlich grundsätzlich vorzuziehen, wie auch die Liturgiekonstitution *Sacrosanctum Concilium* (SC) des Zweiten Vatikanischen Konzils (1962–1965) besagt (vgl. SC 27). Wenn allerdings – wie es im März und April 2020 gegeben war – nicht alle, die es wollen, an der Messfeier und an den

---

lytico-alphabetico ab Emo. Petro Card. Gasparri auctus, Neo-Eboraci 1918, 234 – mit Verweis auf die Dekretalen Gregors IX. und ein Schreiben an den Bischof von Oxford aus der zweiten Hälfte des zwölften Jahrhunderts (vgl. Lib. I, Tit. XVII, Cap. VI: Corpus Iuris Canonici […] instruxit Aemilius Friedberg. Pars 2, Graz 1959, 136f.), wonach die Messe und andere Gottesdienste nicht ohne Ministranten gefeiert werden dürfen, und auf den Entschluss des Konzils von Basel (1431–1449), den Missbrauch, eine Messe ohne Ministranten zu feiern, abzuschaffen (vgl. Konzil von Basel, 21. Sitzung vom 9. Juni 1435, in: COD 491, 25–31).

[6] Vgl. J.-F. Six, Charles de Foucauld. Bruder aller Menschen, Freiburg i. Br. ²1979, 132.

[7] IGMR 1970, Nr. 211, EDIL/DEL 1, 1373–1736, hier 1606.

[8] Vgl. auch IGMR 2002, Nr. 254.

[9] Vgl. dazu Gerhards, Kranemann, Winter, Privatmessen passen nicht zum heutigen Verständnis von Eucharistie (s. Anm. 4): „Die beschriebenen Privatmessen werden verstärkt eingefordert, wobei man sich dafür freilich auch auf das geltende Kirchenrecht berufen kann (can. 904 CIC 1983)."

anderen Gottesdiensten der Heiligen Woche teilnehmen können, dann ist es gut, dass es weiterhin einzelne Gemeinschaften gibt, die miteinander und zugleich stellvertretend für viele Liturgie feiern. Bedeutet aber die Trägerschaft aller Gläubigen notwendig, dass eine Feier ohne wenigstens eine minimale Gemeinde – also auch ohne eine(n) Messdiener(in) oder eine(n) andere(n) Gläubige(n) unterbleiben muss?

Wenn hier mit der jüngeren lehramtlichen Tradition und dem kirchlichen Gesetzgeber daran festgehalten wird, dass in solchen außergewöhnlichen Situationen des flächendeckenden Verbots von öffentlichen Gottesdiensten die Messfeier notfalls von einem Priester alleine gefeiert werden darf, dann setzt das voraus, dass eine solche Messfeier nicht allein ein Akt individualistischer Frömmigkeit ist. Aber Priester können stellvertretend das tun, was eigentlich alle Getauften miteinander feiern sollen, jetzt aber nur wenigen möglich ist. Natürlich soll das ganze Volk Gottes in der Messfeier sichtbar werden und natürlich ist die Messfeier eine Darstellung der Kirche. Aber die Kirche feiert die Eucharistie nicht mit dem Ziel, selbst angemessen wahrgenommen zu werden, sondern um den Auftrag Christi zu erfüllen: „Tut dies zu meinem Gedächtnis!" (1 Kor 11,24) Dieser Auftrag zählt, auch wenn er nur von kleinen Gemeinschaften erfüllt werden kann. Solange bewusst bleibt, dass auch die von einem Priester alleine gefeierte Messe nicht seine Privatsache oder gar nur zu seinem eigenen Heil gefeiert wird, wird in einer sicherlich liturgisch eingeschränkten und deshalb unter dem Aspekt der Zeichenhaftigkeit nicht vorbildlichen Form auch hier der Auftrag Jesu erfüllt. So können solche Messfeiern ebenfalls dazu beitragen, dass die sakramentale Mitte der Kirche lebendig bleibt.[10]

Jeder Vergleich hat seine Grenzen. Aber die Kirche muss auch als ganze eine betende Kirche sein. Die Form, in der dies *gemeinschaftlich* und *liturgisch* gepflegt wird, ist die Tagzeitenliturgie. Von dieser

[10] Mit der hier vertretenen These, dass bei einer längerfristigen Behinderung gemeinschaftlicher Gottesdienste die Messfeier ohne Gemeinde sinnvoll sein kann, wird weder behauptet, dass in einer solchen Situation jeder Priester womöglich täglich alleine die Messe feiern soll, noch dass die Empfehlung der täglichen Zelebration immer ein angemessener Grund für die Messfeier ohne Gemeinde ist. In diese Richtung tendiert im Anschluss an Ludwig Schick (* 1949) allerdings offensichtlich Peter Fabritz; vgl. P. Fabritz, Die tägliche Zelebration des Priesters. Eine rechtsgeschichtliche Untersuchung (Diss.K 20), St. Ottilien 2005, 98–101.

Tagzeitenliturgie heißt es in der Allgemeinen Einführung in das Stundengebet (AES), die Kirche verpflichte die Kleriker „mit dem Stundengebet, damit diese Aufgabe der ganzen Gemeinschaft wenigstens durch sie sicher und beständig erfüllt wird" (AES 28). Man kann natürlich bedauern, dass es Weltklerikern nur selten gelingt, dies gemeinschaftlich zu tun. Aber hat jemals jemand ernsthaft gefordert, die Tagzeitenliturgie dürfe nicht alleine gebetet werden, weil so die Gemeinde ausgeschlossen wird?

Problematischer ist, wenn Gottesdienste, die nur in dieser eingeschränkten Form gefeiert werden, medial verbreitet werden.[11] Gute Fernsehgottesdienste, aber auch manche Feiern, die aus zentralen Kirchen per Livestream übertragen werden und an denen zumindest wenige liturgische Dienste mitwirken, lassen sinnenfälliger erfahren, dass nicht einzelnen, sondern allen Getauften aufgetragen ist, Tod und Auferstehung des Herrn zu feiern.

2 Gottesdienstübertragungen im Fernsehen

Nun haben die in Rundfunk und Fernsehen übertragenen Gottesdienste eine lange Tradition.[12] Aus kirchlicher Perspektive werden sie vor allem als eine Hilfestellung für Menschen gewürdigt, die durch Krankheit oder andere Gründe gehindert sind, selbst physisch an einem konkret gefeierten Gottesdienst teilzunehmen. Ihnen soll

---

[11] Vgl. dazu Gerhards, Kranemann, Winter, Privatmessen passen nicht zum heutigen Verständnis von Eucharistie (s. Anm. 4): „Werden solche Messen in den sozialen Medien übertragen, kommt es zu einer peinlichen und möglicherweise verhängnisvollen Wiederauferstehung von zu Recht Überlebtem: Was im Verborgenen im Sinne der geistlichen Verbundenheit noch angehen mag, wird durch die mediale Präsentation leicht zu einer Erfahrung doppelter Exklusion: drinnen der exklusiv zelebrierende und kommunizierende Priester, draußen die auf virtuelle Präsenz und ‚geistliche Kommunion' reduzierten Laien." – Anders als die Überschrift bei katholisch.de plakativ suggeriert, sprechen sich die Liturgiewissenschaftler insofern nicht kategorisch gegen jede Messfeier ohne wenigstens einen Gläubigen aus, sondern vor allem gegen deren mediale Präsentation.

[12] Vgl. dazu B. Gilles, Durch das Auge der Kamera. Eine liturgie-theologische Untersuchung zur Übertragung von Gottesdiensten im Fernsehen (Ästhetik – Theologie – Liturgik 16), Münster – Hamburg – London 2000; aus evangelischer Sicht auch C. Binder, F. Fendler, ARD-Fernsehgottesdienste an Feiertagen. Entwicklungen und Beobachtungen, in: PTh 103 (2014) 475–495.

zumindest eine „intentionale Teilnahme“[13] an einem Gottesdienst ermöglicht werden, den eine konkrete Gemeinde feiert.

Die Gruppe der Rezipienten wurde nun erheblich ausgeweitet, als keine öffentlichen Gottesdienste mehr gefeiert werden konnten, der physische Zugang also auch für an sich mobile Menschen aufgrund der Ausgangsbeschränkungen und Versammlungsverbote unmöglich wurde. Dankbar nahmen viele diese Möglichkeit wahr und freuten sich, dass die Fernsehanstalten in dieser Phase ihre Übertragungen ausweiteten und so an vielen Sonntagen Gottesdienste der beiden großen christlichen Konfessionen medial zugänglich wurden.

Allerdings: Diese Gottesdienste unterschieden sich in manchen Punkten von den Feiern, die üblicherweise übertragen wurden. Einige Übertragungen wurden erst kurzfristig ins Programm aufgenommen, andere musste ebenso kurzfristig von anderen Gottesdienstorten übertragen werden. Wo sonst ein mehrmonatiger Vorlauf die Regel ist, musste jetzt in wenigen Tagen die bestmögliche Lösung gesucht werden.

Einschneidender allerdings war, dass auch die Gottesdienstgemeinden sich massiv veränderten. Wo üblicherweise die Feier durch eine große Zahl von liturgischen Diensten, musikalisch Mitwirkenden und Gemeindemitgliedern geprägt ist, war jetzt die vor Ort feiernde Gemeinde auf wenige, meist unbedingt notwendige Funktionsträger(innen) reduziert, aufgrund behördlicher Vorgaben teilweise sogar ausdrücklich auf kirchliche Angestellte. Die – normale – Gottesdienstgemeinde war auch hier unsichtbar geworden.

3 Im Livestream übertragene Gottesdienste

Neben den Übertragungen der Rundfunkanstalten bestand in großem Rahmen die Möglichkeit, Gottesdienste im Internet live zu verfolgen, wenn diese gestreamt wurden.[14] Nachdem mit der Gesellschaft für

[13] Gilles, Durch das Auge der Kamera (s. Anm. 12), 14. – Vgl. dazu Gottesdienst-Übertragungen in Hörfunk und Fernsehen. Leitlinien und Empfehlungen, hg. vom Sekretariat der Deutschen Bischofskonferenz in Zusammenarbeit mit den Liturgischen Instituten Deutschlands, Österreichs und der Schweiz (ADBK 169), Bonn [2]2007, 16 [Kapitel „Mittelbare Teilnahme und intentionale Mitfeier“].

[14] Das Internet als Ort gottesdienstlichen Geschehens hat erstmals analysiert:

musikalische Aufführungs- und mechanische Vervielfältigungsrechte (GEMA) und der Verwertungsgesellschaft (VG) Musikedition erfreulich zügig geklärt werden konnte, dass unabhängig von den konkreten Formen für Gottesdienstübertragungen zumindest bis zum 30. September 2020 keine zusätzlichen Kosten anfallen,[15] konnten überall dort, wo die technischen Voraussetzungen gegeben waren, Gottesdienste per Livestream über das Internet – beispielsweise über die Internetseiten der Pfarreien oder über die Portale Facebook oder Skype – übertragen werden oder auch auf Youtube oder andere Social-Media-Plattformen hochgeladen werden.

Die medialen Möglichkeiten wurden von einzelnen Pfarreien und ihren Seelsorgern genutzt, um durch den Gottesdienst aus dem vertrauten Kirchenraum und mit den bekannten Priestern vor allem denen, die sonst vor Ort mitgefeiert hätten, den lebendigen Anschluss zu erleichtern. Gerade jene, deren Sonntag von der regelmäßigen Gottesdienstfeier mit einer bestimmten Gottesdienstgemeinde geprägt wird, werden ja nicht nur durch das sakramentale Geschehen gestärkt, sondern bekommen ermutigenden Halt auch durch die guten Gewohnheiten, die verlässlichen Begegnungen und die stabilisierenden Ordnungen. Die Messfeier des eigenen Pfarrers aus der eigenen Pfarrkirche kann vermutlich mehr von diesem „Zusatznutzen" des Sonntagsgottesdienstes substituieren als eine Gottesdienstübertragung im Fernsehen.

Es wäre eine empirische Untersuchung wert, inwieweit diese Übertragungen durch Einschränkungen in der Qualität gekennzeichnet sind. Dabei hat es erstaunlich professionelle Livestreams gegeben, die nicht nur technisch, sondern auch durch eine angemessene Beteiligung von liturgischen Diensten einladend wirkten. Der Livestream, bei dem eine womöglich auch technisch suboptimale

---

S. Böntert, Gottesdienste im Internet. Perspektiven eines Dialogs zwischen Internet und Liturgie, Stuttgart 2005. – Vgl. auch T. Berger, Liturgie digital. Zu gottesdienstlichen Vollzügen in Bits & Bytes, in: LJ 69 (2019) 253–268. Nach Berger ist Bönterts Studie „die weltweit erste und m. W. weiterhin einzige Dissertation zum Thema ‚Gottesdienste im Internet'" (ebd., 253).

[15] Vgl. Deutsche Bischofskonferenz (DBK), Einigung mit GEMA und VG Musikedition für die Übertragung von Gottesdiensten oder anderen liturgischen Feiern über das Internet, Aktuelle Meldung Nr. 004 vom 19. März 2020, in: https://dbk.de/nc/presse/aktuelles/meldung/einigung-mit-gema-und-vg-musikedition-fuer-die-ueber tragung-von-gottesdiensten-oder-anderen-liturgisch/detail (Download: 7.5.2020).

Standkamera die Messe eines ohne jede Gemeindebeteiligung zelebrierenden Priesters aufnimmt, dürfte allerdings auf verschiedenen Ebenen berechtigte Fragen aufwerfen.

Die Angst vor Gottesdienstübertragungen, bei denen sich Pfarrer und Pfarreien vor Ort überfordern, war möglicherweise eine Motivation, in vielen Bischofskirchen oder aus den Privatkapellen der Bischofshäuser regelmäßig Gottesdienste zu übertragen.[16] Das diözesane Know-how und die dort vorhandene Logistik haben sicher manches erleichtert. Ohne Zweifel gab es hier ein großes Bemühen, einladend und qualitätsvoll Gottesdienst zu feiern. An einzelnen Orten entschied man sich bewusst für kleine Gottesdiensträume (Werktagskapelle o. Ä.), die für die faktisch versammelte Kleinstgemeinde angemessener erschienen. An anderen Orten oder bei bestimmten Gottesdiensten wurde der normale Feierraum genutzt und so deutlich, dass hier gerade nicht Intimität gesucht, sondern die größere Feiergemeinde schmerzlich vermisst wurde. Es gab Messfeiern, bei denen über interaktive Medien auch Anliegen von außen geäußert werden konnten, die in den Fürbitten konkret aufgegriffen wurden. Irritieren konnte natürlich, wenn aufgrund der Infektionsverordnungen nur wenige liturgische Dienste zugelassen waren, aber die Bestimmungen für Mitglieder des Domkapitels weniger restriktiv ausgelegt zu werden schienen.

Irritieren konnte auch, dass Gottesdienste mit wenigen liturgischen Diensten aus dem Dom erlaubt waren, mit Blick auf die staatlichen Vorgaben allerdings überall sonst untersagt wurden. In einzelnen Diözesen entstand der Eindruck, gestreamte Gottesdienste aus den Pfarreien seien nicht gewünscht, wenn nicht sogar untersagt. Mindestens in einer Diözese musste im Nachgang deutlich gemacht werden, dass diese nicht verboten seien. In einem anderen Bistum zeigte man sich gegenüber pfarrlichen Initiativen ebenfalls sehr reserviert und bat darum, die Gottesdienste zumindest nicht zu der-

---

[16] Da die folgenden Überlegungen auf eher zufälligen und keinesfalls repräsentativen Beobachtungen basieren und es ausdrücklich nicht um Kritik an einzelnen Personen geht, sondern nur erste Reflexionsanstöße gegeben werden sollen, wird auf Belege verzichtet. Eine umfassende und der Sache gerecht werdende Untersuchung dürfte sich nicht nur auf subjektive Eindrücke beschränken, sondern müsste auch nach den Motivationen der einzelnen Akteure und nach den jeweiligen Rahmenbedingungen fragen.

selben Zeit wie die Liturgie des Ortsordinarius zu übertragen. So legte sich der Verdacht nahe, das pastoralliturgische Bemühen der Pfarreien werde als Konkurrenz zur Übertragung der Bischofsliturgie angesehen.

Tatsächlich gab es in den Wochen des Versammlungsverbotes ein hohes persönliches Engagement vieler Bischöfe. In ihren Predigten und Botschaften wurde deutlich, dass die Unmöglichkeit von öffentlichen Gottesdiensten sie einerseits selbst schmerzte, sie andererseits aber auch um den Einschnitt wussten, den dies für viele Gläubige brachte. So haben es sich nicht wenige Diözesanbischöfe zur Aufgabe gemacht, selbst regelmäßig den per Livestream übertragenen Gottesdiensten aus der Kathedrale vorzustehen.

Wie in vielen anderen Bereichen zeigt sich hier eine Ambivalenz, die im Nachgang reflektiert werden sollte, nicht um Vorwürfe zu machen oder unlautere Absichten zu unterstellen, sondern weil natürlich – wie die oben genannten Kritiker zu Recht gesehen haben – im Gottesdienst und erst recht in den Gottesdienstübertragungen auch Kirchenbilder zum Ausdruck kommen. Deshalb muss gefragt werden, welches Bild von Kirche und kirchlichem Amt gefördert werden soll und was getan werden kann, damit die wahrnehmbaren Bilder nicht falsche Vorstellungen wecken.

Noch vor wenigen Jahren konnte man den Eindruck haben, fromme Katholik(inn)en kennen nur den Ortspfarrer (aus der Kirche) und den Papst (aus dem Fernsehen). Der Bischof war weit weg und spielte im Alltag keine Rolle. Auf unvorhersehbare Weise gaben die im Livestream übertragenen Gottesdienste aus der Kathedrale jetzt dem Bischof die Gelegenheit, als der eigentliche Seelsorger der einzelnen Gläubigen in Erscheinung zu treten. Je weniger Konkurrenz durch andere Gottesdienstübertragungen existierte, umso mehr konnte jetzt erfahrbar werden, was das Zweite Vatikanische Konzil 1965 feierlich in dem Dekret *Christus Dominus* (CD) über die Hirtenaufgaben der Bischöfe in der Kirche erklärt hatte:

> „Die einzelnen Bischöfe, denen die Sorge für eine Teilkirche anvertraut ist, weiden unter der Autorität des Papstes als deren eigentliche, ordentliche und unmittelbare Hirten ihre Schafe im Namen des Herrn, indem sie ihre Aufgabe zu lehren, zu heiligen und zu leiten an ihnen ausüben." (CD 11)

Vor diesem Hintergrund klingt es fast bedauernd, wenn die Liturgiekonstitution schon 1963 festgestellt hatte:

> „Da der Bischof nicht immer und nicht überall in eigener Person den Vorsitz über das gesamte Volk seiner Kirche führen kann, so muß er diese notwendig in Einzelgemeinden aufgliedern. Unter ihnen ragen die Pfarreien hervor, die räumlich verfaßt sind unter einem Seelsorger, der den Bischof vertritt" (SC 42).

Im weiteren Verlauf des Konzils hat das Bemühen, in Ergänzung des Ersten Vatikanischen Konzils (1869–1870) die Stellung des Bischofs im Verhältnis zum Papst herauszuarbeiten, zu einer Konzentration auf die Theologie des Bischofsamtes geführt. Der Bischof erscheint als der eigentliche Seelsorger, der leider nicht alles selbst machen kann und deshalb sich vertreten lassen muss.[17] Diese einseitige Rezeption der Aussagen über den Bischof in Lehramt und ekklesialer Praxis hat zu einer Relativierung des presbyterialen Amtes geführt, die so weder das Konzil gewollt hat noch dem Gesamtbefund seiner Texte entspricht. Schon in der Liturgiekonstitution folgte auf die oben zitierte Aussage über die Vertretung des Bischofs durch den Pfarrer der Satz:

> „[D]enn sie [die Pfarreien] stellen auf eine gewisse Weise die über den ganzen Erdkreis hin verbreitete sichtbare Kirche dar" (SC 42).

Die Einschätzung, dass der Bischof seine Kirche nur aus „praktischen Gründen [...] in Einzelgemeinden aufteilen"[18] muss, dürfte wohl doch zu eng und verkürzend sein, denn auch den Pfarreien kommt eine ekklesiale Würde zu. Sie sind zwar nicht wie die Diöze-

---

[17] Das Zweite Vatikanische Konzil ging allerdings noch mit Selbstverständlichkeit davon aus, dass diese Stellvertretung des Bischofs durch die Priester geschehen muss. Mittlerweile erwächst der Eindruck, dass aus der Aussage über die Fülle des Priesteramtes im Bischof manche den Schluss ziehen, der Bischof könne im Prinzip nach eigenem Urteil alles – mit Ausnahme der sakramentalen Vollmachten – an alle delegieren. Diese Problematik müsste allerdings an anderer Stelle vertieft werden. Zu dieser einseitigen Konzilsrezeption vgl. auch A. Wollbold, 50 Jahre Konzilsdekret „Presbyterorum Ordinis". Archäologie oder Aktualität?, in: MThZ 67 (2016) 308–323, hier: 318–321.

[18] F. Frühmorgen, Bischof und Bistum – Bischof und Presbyterium. Eine liturgiewissenschaftliche Studie zu den Artikeln 41 und 42 der Liturgiekonstitution des Zweiten Vatikanums (StPaLi 9), Regensburg 1994, 145.

se vollständig Kirche, aber sie repräsentieren doch diese Kirche, und zwar nicht nur die Ortskirche, sondern die über den gesamten Erdkreis verbreitete sichtbare Kirche. Nicht erst dort, wo der Bischof selbst in Person handelt, ereignet sich Kirche. Das Bemühen der Pfarrer, ihren Gemeindemitgliedern gottesdienstlich nahe zu sein, ist jedenfalls nicht weniger legitim, als die Bereitschaft der Bischöfe lobenswert ist, sich hier auch persönlich zu engagieren.

4 Gottesdienstliche Gemeinschaften auch in Zeiten des Versammlungsverbots

Die ekklesiologisch wichtige Entscheidung, auch in Zeiten des Versammlungsverbotes die Eucharistie zu feiern, und die pastoralen Bemühungen, möglichst vielen Gläubigen zumindest medial eine geistliche Mitfeier zu ermöglichen, sind theologisch richtig. Die Fragen, die an die mediale Inszenierung gestellt werden, könnten deshalb als sekundär oder gar als kleinliche Kritik verstanden werden, weil in einer in jüngerer Zeit beispiellosen Situation nicht damit zu rechnen ist, dass außerordentliche Lösungen allen Kriterien genügen können, die unter normalen Bedingungen zu Recht angelegt werden.

Die Rückfragen können allerdings auch ein Anlass sein, noch einmal nachzudenken, ob wirklich die vorhandenen Möglichkeiten optimal ausgenutzt wurden. Unter diesem Gesichtspunkt soll zumindest daran erinnert werden, dass das Verbot von öffentlichen Gottesdiensten nicht das Ende gemeinschaftlich gefeierter Liturgie war. Denn Klostergemeinschaften konnten weiterhin Gottesdienst feiern.[19] Hier wurden also nicht gottesdienstliche Gemeinschaften im Blick auf Gottesdienstübertragungen gebildet, sondern es konnte – mit gewissen Einschränkungen, die auch von kirchlichen Autoritäten angeordnet waren[20] – die Liturgie der Kirche mit einer realen gottesdienstlichen Gemeinde gefeiert werden.

---

[19] Eine ähnliche Situation gab es in einzelnen Priesterseminaren und anderen geistlichen Wohngemeinschaften.

[20] Vgl. etwa die einschlägigen Dekrete der Gottesdienstkongregation: Decreto *In tempo di Covid-19* vom 19. März 2020 (Prot. N. 153/20); Decreto *In tempo di Covid-19 (II)* bzw. Dekret „In der Zeit von Covid-19 (II)“ vom 25. März 2020 (Prot. N. 154/20).

Es ist erfreulich, dass verschiedene Ordensgemeinschaften nach Wegen gesucht haben, ihren Gottesdienst in diesen Wochen medial zu öffnen.[21] Auch hier kann es nicht darum gehen, die mediale und partizipative Qualität einzelner Gottesdienstübertragungen zu bewerten. Aber ekklesiologisch dürfte bedenkenswert sein, ob nicht auch die Bischöfe und Diözesen, aber auch die Priester und Pfarreien den Blick stärker auf diese bestehende gottesdienstliche Praxis hätten lenken können.

Andreas Odenthal (* 1963) hat im Blick auf das Chorgebet, das Ende März 2020 aus der Abtei Gerleve per Livestream übertragen wurde, formuliert:

> „Die Mönche sind keine Schauspieler, sie tun nichts eigens für die Kamera, sondern sie tun das, was sie immer tun, vor einer Kamera, aber so, als wäre die Kamera eigentlich gar nicht da. Sie tun dies, weil es ‚gelobten Dienstes heil'ge Pflicht' ist, wie die deutsche Übersetzung eines alten Hymnus es nennt: Officium – eine Pflicht des Betens, die die Mönche deshalb übernommen haben, damit Gebet sei in der Welt. Die täglich über das Internet Zuhörenden und Zuschauenden wissen sich damit verbunden, weil hier die Mönche etwas tun, was keinen Sinn ‚hat', sondern selbst zutiefst Sinn ‚ist' – ohne eine Kosten-Nutzen-Rechung [!] aufzumachen, die alles wieder zerstört. Und sie wissen, dass die Mönche sich hier einer Motivation verpflichtet haben, die zu den sehr alten religiösen Motivationen der Menschheit zählt: Sie beten stellvertretend."[22]

Es gibt keinen Grund, das, was hier im Blick auf die Tagzeitenliturgie gesagt wird, nicht auch auf die Feier der Eucharistie zu beziehen. In einer Zeit, in der öffentliche Gottesdienste und damit auch für ganze Pfarreien und viele Menschen die gemeinschaftliche Feier der Eucharistie nicht möglich sind, ist es gut zu wissen: Es gibt Gemeinschaften,

---

[21] Vgl. etwa Deutsche Ordensobernkonferenz (Hg.), Corona: Online-Angebote der Ordensgemeinschaften und Klöster, in: https://www.orden.de/aktuelles/meldung/?no_cache=1&tx_ignews_newsdetail%5Bnews%5D=4065&tx_ignews_newsdetail%5Baction%5D=show&tx_ignews_newsdetail%5Bcontroller%5D=News&cHash=ea477731dde066109eec9e57962616d1 (Download: 7.5.2020).

[22] A. Odenthal, Stellvertretender Lobgesang – Zu Gottesdiensten in der Corona-Krise, in: https://www.kirche-und-leben.de/artikel/stellvertretender-lobgesang-zu-gottesdiensten-in-der-corona-krise (Download: 8.5.2020).

die auch jetzt das tun, was der Kirche aufgetragen ist, aber aufgrund äußerer Umstände nicht von allen vollzogen werden kann. Wenn diese Gemeinschaften die modernen Medien nutzen, um andere daran zumindest partiell teilhaben zu lassen, ist dies ein starkes und tröstliches Zeichen. Vielleicht können Diözesen und Pfarreien, in denen sich keine wirklichen Gottesdienstgemeinden versammeln können, auf ganz neue Weise entdecken, dass die Ordensgemeinschaften, die bei ihnen oder in ihrer Nachbarschaft leben, wichtige Zellen der Kirche sind, die etwas ergänzen, was – zumindest im Moment – den anderen fehlt.

5 Die Medien besser nutzen

Bei aller Wertschätzung für Gottesdienstübertragungen im Fernsehen und live gestreamte liturgische Feiern ist es erfreulich, dass in den Wochen ohne öffentliche Gottesdienste die (Neuen) Medien auch auf andere Weise genutzt wurden. Mehrere Bischöfe nutzten die Möglichkeit, durch medial aufgezeichnete und abrufbare Ansprachen an die Diözese oder einzelne Gruppen (wie z. B. die Erstkommunionkinder) um Verständnis zu werben, zu trösten und zu ermutigen. Videoclips und ausdruckbare Gebetsanregungen wurden im Netz von unterschiedlichen Trägern zur Verfügung gestellt. Diese Möglichkeit nutzten neben den Bischöfen und ihren Ordinariaten auch Pfarreien, geistliche Gemeinschaften, andere Institutionen und Einzelpersonen.

Es ist bewundernswert, mit welcher Schnelligkeit hier reagiert wurde und an wie vielen Orten zwar ehrenamtlich, aber dennoch professionell Medien erstellt wurden. Es wäre interessant, zu prüfen, in welcher Weise dabei die Möglichkeiten ausgeschöpft wurden. Denn gerade wenn kein Gottesdienst live übertragen, sondern ein abrufbarer Videoclip erstellt wird, können ja auf vielfältige Weise Orte, Bilder, Musik und Bewegung genutzt werden. Beispiele dafür sind leicht zu finden:[23] Der Erzbischof, der das Altarbild seiner Hauskapelle erklärt[24] oder diejenigen, die sein Video aufrufen, mit

---

[23] Die folgenden Beispiele sind eher zufällig aus der Münchener Perspektive des Verf. und könnten sicher durch viele andere und möglicherweise innovativere ergänzt werden.

[24] Vgl. Erzbistum München und Freising (Hg.), Als Kirche die Hoffnung verkün-

in das Konzentrationslager Dachau nimmt,[25] der Weihbischof, der nach der Absage der Passionsspiele in Oberammergau einen Videoclip aufnimmt und nicht nur das Passionstheater, sondern auch das Kreuz zeigt, vor dem die Oberammergauer 1633 das Passionsspielgelübde abgelegt haben,[26] und die Fakultät, die den Semestereröffnungsgottesdienst nicht ersatzlos ausfallen lässt, sondern durch ein kurzes Video mit Bildern, die in einem Livegottesdienst kaum gezeigt worden wären, einen geistlichen Impuls zum Semesteranfang gibt,[27] haben zumindest versucht, die größeren Möglichkeiten dieser Medien zu nutzen. Denn Fernsehen und Internet können mehr als nur das übertragen, was irgendwo anders sich „real" vollzieht. Sie sind auch Medien, die selbst Wirklichkeit generieren. Die Einschränkungen durch die Corona-Krise könnten ein Anstoß sein, vertieft darüber nachzudenken, welche Möglichkeiten die Kirche für ihr Leben und ihren Dienst an den Menschen nutzen will.

---

den: Mittwochsminuten mit Kardinal Reinhard Marx (25. März 2020), in: https://www.youtube.com/watch?v=VDGjgcqFN1o (Download: 16.5.2020).

[25] Vgl. Erzbistum München und Freising (Hg.), Können wir aus Krisen etwas Gutes erringen? – Mittwochsminuten mit Kardinal Reinhard Marx (6. Mai 2020), in: https://www.youtube.com/watch?v=eD422mHA5_Q (Download: 16.5.2020).

[26] Vgl. Erzbistum München und Freising (Hg.), Oberammergau zu Zeiten der Pest und der Coronapandemie: Mittwochsminuten mit Weihbischof Bischof (1. April 2020), in: https://www.youtube.com/watch?v=bJh82IecC5o&feature=emb_rel_pau se (Download: 16.5.2020).

[27] Vgl. Geistlicher Impuls zum Semesterstart, in: https://www.kaththeol.uni-muen chen.de/ueber_die_fak/impuls_sose20/index.html (Download: 8.5.2020).

Autorin und Autoren

Rüdiger Althaus, Dr. theol., Lic. iur. can., ist Professor für Kirchenrecht an der Theologischen Fakultät Paderborn.

Wolfgang Beck, Dr. theol., ist Juniorprofessor für Pastoraltheologie und Homiletik an der Philosophisch-Theologischen Hochschule Sankt Georgen in Frankfurt am Main sowie Leiter des Studienprogramms Medien und öffentliche Kommunikation.

Teresa Berger, DDr. theol., ist Professorin für Liturgiewissenschaft an der Yale Divinity School in New Haven.

Stefan Böntert, Dr. theol., ist Professor für Liturgiewissenschaft an der Katholisch-Theologischen Fakultät der Ruhr-Universität Bochum.

Gebhard Fürst, Dr. theol., ist Bischof der Diözese Rottenburg-Stuttgart und Vorsitzender der Publizistischen Kommission der Deutschen Bischofskonferenz.

Winfried Haunerland, Dr. theol., ist Professor für Liturgiewissenschaft an der Katholisch-Theologischen Fakultät der Ludwig-Maximilians-Universität München.

Bernd Irlenborn, Dr. theol., Dr. phil., ist Professor für Geschichte der Philosophie und Theologische Propädeutik an der Theologischen Fakultät Paderborn.

Stefan Kopp, Dr. theol., ist Professor für Liturgiewissenschaft und Sprecher des Graduiertenkollegs „Kirche-Sein in Zeiten der Veränderung“ an der Theologischen Fakultät Paderborn.

Benjamin Krysmann, Dipl.-Theol., ist Pressesprecher des Erzbistums Paderborn.

Klaus Nelißen, Dipl.-Theol., ist stellvertretender Rundfunkberater der NRW-Diözesen beim WDR und Pastoralreferent des Bistums Münster.

Veit Neumann, Dr. theol., Dipl.-Journ., Dipl.-Päd., ist Professor für Pastoraltheologie an der Philosophisch-Theologischen Hochschule St. Pölten sowie Redakteur der Bischöflichen Presse- und Medienabteilung der Diözese Regensburg.

Christian Olding, Dipl.-Theol., ist Priester des Bistums Münster.

Cornelius Roth, Dr. theol., ist Professor für Liturgiewissenschaft und Spiritualität an der Theologischen Fakultät Fulda.

Matthias Schwab ist Fernsehregisseur und Mediencoach.

Zeitfracht Medien GmbH
Ferdinand-Jühlke-Straße 7
99095 Erfurt, Deutschland
produktsicherheit@kolibri360.de